요시카와 고지로의
중국 강의

요시카와 고지로의
중국 강의

오경五經·사서四書의
사회 지배와 중국인의 형성

요시카와 고지로 吉川 幸次郎 지음
조영렬 옮김

글항아리

일러두기

1. 이 책은 『吉川幸次郎全集 第2卷』(筑摩書房, 1968)에 실린 「支那人の古典とその生活」(267~359쪽), 「支那人の日本觀と日本人の支那觀」(557~583쪽), 「支那に於ける古代尊重の思想」(250~262쪽), 「中國の知識人」(400~414쪽), 「士人の心理と生活」(433~473쪽) 등 다섯 편의 글을 번역한 것이다. 앞의 두 편은 일본에서 단행본(『支那人の古典とその生活』)으로 묶여 나온 적이 있다(저자의 서문 참조). 한국어판은 『支那人の古典とその生活』에서 다룬 주제를 요약하거나 부연했다고 역자가 판단한 세 편의 글을 추가한 것이고, 그 세 편은 발표 연대순으로 배치했다.
2. 각주는 모두 역자가 붙인 것이다.
3. 1장과 2장은 1940년대 초반의 강연을 바탕으로 한 것이라 내용 중 지나치게 시의적인 부분은 더러 생략하기도 했다.

1944년(쇼와 19) 8월에 초판을 간행한 이 책의 옛 서문은 다음과
같다.

이 책에 수록된 두 개의 강연 가운데, 「중국인의 고전과 그 생활」
은 도쿄제국대학 전학회全學會 중앙사업부 교양부의 의뢰를 받아, 교
양특수강의의 하나로 쇼와 18년(1943) 3월 2일, 3일, 4일, 6일 나흘
동안, 법학부 22번 교실에서 한 것이고, 「중국인의 일본관과 일본인
의 중국관」은 오사카 아사히신문사의 의뢰를 받아, 신체제新體制 국민
강좌의 하나로, 쇼와 16년(1941) 4월 15일, 신문사 강당에서 한 것이
다. 이번에 책으로 묶으면서, 당시의 속기速記를 바탕으로, 내용에 약
간의 변동을 주었고, 문장은 전면적으로 고쳤다. 따라서 나는 이 책
에 대해, 내 다른 책과 마찬가지로 책임을 질 것이다. 두 글에는 다

소 중복되는 언설이 없지 않지만, 각각의 논리를 성립시키기 위해서 필요하므로 대개 그대로 두었다. 독자의 양서諒恕를 바랄 따름이다. 전자에 대해서는 이 강연을 할 기회를 주시고, 또 그 필록筆錄의 공간公刊을 쾌락하신 도쿄제국대학 전학회의 제씨, 특히 학생 주사主事 고니시 겐 씨에게 사의를 표하고 싶다.

1943년(쇼와 18) 9월 25일

낡은 언어는 위 서문에만 등장하는 게 아니다. 본문 가운데서도 도처에 보인다. 그 낡음은 중국의 진보를 예견할 통찰이 당시의 나에게 애초부터 없었던 데 기인한다.

또한 1장 「중국인의 고전과 그 생활」 앞부분에서 '육부'의 직무를 설명할 때 '공부工部'의 직무 중 '치수治水'라는 중요한 사항이 있음을 잊어버린 따위의 경솔한 잘못을 저질렀다.

그것을 다시 한 번 책으로 묶는 것은 옛 문장에 대한 애착이라는 개인적인 사정도 없지 않겠지만, 다음 몇 가지 점에서 여전히 사람들에게 도움이 되리라 생각하기 때문이다. 1)과거 중국의 생활을 지배한 '경서經書' 또는 그 해석학인 '경학經學'에 대한 설명. 2)오늘날의 중국은 이 책 주제의 하나인 '선례의 존중'에서 이미 해방되어 있다. 그러나 선례의 존중 배후에 있었던 심리는 '역사의 존중'이고 '현실의 존중'이다. 현실의 존중이라는 점에서는 문명의 혈맥은 상속되었다고 느끼는 점. 더구나 일본인은 그것을 반드시 잘 이해하고 있다고는 느껴지지 않는다는 점. 3)현실의 존중은 중국 문명의 미덕이지만, 문명의 활력이 쇠퇴했을 때는 가깝고 친숙한 현실, 즉 자국의 현실만을 존중하게 되고, '이종異種의 현실, 이종의 역사'는 존중받지 못한다. 일본 문명도 불행하게도 그 하나였다. 그 점에서도 현재 중국의 사태는 급격히 개선되고 있는 중이지만, 중국 사람들이 일본 문명을 독립된 존재로 느끼게 되려면 여전히 쌍방의 노력이 필요하다고 생각하는 점.

제목 및 본문 속에 '지나支那'라는 말도 그대로 두었다.[1] 만약을 위해 말한다면 '지나'는 중국의 불교도가 자국自國을 부르는 말이다. 예를 들자면, 중국판 '대장경'도 중국인 불교도가 쓴 저술 부분을 '지나찬술支那撰述'이라 총괄하는 것만 보아도 충분히 그 사실을 알 수 있다. 메이지 시대 초부터 내가 이 책을 쓸 무렵까지의 일본, 인도 또한 중국을 '지나'라 불렀다.

1964년(쇼와 39) 7월 7일[2]

---

1 한국어판에서는 '중국'으로 고쳐 번역했다.
2 이 글은 그해 9월 이와나미쇼텐에서 간행된 『중국인의 고전과 그 생활』 개정판 서문이다.

1장

중국인의 고전과
그 생활

1.

제 강연의 제목은 '중국인의 고전과 그 생활'입니다. 처음에 여기 교양부 위원께서 편지를 보내 '중국의 고전에 대해 말해달라'고 말씀하셨기 때문에, 첫째는 그에 응한 것이고 또 하나는 제가 평소에 늘, '중국인의 생활을 알려면 그것을 중국 고전과의 관계에서 생각하는 것이 중요하다. 무슨 말이냐 하면, 중국인의 생활은 고전의 제약을 매우 강하게 받고 있다. 이 관계를 놓치면 그 생활의 진정한 모습을 파악하기 어렵다. 적어도 과거 중국인이 참으로 어떻게 살았는지를 파악하기는 힘들다고 생각하기 때문에, 그것에 대해 말하는 것이 반드시 부적절한 일은 아니'라고 생각해서 이런 제목을 골랐습니다.

어느 민족이든 생활의 규범을 옛날 책에서 구할 수는 있을 것입니다. 그러한 생활 규범이 될 만한 책, 그것이 고전이고 이것은 특별히 중국만 그런 것은 아닙니다. 문화를 가진 민족이라면 고전을 가지지 않은 민족은 원칙적으로 없을 것이고 또한 저마다 생활의 규범을 고전에서 찾으려는 의욕을 많든 적든 모두 가지고 있을 것입니다. 그렇지만 중국인만큼 그러한 의욕이 강한 민족은 달리 없으리라 생각합니다. 그 결과 중국인의 생활은 여러 면에서 특수한 양상을 띱니다.

먼저 첫 번째는, 생활의 규범이 될 만한 책, 즉 고전을 확실히 선택해서 착실히 정해둔 점입니다. 이것은 일본하고는 다른 사태라고 생각합니다. 일본에서도 『고지키古史記』『니혼쇼키日本書紀』『만요슈萬葉集』가 고전이라는 것은 일단 문제가 없겠지만, 그 외 다른 책의 경우 어디까지를 고전이라 해야 하는지 명확한 한계가 없는 모양이라, 『겐지 이야기』가 고전이냐 아니냐, 그런 것을 따지면 아주 성가신 논의가 벌어질지 모릅니다. 그런데 중국에서는 생활의 규범이 될 만한 책을 착실히 정해두었습니다. 그것이 무엇이냐 하면 '경經'이라 부르는 책입니다. '경'은 다섯 가지가 있습니다. 그래서 '오경五經'이라 합니다.

'오경'이란 무엇이냐 하면, 첫 번째는 『역易』입니다. 이것은 매우 거칠게 말씀드리면, 자연현상이나 인사人事 현상에 대하여 고대인이 사색한 기록입니다. 두 번째는 『서書』입니다. 고대의 제왕이 무언가 큰 사건이 일어났을 때 발한 언어, 즉 칙명 같은 것, 그 기록을 모은 책입니다. 고대인의 정치생활을 기록한 것이라 하겠습니다. 세 번째는 『시詩』, 이것은 노래집입니다. 고대인의 감정생활을 기록한 책이라 할 수 있겠습니다. 네 번째는 『예禮』, 이것은 고대인의 사회 생활 또는 가정생활의 예법을 기록한 책입니다. 다섯 번째가 『춘추春秋』, 이것은 고대의 어느 기간에 대한 역사입니다. 역사이므로 그 속에는 다양한 생활이 기록되어 있습니다만 그것만이 아니고, 한편으로는 고대인의 기록 생활을 보여주는 책이기도 합니다. 이렇게 고대인의 생활을 보여주는 다섯 가지가 있고, 그것이 뒤에 오는 인간의 생활 규범이 될 만한 것이라고 확실히 정해져 있다는 점이 첫 번째 특수한 양상입니다. 이렇게 확실히 선택된 '오경'은 다른 책들과 격절隔絶된 높은 지위를 차지했습니다. 그저 단순히 오래되었다는 점만을 따진다면 오경 이외에도 오래된 책이 없지는 않습니다. 예를 들어 『노자』라든가 『순자』라든가 『한비자』 같은 이른바 '제자諸子'라고 불리는 일군一群의 책이 있습니다. 그러나 그것들은 고전이 아닙니다. 오래된 책이기는 하지만 인간의 생활 규범이 될 만한 것이라고 중국인들은 생각하지 않았습니다. 그저 오래된 책, 딱 거기에서 그쳤습니다. 그러므로 '오경'을 읽는 것은 사람이 꼭 갖추어야 할 교양이었지만, '제자'의 책을 읽는 것은 꼭 갖추어야 할 교양은 아니었습니다. 매우 수준 높은 교양인이나 되어야 비로소 그것을 읽은 모양이고, '제자'의 책을 읽은 사람은 어느 시대든 의외로 적었다고 저는 생각합니다. 그 지점은 일본의 한학漢學과 다른 점이고, 일본의 한학에서는 '제자'도 꽤 읽혔다고 생각합니다만 중국에서는 그렇지 않았습니다. 이 점은 일본의 한학에서 성장한 우리가 중국을 생각할 때 주의해야 할 점입니다. 또한 '오경'의 지위는 다섯이 서로 대등하여 다섯 중에 어느 것이 무겁다든지, 어느 것이 가볍다든지 그런 일은 원칙적으로 없습니다.

다음으로 특수한 양상 두 번째는, 고전을 존중한다고 하더라도 도리道理는 고전보다 더욱 높은 차원에 있고, 고전은 도리를 가장 잘 투영한 것이라는 생각 방식도 가능할 것입니다. 그러나 중국에서는 그렇지 않았습니다. '오경'을 도리 그 자체라고 의식했습니다. 따라서 '오경' 안에 인간의 생활에 필요한 도리가 모두 포함되어 있다고 의식했습니다. 가령 인간 생활이 어떻게 변화한다 하더라도, 그것에 대응할 만한 도리는 모두 '오경' 안에 포함되어 있다고 의식해온 것입니다. 그렇기 때문에, '경經'이라는 말을 다른 중국어로 바꾼다면 '전典'이라는 말로 바꿀 수 있습니다. 또한 '전'을 한 번 더 바꾸면 '상常'이 되고, '상'이라는 말이 드러내는 것은 '영원'이라는 개념입니다. 즉 '오경'을 영원한 도리라고 의식한 것입니다. 이것이 두 번째 특수한 양상입니다.

특수한 양상 세 번째는, 다른 민족에게는, 고전을 존중하고 그것에 제 생활을 맞추려고 하는 것은, 반드시 그 구체적 생활까지 고전에 일치하게 만들려는 것은 아니었습니다. 오히려 고전의 배후에 있는 정신을 파악하고 그것을 제 정신생활의 지침으로 삼는 식의 태도, 그러한 태도가 다른 민족에게는 있을 수 있겠습니다. 그런데 중국에서는, 물론 그러한 태도에서도 고전은 생활 규범이겠습니다만, 단순히 그것만은 아니었습니다. 구체적인 생활, 즉 눈으로 볼 수 있고 귀로 들을 수 있는 생활도 고전에 맞추려고 매우 왕성하게 노력했습니다. 예를 몇 가지 말씀드리자면, 중국은 행정관청을 당나라 이후로는 대체로 육부六部로 나누었습니다. 나뉜 부가 행정의 각 부분을 담당하는 것은 현재 일본의 12성省과 같습니다만, 그것을 여섯으로 나누었습니다. 첫 번째는 '이부吏部'인데 내무內務 행정을 맡았습니다. 두 번째가 '호부戶部'로서 재무부이고 세 번째는 '예부禮部'로 대체로 문교부입니다. 네 번째는 '형부刑部'로 사법 관청이며 다섯 번째는 '병부兵部'로 국방을 맡았습니다. 여섯 번째는 '공부工部'로 국가의 건축물을 짓거나 수리하는 것營繕, 기타 건설에 관한 일을 맡았습니다. 이 여섯 개 부를 '육부'라 했습니다만, 이 '육부'는 곧 고전에 보이는 고대 제도를 본받은 것입니다. 즉 오경인 『예禮』의 하나에 『주례周禮』라는 것이 있는데, 이것은 주나라 시대의 관제를 기록한 것이라고들 봅니다만, 이 『주례』에서 관청을 나누는 방식이 여섯으로 되어 있습니다. 즉 '천관天官' '지관地官' '춘관春官' '하관夏官' '추관秋官' '동관冬官'인데, 그 직무는 후세의 '육부'와 같았습니다. 물론 주나라의 실제 제도가 『주례』의 기록 그대로였느냐, 즉 역사적 사실이었느냐 하는 것은 의문이고 오히려 사실이 아니었겠지만, 하여튼 『주례』에는 그러한 기록이 있고 『주례』의 기록에 현재 제도를 맞추려고 한 것이 후세의 '육부'입니다. 그러므로 '육부'

가운데 '공부工部' 같은 관청은 국가의 영선營繕에 관련된 일을 맡을
뿐입니다.

예를 하나 더 든다면, 이것도 청조淸朝 말년까지 행해졌던 것입니
다만, 봄과 여름에는 사형을 집행하지 않았습니다. 가령 그 기간에
죄를 저질러 사형시켜야 할 경우라 하더라도, 그 집행은 가을까지
유예하는 일이 있었습니다. 현재 민국民國에서는 그렇지 않지만 30
년 전까지는 그랬습니다. 이것도 봄과 여름은 사물이 생장生長하는
시기인데 자연의 그러한 양상에 응하기 위해 인간도 사람을 죽이
거나 하면 안 된다는 것이죠. 그 시기에는 오로지 상을 준다, 가을
과 겨울은 서리가 내리고 얼음이 얼어 천지가 사물을 죽이는 시기
이므로 그 시기에는 형을 집행한다고 '경'에 적혀 있는데, 그에 일치
하려고 노력한 것입니다.

또한 복상服喪 제도에서도 이런저런 성가신 규정이 있습니다. 예
를 들면 부모가 돌아가셨을 때는 2년 동안 복상한다, 조부가 1년,
형제가 1년, 종형從兄은 몇 개월, 조카는 어떻게 하고, 백모伯母라도
집에 있는 백모는 어떻게 하고, 딴 곳으로 간 백모는 어떻게 한다,
뭐 그러한 성가신 규정이 있습니다. 지금은 어지간히 형식적으로
되어 있겠지만 역시 어느 정도 엄밀히 행해지고 있습니다. 적어도
일본의 복상제도와 비교하면 꽤 엄밀합니다. 예경禮經의 하나에 『의
례儀禮』가 있는데 그 안의 「상복喪服」이라는 편을 준수하고 있는 것
입니다.

또한 구체적인 생활을 고전에 일치시키려는 욕구는 중국인의 언어생활에도 강하게 드러나 있습니다. 여러분이 중·고등학교에서 익혀온 한문은 기준으로 삼아 따르는 대상이 있습니다. 그중 가장 중대하게 따르는 것은 역시 '경'의 문장입니다. 본래부터 입말은 그렇지 않았겠지만 제 언어는 적어도 글말, 즉 문장은 '경'의 언어를 기준으로 삼아 따르려는 노력에서 생겨난 문체라고 말씀드릴 수 있습니다.

구체적인 생활을 고전을 기준으로 삼아 본받으려는 태도도 그 기원이 매우 오래되었는데 예를 들면 『효경孝經』이 있습니다. 이것은 오경은 아니었습니다만, 공자가 한 말이라 해서 오경에 준하는 취급을 받았던 책입니다. 『효경』에 "비선왕지법복불감복非先王之法服不敢服, 비선왕지법언불감도非先王之法言不敢道, 비선왕지덕행불감행非先王之德行不敢行"이라는 말이 있습니다. 이 말이 정말로 공자의 말이었느냐의 문제는 잠시 제쳐두기로 하고, 구체적인 생활도 고전에 따르려는 욕구가 『효경』 무렵부터 있었음을 보여줍니다. 즉 '선왕의 덕행이 아니면 감히 행하지 않는다'는 식으로, 정신생활에서 선왕을 따르려 했을 뿐만 아니라 '선왕의 법언이 아니면 감히 말하지 않는다'라며 구체적인 생활과 정신생활의 중간에 있다고 할 만한 언어생활에서 선왕을 따르려 했습니다. 뿐만 아니라 '선왕의 법복이 아니면 감히 입지 않는다'에서 '법복法服'은 옷입니다. 의복 제도 같은 구체적 생활에서도 선왕을 따르자는 주장입니다.

2.

앞서 '중국인의 생활과 고전의 관계'가 어떻게 성립했느냐고 했는데 그걸 말씀드리겠습니다. 이것은 중국인의 선천적인 성벽性癖에 바탕을 둔 것이라 생각합니다. 바꾸어 말해 중국인의 정신과 밀접하게 결부된 형태라는 것입니다.

중국인의 정신이 지닌 특질은 여러 방면에서 지적할 수 있겠지만, 가장 중요한 것 혹은 가장 중심이 되는 것은 '감각에 대한 신뢰'라고 생각합니다. 그리고 거꾸로, 감각을 넘어선 존재에 대해서는 그다지 신뢰하지 않는다, 이것이 중국인의 정신 양상에서 가장 중심이 되는 것이라 생각합니다.

중국인의 그러한 성벽을 보여주는 것으로 여러 사례를 들 수 있습니다. 우선 눈에 띄는 것은 사후생활에 대한 냉담함입니다. 모두 아시겠지만 『논어』에도 공자의 제자 자로子路가 공자에게 죽음에 대해 묻자, 공자는 "아직 삶도 모르는데 어찌 죽음을 알겠느냐未知生, 焉知死"라고 했습니다. 살면서 벌어지는 일조차 잘 모르겠는데 죽은 뒤의 일을 물어서 뭐에 쓰겠느냐라고 해석하는 게 가장 타당하리라 생각합니다. 인간은 죽은 뒤 어떻게 되느냐에 대해서, 중국인이 지은 책에는 딱 부러지게 말한 기록이 전혀 없는 것 같습니다. 본래부터 전무했을 리는 없겠지만 적은 편이 사실입니다. 즉 죽은 뒤의 생활 따위, 감각을 넘어선 것에 대해서는 냉담한 것입니다.

또한 이 민족은 신화가 많지 않은 민족입니다. '하늘과 땅天地'은 어떻게 해서 생겼는가, 해와 달은 어떻게 생겼는가, 인간이라는 것은 어떻게 해서 생겨났는가, 그런 것에 대해 대개의 민족은 신화적인 설명을 갖고 있습니다. 그러나 중국인에게 천지만물이나 인간이 어떻게 생겼는지 설명을 듣는 일은 매우 어렵습니다. 적어도 현재 전해지는 문헌에서는요. 아무리 오래된 책을 읽어보아도 천지가 시작되기 전의 모습, 천지에 인간이 태어나기 전의 모습을 찾아내기 어렵습니다. 이것은 역시 감각을 넘어선 것에 대한 냉담함을 보여주는 것이고, 지금 우리의 감각에 닿는 세계가 어떻게 생겼는지 설명할 수 있으려면, 우리의 감각에 닿는 세계와 다른 형태의 세계, 그것을 생각할 수 있어야 될 터인데, 그러한 것을 생각하는 데 그다지 흥미가 없고, 또 흥미가 없기 때문에 능숙하지 못했다고 말할 수 있겠습니다. 물론 중국 민족도 원시시대에는 신화를 갖고 있었으리라 생각되는 형적形迹이 전혀 없지는 않습니다. 그러나 적어도 현재 전하는 문헌에는 적습니다. 중국의 고대 역사를 적은 책은 익히 아시는 대로 사마천司馬遷의 『사기史記』이고, 『사기』는 '오제五帝', 즉 다섯 명의 제왕 이야기에서 시작하고, 그것을 「오제본기五帝本紀」라고 부릅니다. 「오제본기」를 인류 생활의 첫 기록으로 삼고 있는 것입니다만, 거기에도 신들이 등장하는 불가사의한 이야기는 별로 없습니다. 더구나 사마천은 「오제본기」의 발문에서 오제에 대해서 이런저런 설이 없지 않지만 '그 말이 특별히 바른 것其言尤雅者'을 골라 싣는다고 했습니다. 즉 '바르지雅' 않은 것은 배제되었을 터이고, 배제된 것 중에는 불가사의한 설화도 더러 있었겠지요. 사마천의 이 말은 신화적 성격을 띤 것이 예전에는 존재했음을 암시하는 것입니다만, 사마천 이후의 책에는 그러한 것은 실려 있지 않습니다. 이것은 역시 일본이나 다른 민족과의 차이를 보이는 것입니다. 예전에 발생한 신화를 지키고 전하려는 민족도 있겠지요. 중국인은 그렇지 않았습니다. 가령 과거에 갖고 있었어도 그것을 지키고 전할 만큼 열의는 없었고 이것은 역시 감각을 넘어선 것에 대한 냉담함을 보여주는 것입니다.

또한 다른 면에서 그것을 증명하는 것은 중국에서 소설이 활발히 일어나지 않았다는 사실입니다. 소설이라는 것은 본래부터 감각에 닿은 세계를 모방하여 짓는 글의 갈래입니다만, 만들어낸 이야기라는 점에서 진짜로 감각에 닿는 사실史實과 같지 않습니다. 중국에서 소설이 발생하지 않은 것은 아니지만 늘 건전하지 못한 것으로 간주되었습니다. 또한 건전하지 못한 것이라는 의식은 중국 소설을 더욱 불건전하게 만들었지요. 『수호전水滸傳』이든 『홍루몽紅樓夢』이든, 무언가 그늘에서 핀 꽃처럼 뒤틀린 구석이 있습니다. 또한 애당초 소설을 짓는 방법에서도, 될 수 있는 한 감각에 닿는 세계를 모방하려 합니다. 원래 소설의 재미라는 것은 그런 식으로 '일상생활을 솜씨 좋게 모방하는 것'도 하나의 재미이겠습니다만, 또 한 가지 다른 재미는 우리 일상과 닮지 않은 데서 오는 재미가

요시카와 고지로의 중국 강의

있을 터입니다. 중국의 소설에서도 예를 들어 『서유기西遊記』처럼 그러한 방향으로 간 경우도 없지는 않습니다만, 그러나 그 방향으로는 그다지 뻗어가지 않고, 늘 감각의 세계만을 열심히 모방하려 했습니다. 이것도 중국인의 성벽을 드러내는 것이라 생각합니다.

그런데 이런 식으로 '감각의 세계를 신뢰하는' 민족은 늘 그 생활 법칙을 이미 발생한 사실, 즉 선례先例에서 찾으려는 경향이 있습니다. 과거의 생활, 선례는 옛사람들이 살면서 감각했던 것이고 그 점에서 확실한 느낌을 줍니다. 이와는 반대로 자신의 이성으로 생활 법칙을 발견하는 방법에 대해서는 불안을 느낍니다. 이성으로 발견한 법칙은 늘 '이러이러해야 한다'는 형태이고, 미래와 이어져 있으며 그저 상상의 세계에서만 존재합니다. 그런 점에서 실제로 과거에 존재했고, 감각에 닿았고 의식 안에 들어온 생활만큼 확실한 느낌이 들지 않습니다. 중국인이 그 생활 법칙을 늘 선례에서 찾으려 한 것은 주로 이러한 심리를 바탕에 깔고 있어서 그리 된 것이라 생각합니다.

한 가지 더 생각할 수 있는 것은, 감각을 신뢰하고 집착하는 입장은 사람으로 하여금 사물이 통일되는 방향보다 오히려 통일되지 않는 방향에 더욱 민감하게 만든다고 생각합니다. 즉 감각이 파악할 수 있는 한계 안에서 이 세계의 사물이 드러내는 모습은 천차만별千差萬別이고 한결같지 않습니다. 따라서 감각을 존중하는 민족은 당연히 사물의 다양성에 민감하다고 생각합니다만, 이렇게 다양성에 민감한 세계관에서는 자신의 이성이라는 것은 늘 아주 작게 보입니다. 본래 '자신의 이성'이라는 존재를 전혀 생각하지 않는 것은 아니겠지만, 그것의 보편타당성에 대해 늘 의심을 품고 있죠. 나는 그렇게 생각하지만 다른 이도 과연 그렇게 생각할 것인지, 그것에 대해서는 의문이 있습니다. 역시 '경經'의 하나인 『춘추좌씨전春秋左氏傳』에 "사람의 마음이 같지 않은 것은, 그 얼굴과 같다人心之不同如其面焉"는 말이 있습니다. 즉 사람의 마음이 다른 것은 그 얼굴이 다른 것처럼 다르다는 말입니다. 이것은 중국인의 생각 혹은 생각에 도달하는 과정에서 겪는 감정을 잘 표현한 말인데, 이렇게 사람의 마음이 사람의 얼굴처럼 다르다면, 제 혼자서 생각한 생활 법칙, 그것이 과연 얼마만큼 타당하겠는가, 그보다는 차라리 이미 발생한 선례에서 자신의 생활을 기댈 만한 규범을 찾자, 그러한 방향으로 기우는 것은 당연한 일이라 생각합니다.

그리고 이렇게 '제 생활을 선례에 기대는' 사례는 중국인의 일상 생활에서도 다양한 면에서 지적할 수 있습니다. 가장 좋은 사례는 역시 중국인의 언어생활 혹은 앞서 말씀드린 것처럼 문장 생활입니다. 대체로 보아 중국인의 문장은 자신이 생각한 표현으로 말하기보다 이미 앞사람이 썼던 표현을 사용하여 말하는 쪽을 좋은 문장이라 치는 경향이 있습니다. 여러분이 배우셨을 한문은 하나하나 모두 바탕을 두고 있는 바가 있는 표현이고, 대개는 옛 책에서 쓰였던 구절句節의 연속이고 또한 될 수 있는 한 그렇게 하는 게 좋은 문장이었습니다. 가장 극단적인 사례를 들어보자면, 시를 지을 때도 옛사람의 시에서 한 구씩 따와서 자신의 시로 삼는 게 있었습니다. 그것을 '집구集句'라고 합니다. 예를 들어,

· 혼귀명막백귀천魂歸冥漠魄歸泉

　혼은 아득한 곳으로, 넋은 황천으로 돌아가니 (주포朱褒)

· 사여유유십팔년使汝悠悠十八年

　너는 유유히 열여덟 해를 살았구나 (조당曹唐)

· 일규일회장일단一叫一回腸一斷

　새 한번 울고 꽃 한번 질 제 애는 끊어지는데 (이백李白)

· 여금중설한면면如今重說恨綿綿

　이제 다시 말하니 길이길이 한스럽네 (장적張籍)

　이것은 명나라 사람이 지은 희곡 중에 나오는 시입니다만, 이 시의 글귀는 당시唐詩에서 한 구씩 따온 것으로, 그것을 꿰어 맞추어서 젊은 여성의 죽음을 애도하는 시로 만든 것입니다. 물론 이러한 '집구'는 극단적인 사례이고 일종의 유희입니다만, 이러한 유희마저 허용했다는 것은 중국인이 언어생활에서 얼마나 '선례가 있는 언어를 존중했는지'를 보여주는 증거라 하겠습니다.

　그리고 매우 흥미로운 사례라 생각하는 것은 가요입니다. 중국인은 가요를 어떤 식으로 지었을까요. 제일 처음에는 물론 어떤 가사

에 맞추어 어떤 멜로디가 발생합니다. 이것은 일본의 가요와 똑같습니다. 그런데 그 멜로디가 어느 정도 사회의 지지를 얻으면 멜로디는 고정되고 그 고정된 멜로디에 맞추어 가사를 바꾼 노래가 끊임없이 만들어졌습니다. 이 현상이 특히 분명해진 것은 송나라 이후의 가요인데, 송나라 이후 가요의 대부분은 이미 발생한 멜로디가 있고 그 멜로디에 끼워넣는 식으로 가사를 지었습니다. 이것은 일본에서는 오히려 드문 현상일 것입니다. 물론 일본에서도 도도이쓰都都逸[3]라는 게 있었고, 고정된 선율에 맞추어 가사를 지었다고 합니다만, 중국에서는 고정된 선율에 맞추어 가사를 쓰는 방법이 오히려 보편적이었습니다. 이것 역시 선례를 존중한 사례입니다.

'선례를 존중하고 선례에 집착하는' 것은 중국인의 일상생활에서도 뚜렷하게 드러나는 성벽입니다. 이런 성벽이 하나의 주장 단계에 도달하여 굳어진 것이 생활 규범을 고전에서 구하는, '오경'에서 구하는 태도라고 저는 생각합니다.

그렇지만, 여기에 실은 한 가지 커다란 문제가 있습니다. 선례를 존중하는 태도가 중국 민족에게 선천적인 것이라 하더라도, 그러면 왜 '오경'이라는 선택된 사례에 규범이 집중되었느냐 하는 점입니다. 또한 앞서 말씀드렸다시피, 중국 민족이 사물의 일양성一樣性보다 오히려 다양성에 민감한 민족이라면, 과거에 발생한 모든 생

---

3 에도 시대 말기 유행 속요俗謠로, 아언雅言을 사용하지 않고 주로 남녀 간의 정을 구어로 만들었다. 보통 7·7·7·5의 4구로 되어 있다.

활이 제 생활의 규범이라는 생각에 끌릴 것처럼 보입니다. 사실 한 편에서는 그러한 사고방식, 즉 과거의 모든 선례가 그 뒤의 인간 생활에 무언가 규범적인 의의를 갖는다는 생각도 유력하게 존재했습니다. 그것을 다른 무엇보다 잘 보여주는 것은 중국인의 사학史學입니다. 중국인의 역사책은 『사기』이후에 『사기』의 체재를 흉내냅니다. 역시 『사기』를 선례로 존중하여 스물네 개 역사책이 쓰입니다. 그것을 '이십사사二十四史'라고 합니다. 왕조마다 대체로 하나의 역사책이 쓰였고 그것이 스물네 개 있기 때문에 '이십사사'라 합니다만, 이 '이십사사'의 방법은 어느 왕조 시대에 일어난 사건을 빠짐없이 기재하는 것을 이상으로 삼은 것으로 보입니다. 애당초 그것은 실제로 실행하려면 꽤 어려운 일입니다만, 적어도 빠짐없이 기재하려는 의도가 있었던 것으로 보입니다. 또한 중국인이 '이십사사'를 정리하는 방향을 보면, '이십사사'에서 누락된 사실을 다시 증보하여 완전하게 하려는 태도가 있어서 '사보史補'라는 형태로 그 정리방법이 나타났습니다. 역사를 기록하는 것은 복잡할수록 좋은 역사라는 태도인데, '될 수 있는 한 간단하게 요약하려는' 방향과 정반대 방향이라 생각합니다. 물론 될 수 있는 한 간단하게 요약하는 방향도 없지는 않습니다. 또한 그것이 없으면 역사를 쓸 수 없을 테지만 '사보'를 통해 다시 복잡해지는 그런 방향이 더욱 유력했다고 느낍니다. 요컨대 과거 사실을 빠짐없이 기록하려는 것이 역사의 이상이었던 듯한데 그러면 왜 이렇게 빠짐없이 기록했을까요. 그 기록된 것이 모두 장래의 인간 생활에 무언가 규범적인 의의가 있다, 그런 의식이 있었기 때문입니다. 그것을 가장 잘 보여주는 것은 『자치통감資治通鑑』이라는 책입니다. 이것은 송나라 사마광司馬光, 즉 사마온공司馬溫公이 쓴 책입니다. 사마온공은 북송 사람이었습니다만 북송보다 천 년 전쯤 공자가 죽었을 무렵부터 당나라의 끝까지, 천 년 가량을 다룬 매우 상세한 편년사編年史입니다. 말하자면 역대 왕조의 '정사正史'를 편년 형태로 다시 정리한 것이 이 책입니다. 그런데 이 책은 그 속에 기록한 사실이 엄청나게 많을 뿐만 아니라 사실史實의 정확함에 극도로 신경을 써서, 하나의 사건에 대해 둘 이상의 문헌이 있고 그 사이에 서로 모순이 있을 경우 정밀히 고증하여 어느 쪽이 올바른지를 판정했습니다. 더러는 극히 미세한 차이라서 사건 전체에는 꼭 중요한 영향을 끼치지 않을 것처럼 보이는 경우에도 어느 쪽이 올바른지를 상세히 고증하고 있습니다. 그래서 이 책의 형태는 근세 실증사학과 많이 비슷합니다. 일찍이 고구와바라 지쓰조 박사는 저에게 『자치통감』이야말로 중국에서 과학적인 인식과 원칙을 가지고 쓴 유일한 역사라고 말씀하셨습니다. 구와바라 박사는 물론 근대식으로 연구를 한 역사가이니, 과학적 인식과 원칙이라 말씀하신 것은 근대과학이라는 의미이겠습니다. 그런데 저는 박사의 말에서 '유일'하다는 것에는 얼마간 동의하지 않습니다. 중국인이 역사를 정리한 방법은, 만약 그러한 의미에 서라면 꼭 『자치통감』에 국한되지 않습니다. 대체로 모두 과학적인 인식과 원칙에 따랐다고 생각합니다만 그 점은 잠시 제쳐두기로 하고, 이 『자치통감』이라는 책이 근세 일본사학의 대가, 구와바라 박사도 감심感心할 만큼, 과학적인 절차를 밟고 있다는 것은 확실합니다. 그러나 그런 식으로 과학적인 절차를 밟은 동기가 구와바라 박사가 연구한 사학史學과 완전히 똑같으냐 하면 반드시 그렇지 않습니다. 그저 진실을 추구하는, 과거 사실을 확정하려는 데서 그치는 욕구에서 성립된 것은 아닙니다. 이 책은 『자치통감』이라는 제목이 보여주듯, 장래의 정치에 도움이 될 만한 '거울鑑'입니다. 즉 규범입니다. 그런데 규범이자 거울이 되기를 의도하면서 더러 날짜 하나의 차이까지 정확히 추구한 것은, 과거에 발생한 사실은 모두 규범으로서의 의의가 있다는 것, 그렇다면 극히 미세한 점이라 하더라도 정확히 추구해야 한다는 의식에서 나온 것이라 생각합니다. 즉 어떤 미세한 선례라도 규범으로서의 의의가 있다는 생각이 표출된 것이지요. 그리고 이것은 반드시 『자치통감』만이 아니라 중국인의 역사는 모두 그런 방향에 있다고 생각합니다.

그런데 지금까지 말씀드린 것처럼, 중국에서는 과거의 모든 선례를 존중하려는 태도도 두드러지는데, 그러면 왜 그것이 '오경'이라는 제한된 책에 집중되었느냐, 그간의 경과를 저는 이렇게 설명하고 싶습니다.

생활 속에서 모든 선례를 보전하고 간직하려 노력하다보면, 생활 속에 수많은 선례가 존재하게 됩니다. 그런데 선례라는 것 자체가 천차만별입니다. 천차만별, 차이가 많고 다른 것들이 동시에 생활 속에 존재하면 거기에는 혼란이 일어나기 마련입니다. 또한 인간이 선례를 기억하는 능력에는 한도가 있습니다. 기억한 것을 실행하는 능력에는 더더욱 한도가 있습니다. 그 결과, 그러한 수많은 선례를 통일하는 무언가를 찾는 단계가 당연히 찾아옵니다. 그런데 그러한 통일적인 것으로, 무언가 형이상形而上에 속하는 것, 즉 모든 선례의 배후를 관통하며 흐르는 것을 구하는 것도 본래부터 가능합니다. 사실 중국에서도 그러한 것을 구하려 했습니다. 예를 들어 노자가 말하는 '도道' 또는 '오경' 자체의 사상으로 말하면 '천天'이나 『역易』에 보이는 '태극太極' 모두 그것입니다. 또한 근세에 송나라 주자朱子 같은 이가 주장한 '이理' 등은 모두 선례의 배후에 있으면서 그것을 지배하는 것이고, 형이하形以下에 속하는 것이 아니라 형이상에 속하는 것입니다. 그렇지만 이렇게 제출된 '형이상에 속하는 것', 그것을 확실히 파악하는 것은 중국에서는 늘 곤란해 보입니다. 그것은 중국 민족이 지닌, 감각을 넘어선 세계에 대한 냉담함이라는 성벽이 이 경우에도 작용하기 때문이고, 이런 식의 추상적인 것에 대해서 그것을 확신하는, 적어도 확신을 갖고 전하는 것은 곤란한 것처럼 보입니다. 앞서 언급한 '형이상에 속하는 것'을 제출하면서도, 그것에 관한 설명은 늘 부족한 점이 그것을 아주 잘 보여줍니다. 도대체 '도'란 무엇인가, '이'란 무엇인가, '천'이란 무엇인가에 대해 한결같이 분명한 설명을 들을 수 없습니다. 다만 그러한 것이 존재한다고 주장하는 데 불과한 것처럼 보입니다. 예를 들어 주자 같은 이가 주장한 '이', 이것은 가장 나중에 제출된 것이므로, 이런 종류 중에서는 가장 잘 연구된 것이라 보아도 될 터인데, 그렇다면 도대체 '이'는 어떠한 성질을 가진 것이냐, 주자의 책을 샅샅이 들추어보아도 그다지 확실한 설명을 찾을 수 없습니다. '이'가 사물을 지배한다고 줄곧 말합니다. 그러면 '이'란 무엇이냐고 물으면, 이것은 저만 묻고 싶었던 게 아니라 주자의 제자도 자주 질문했던 물음입니다만, 주자의 대답은 언제나 '때가 되면 알 것이다' 그뿐입니다. '이'의 존재는 늘 주장합니다. 그러나 '이'의 성질에 대해서 주자는 입을 다물고 말하지 않습니다. 또한 노자는 '도'에 대해 "물物이 있어 혼성混成하여 천지에 앞서 생겼다. 나는 그 이름을 모른다. 그것에 이름을 붙여 도라 한다有物混成, 先天地生…吾不知其名, 字之曰道"라고 말했습니다. '자지왈도字之曰道.' 이름을 붙여 도라 한다는 이 표현을 저는 매우 재미있다고 여기는데, "무어라 이름을 붙일 수도 없지만 가령 '도'라 이름을 붙인다"는 것은 매우 재치 있는 태도입니다. 그러나 역시 형이상에 속하는 것을 파악하는 데 서투른, 익숙하지 않은 성벽을 보이는 것이라 생각합니다. 그것은 그렇다 치고, 이렇게 선례를 지배하는 것으로 무언가 형이상에 속하는 것을 생각하지 않을 수 없지만, 그것을 생각하는 일은 궁극적으로 능숙하지 못합니다. 그 결과 선례 모두를 지배할 만한 절대적인 것을, 차라리 선례 그 자체에서 구한다. 즉 선례 가운데서 선례를 구하고 그것이 다른 선례를 지배하게 한다. 이렇게 찾고 구한 '선례 중의 선례'가 바로 '오경'이다, 저는 그렇게 생각합니다.

또한 이렇게 선례를 지배하는 것을 더러 형이상에 속하는 것에서 구하려는 태도는 얼핏 보면 규범이 선례에 고정되는 것을 방해하는 것처럼 보이지만, 실은 오히려 그렇게 고정되는 것을 촉진한다고 생각합니다. 형이상에 속하는 것이라 간주되는 '도'라든지 '이', 그런 것들은 우선은 형이상에 속하는 것이라 간주됩니다만, 순수하게 형이상에 속하는 것에서 멈추어 있어버리면 불안정함을 면치 못합니다. 머지않아 그것은 형이하에 속하는 무언가 구체적인 것에 결부되기를 구합니다. 예를 들어 『노자』에서는 태고 시절이야말로 '도'가 완전히 현현한 세상이었다고 말합니다. '도'라는 것이 형이하에 속하는 것에 결부되기를 구한 결과, '태고시절의 생활'이라는 하나의 구체적인 것에 결부되기를 구한 것입니다. 또한 주자가 말한 '이理'도 구체적인 것에 결부되기를 구했습니다. 주자가 '이'를 결부시키려고 찾아낸 구체적인 대상, 그것이 곧 오경이고, 오경은 '이'의 완전한 현현이라고 그는 말했습니다. 형이상에 속하는 것에 대한 욕구도, 중국 민족의 경우 결국은 규범이 구체적인 것으로 정착되는 것을 도리어 촉진하는 경향이 있었다고 생각합니다.

지금까지 말씀드린 경과를 통해, 생활 규범이 '오경'에 정착되는 현상이 일어난 것으로 보입니다만, 이런 과정을 거쳐 찾아낸 '오경'은 선례 중의 선례이고 다른 모든 선례를 지배하는 것이므로, 자연히 완전한 것이라 인식되고 도리 그 자체라고 인식될 수밖에 없었습니다.

그런데 선례 중의 선례를 찾고 그것을 완전한 것으로 인식하는 태도는 바꾸어 말하면 완전한 것이 이 지상에 있다고 보는 생각입니다. 민족에 따라서는 완전한 것은 지상에 없다는 사고방식도 가능할 것입니다. 완전한 것은 현상계를 벗어난 곳이라야 존재하고, 이 세상에 있는 것은 모두 불완전하다고 보는 사고방식도 있을 것입니다. 그러나 중국에서는 그렇지 않았습니다. 완전한 것은 이 지상에 있다, 적어도 있었다고 여겼습니다. 그 사실을 다른 방면에서 보여주는 것은 '성인聖人'이라는 개념입니다. 중국인은 '성인'이라는 개념을 '오경'의 절대적인 권위를 설명하는 전제로 간주했던 것 같은데, 성인은 전지全智 전능한 완전한 인간을 말합니다. 예를 들면 주공周公이나 공자 같은 사람인데 '완전한 인간'인 그러한 사람들, 그들이 선택한 선례가 곧 '오경'이므로 오경은 완전한 것 절대적인 것이 됩니다만, 이 '성인'이라는 생각은 곧 '완전한 인간은 지상에 존재한다', 적어도 존재했었다고 보는 생각입니다. 성인은 도리 그 자체입니다. 그러나 그는 신이 아니라 어디까지나 인간입니다. 또한 이와 비슷한 생각을 생활 외의 부분에서도 찾아볼 수 있습니다. 예를 들어 '서예' 같은 예술에서는 왕희지王羲之를 완전한 서예가라고 간주합니다. 그래서 그를 '서성書聖'이라 부릅니다. 서예라는 예술의 도리를 왕희지가 모두 현현했다고 보는 겁니다. 또한 시의 경우에는 두보杜甫라는 사람을 완전한 시인으로 간주하여 '시성詩聖'이라 부릅니다. 시의 도리는 두보에 완전히 투영되어 있고 두보는 시의 도리 그 자체라고 보는 것입니다. 모두 완전한 것이 지상에 있다고 보는 생각이지요. 오경을 존중하는 것도 역시 이런 태도에서 성립된 것이고, 오경에 기록된 생활, 그것은 인간의 생활로서 완전한 것이므로 인간 생활의 절대 규범이 될 수 있는 거지요.

완전한 것이 지상에 있다고 보는 이런 사고방식은, 동시에 완전한 것은 과거에 있다고 보는 사고방식이기도 합니다. 대체로 선례를 존중하는, 즉 과거에 발생한 사실을 생활 규범으로 삼으려는 생각은 현재 생활보다 과거 생활에서 가치를 찾으려는, '옛것을 숭상하는尙古' 감정을 이미 전제로서 갖고 있는 것입니다. 이윽고 이러한 과거생활 중에서도 특히 존중할 만한 것을 선택하고, 즉 선례 중의 선례를 선택하고 그것을 완전한 것이라 인식하면, 상고주의尙古主義는 더욱 확고부동해질 수밖에 없습니다. 왕희지를 완전한 서예가라 의식하는 것은 왕희지 이외의 서예가 모두를 불완전하다고 보는, 즉 왕희지 이후에 왕희지만한 서예가가 없었다고 본다는 말이지요. 비슷한 논리로, 두보 이후에 두보만한 시인은 없었다는 말이고, 오경 이후에 오경에 견줄만한 생활이 없었다는 말입니다. 그리고 이렇게 옛것을 숭상하는 사상은 당연히 더욱 오래된 것일수록 더욱 가치가 있다는 결론에 도달하기 쉽습니다만, 오래된 것일수록 좋다고 보는 이런 사고방식에서도 오경은 지지를 받습니다. 왜냐하면 오경은 중국에서 가장 오래된 생활 기록이기 때문이고, 가장 오래된 기록이기 때문에 가장 완전하게 도리를 현현하고 있다, 그렇게 됩니다.

지금까지 말씀드린 것처럼, 여러 방향에서 지지를 받아 '오경'은 중국인의 생활에서 절대 규범이 되었습니다. 여기서 조금 덧붙여 말씀드려야 할 것이 있는데, 그러면 오경 이외의 책은 오경에 대해 어떠한 위치를 차지했는가입니다. 오경이 다른 책과 비교할 수 없을 만큼 높은 위치를 차지했다는 것은 앞서 말씀드린 대로입니다. 그와 동시에 오경 이외의 책이라 하더라도 절대로 부정될 만한 책 그런 것은 중국에 없었습니다. 어느 책도 오경에 미치지는 못하지만 전혀 가치가 없는 책도 없다. 이것 또한 다른 민족이 취하는 태도와 반드시 같지는 않다고 생각하는데, 예를 들어 이슬람교回敎의 『코란』은 중국에서 오경이 존재하는 방식과는 다른 것처럼 보입니다. 『코란』은 『코란』만이 도리이고 이외에는 모두 도리가 아니다. 오히려 없는 편이 좋다, 그것이 이슬람교의 사고방식이라 들었습니다. 또한 이슬람교의 경우만큼 강렬하지는 않지만, 단 하나의 도리가 존재하는 것 외에 나머지 일체는 무익하다고 보는 사고방식도 존재할 것입니다. '나무아미타불'이라고 염불하면 그것만으로 성불할 수 있다고 보는 사고방식이 그와 가까운 것이겠지요. 그런데 중국에서 오경과 오경 이외의 책이 존재했던 양상은 반드시 그렇지는 않았습니다. 오경은 가장 높은 도리이고 어쩌면 도리 그 자체이겠습니다만, 그 외의 다른 책도 어떤 의미에서는 도리를 드러내고 있다, 불완전하게나마 드러내고 있다고 인식했습니다. 중국인의 정신에는 모든 선례를 존중하려는 면이 한켠에 있습니다. 이것은 그런 면이 드러난 것이라 보는데, 무수히 많은 선례에서 '선례 중의 선례'를 선택하여 오경으로 삼고, 그것을 통해 다른 선례를 지배하려 하긴 했지만, 한편 모든 선례를 존중하려는 면도 그런 과정에서 사라지지는 않았다는 것이죠. 대체로 중국인의 정신은 그러한 형태를 띠고 있다고 생각합니다. 완전한 것은 지상에 있으며 무언가 '하나'를 완전한 것이라 여기는 사고방식이 있고, 그것은 다른 것은 불완전하다고 볼 뿐이지요. 불완전하지만 절대로 부정해야 할 대상은 아니다. 다시 말씀드리자면, 절대적으로 긍정할 만한 것은 있어도 절대적으로 부정해야 할 것은 중국에 없는 것입니다. 중국에서는 흔히 완전한 것을 원으로 나타냅니다. 예를 들어 '성인'의 마음은 원이라고들 흔히 말하는데, 완전한 것을 원으로 나타내는 것은 매우 중국적이라 생각합니다. 원이라는 것에는 그 반대가 없습니다. 과연 원이 아닌 것으로는 삼각도 있고 사각도 있습니다. 그러나 그것은 원으로 귀착될 수 있는 것입니다. 이것도 다른 민족의 사고방식과는 꼭 같지는 않은 점이라 생각하는데, 다른 민족은 완전한 것을 빛으로 나타내고, 그 반대를 어둠으로 나타내며, 어둠은 어떻게 하더라도 빛에 도달할 수 없다는 사고방식도 가능할 것입니다. 그러나 중국인의 사고방식은 그렇지 않습니다. 오경과 다른 책의 관계도 그러해서, 오경은 도리 그 자체이나 다른 책도 어떤 의미에서는 도리를 드러내고 있다는 식으로 생각하는 것으로 보입니다. 또한 이와 관련해서 샛길로 빠지는지도 모르겠습니다만, 중국에서는 절대악이라는 식의 생각이 매우 적지 않은가, 인간의 모든 생활이 어떤 의미에서는 용인될 수 있는 것이 아닐까, 그런 느낌을 받습니다. 흔히 중국 윤리사상의 약점으로 '악이 근원적으로 어디에서 오느냐'에 대한 설명이 결여되어 있다고들 합니다만, 절대악이라는 것을 상정하기 힘들어하다 보니 그 근원에 대한 설명이 없는 것은 오히려 당연하다 하겠습니다.

이렇게 오경 이외의 책도 불완전하긴 하지만 나름대로 어떤 의미에서 다소 도리를 드러내는 것이라 생각한 결과, 중국에서는 '박학博學'을 매우 존중했습니다. 널리 많은 선례를 아는 것이 학자가 갖추어야 할 첫 번째 조건이었습니다. 이렇게 책을 많이 읽어서 많은 선례를 아는 것, 그것이 오경이라는 가장 높은 선례에 도달하는 길이다, 그것이 중국인이 학문하는 방법, 적어도 정통적인 방법이었던 것처럼 보입니다. 물론 오경 이외의 것을 배격하는 사고방식도 전혀 없지는 않았습니다. 예를 들면 『논어』에 '공호이단攻乎異端, 사해야이斯害也已'라 하여 이단을 연구하는 것은 해로울 뿐이라는 사고방식도 전혀 없지는 않았습니다만, 공자의 이 말은 오경의 위치가 아직 충분히 확정되지 않았을 무렵에 나왔다는 점을 고려해야 합니다. 또한 송나라의 학자는 불교를 배격했습니다. 그것은 불교가 유행하자 일어난, 동요기動搖期의 현상입니다. 이러한 현상도 물론 없지는 않았습니다. 그러나 적어도 중국에서 나온 책은 오경 이외의 것도 오경의 보조역할을 한다고 보아, 그 모두를 용인하려는 사고방식이 보통이었습니다. 이것이 다른 민족들의 고전과 다른 존재방식이겠습니다.

이제까지 오경을 존중하는 것이 중국인의 정신에 어떻게 뿌리박고 있는지 설명했습니다. 인간은 생활 규범을 오경에서 배워야 하고, 더구나 구체적인 생활에 이르기까지 그래야 한다는 생각이므로, 인간의 첫 번째 임무는 자연스레 오경을 읽는 일이 됩니다. 또한 앞서 말씀드린 관계에서, 오경 이외의 책도 될 수 있는 한 널리 읽는 것이 오경에 도달하는 방법이기 때문에, 더욱 완전한 인간이 되려면 오경을 비롯하여 옛 책을 더욱 많이 읽을 필요가 있습니다. '이런 임무를 실천할 수 있는 인간'으로서 성립된 개념이 '독서인讀書人'이라는 개념이고, '책을 읽는 사람'이란 말을 직역하면 지식 계급이 되겠습니다만, 단순히 그런 의미 말고도 사람이라면 해야 할 임무를 실천할 수 있는 인간, 따라서 이 세상의 도의道義를 담당하는 사람, 다른 이를 지도하는 사람이라는 의미를 갖습니다. 중국 역대 관료는 반드시 이 '독서인' 가운데서 뽑았습니다. 요즈음 이곳저곳에서 중국 역사를 움직여온 주체는 무엇인가를 자주 논의하고 있습니다만, 저는 바로 독서인이라고 대답하고 싶습니다. 어쩌면 역사가들은 반드시 그렇게 생각하지 않고, '과연 독서인도 얼마간 중국 역사를 움직인 자이기는 하지만 독서인만이 중국 역사를 움직여온 것은 아니다. 독서인과 대립되는 '서민庶民'이 있었고, 이 두 세력의 상극相剋을 통해 중국 역사는 발전해왔다'와 같은 사고 방식도 일부에는 있는 모양이고, 특히 계급투쟁이라는 사상이 서양에서 들어온 뒤로는 그러한 역사관이 왕왕 존재했습니다. 저는 아무래도 그렇게 생각하기 어렵습니다. 고전을 읽을 수 있는 인간, 오경을 읽을 수 있는 인간, 즉 독서인의 수는 제한되어 있고, 그 몇 배나 되는 비독서인 즉 서민이 있는 것은 분명합니다. 그러나 서민이라 해도 그 생활의 근저를 이루는 감정에서 독서인과 근본적인 차이는 그다지 없습니다. 역시 선례를 존중하는 것이 기본 정조이고 오경에 따르는 것을 이상으로 삼았습니다. 다만 오경에 따르려면 우선 오경을 읽어야 합니다만 그러려면 상당한 수련이 필요합니다. 당연히 경제적으로 풍요로운 상황에 있는 인간 또는 풍요로운 상황이 몇 대를 이어진 가문에 속한 사람만이 독서인이 되는 경향이 있었습니다. 그러나 그러한 환경에 있지 않았던 일반 서민이 독서인과 다른 생활이념을 지니고 있었느냐 하면 그렇지는 않고 똑같은 이념 아래 있었습니다. 다만 그 환경이 충분한 교양을 얻을 만한 환경이 아니기 때문에 독서인이 될 수 없었을 뿐이고, 독서인이 될 만한 기회를 얻으면 역시 독서인으로서 오경을 읽고 그것이 제시하는 바에 따라 생활하려는 이념밖에 없었다고 저는 생각합니다. 현재 중국의 유력한 사상가 저우쭤런周作人[4]은 "중국처럼 위로는 천자부터 아래로는 인력거꾼에 이르기까지, 같은 이념 아래 생활하고 있는 나라는 전세계 어디에도 없다"는 말을 했습니다. 이 말 자체는 얼마간 빈정거림을 내포하고 있는 것으로 보입니다만, 동시에 이 빈정거림은 퍽 정곡을 찌르고 있습니다. 적어도 서민에게 독서인에 대항할 만한 별도의 생활 이념이 있지는 않았다, 독서인과 같은 이념 아래 살고 있지만 그 빛깔이 옅은 것에 불과하다, 적어도 과거의 중국에서는 그러했다고 생각합니다.

이제부터는 중국 역사를 움직인 주체였던 독서인의 생활이 어떤 식으로 진전되었는지, 다시 말해 중국인의 생활은 고전의 제약 아래 놓임으로써 어떠한 특수한 양상을 보여왔는지를 역사적으로 시대를 따라 말씀드리겠습니다.

3.

고전을 존중하고 그것을 생활 규범으로 삼는 것, 앞에서 말씀드린 대로 그것은 중국인의 선천적 성벽性癖에 바탕을 두고 있기 때문에 그 기원은 아마도 중국 역사만큼이나 오래된 것이라 생각합

---

4 1885~1966. 루쉰魯迅의 동생. 1906년 일본의 릿쿄立敎대학에서 영문학·그리스어 등을 배웠으며, 형 루쉰과 공동으로 유럽 근대문학을 번역·출판했다. 1917년 베이징 대학 문과 교수가 되었다.

니다. 그러나 중국인의 생활 태도가 그 방향 하나로 정해지는 과정에는 역시 그 나름의 우여곡절이 있었습니다.

『사기』에 따르면 중국 역사는 '오제五帝'부터 시작됩니다. 오제의 맨 끝에 오는 두 사람이 요堯와 순舜이고, 이 두 사람은 모두 '성인', 즉 완전한 인간이라고 봅니다. 더러 오제 이전에 '삼황三皇'이 있었고, 삼황에서 오제가 되었다고 보는 설도 있습니다만, 하여튼 삼황오제는 전설시대라서 확실한 역사적 사실이라 인정하기 어렵습니다. 또한 요순 다음에는 '우禹'라는 성인을 선조로 삼은 하夏 왕조가 있었다고 말하는 이도 있지만, 이것 또한 전설시대를 벗어나지 못합니다. 하나라 다음에 은殷 혹은 상商이라 부르는 왕조가 있고, 그 시조는 '탕湯'이라 하는 성인이었다고 합니다. 은(혹은 상) 왕조가 존재했던 것은 역사적 사실인 모양으로, 그 시대의 유물로 인정할 수 있는 것이 최근 고고학 발굴에 힘입어 발견되었습니다. 중국 역사는 은(혹은 상) 무렵부터 역사시대로 들어왔다고 하겠습니다만, 은(혹은 상) 무렵의 문헌으로 충분히 확실한 것은 오늘날 남아 있지 않습니다. 그 무렵 문헌이라고 전해지는 것은 오경의 『서書』에 편입되어 있지만 또한 충분히 확실한 것은 아니라서, 그 무렵의 중국인, 즉 은나라 사람이 얼마만큼 고전을 가지고 있었는지는 현재 알기 어렵습니다. 그런데 은나라 다음에 일어난 왕조는 주周인데, 이 왕조에 들어서면 사태는 점차 명료해집니다. 주 왕조는 처음에 문왕文王이라는 왕이 있었고, 문왕의 아들이 무왕武王이고 무왕의 아우가 주공周公인데, 이 세 사람은 모두 성인이었다고 전해오는 동시에, 고전을 존중했었다는 사실도 문헌에 보이기 시작합니다. 주나라는 800년가량 이어집니다만, 그 중간쯤 되는 242년, 그 사이의 역사를 기록한 것이 오경의 하나인 『춘추』이고, 『춘추』를 해석한 것 중에 『춘추좌씨전春秋左氏傳』이라는 책이 있는데, 『춘추좌씨전』을 읽으면 이미 그 무렵 주나라 사람은 고전을 생활 규범으로 삼는 마음가짐이 있었던 것을 엿볼 수 있습니다. 그 무렵은 이른바 봉건시대이고, 제후국으로 갈려 있던 시대였습니다. 제후나 제후의 가신들이 타국에 가서 그 나라 신하들과 나눈 대화가 『춘추좌씨전』에 기록되어 있습니다. 그 대화에는 왕왕 지금의 오경의 하나인 『시』의 문구가 인용되어 있습니다. 그 인용방식은 '나는 이렇게 생각하는데 『시』에도 이러한 문구가 있지 않은가' 또한 '나는 이렇게 행동하지만 『시』에도 저러한 문구가 있지 않은가' 하는 식입니다. 즉 『시』의 언어에서 얼마간 규범적인 의의를 인정하고 있습니다. 또한 『시』만큼 자주는 아니지만 『서』의 말도 인용됩니다. 주나라 중엽의 사회에서는 『시』와 『서』가 이미 얼마간 후세에 누리는 위치를 차지하고 있었다고 생각할 수 있습니다. 그러나 당시에는 『시』『서』의 위치가 여전히 불안정했습니다. 『시』『서』의 위치를 안정시키고, 또한 널리 보아 고전을 규범으로 삼는 생활을 하나의 주장 차원으로 끌어올려 분명하게 외친 사람, 즉 민족의 생활감정으로 흘러내려온 것을 하나의 주장으로 종합한 최초의 사람, 그이가 바로 공자입니다.

공자는 중국인이 성인이라 보는 사람 중의 한 명, 즉 완전한 인간이라고 간주되는 사람입니다. 또한 사실의 차원에서도 성인이라는 이름에 걸맞은 훌륭한 인격자였던 것으로 보이는데, 성인 공자의 가장 중요한 주장은, 인간은 고전을 규범으로 삼아 살아야 한다는 것이었습니다. 그런데 고전을 규범으로 삼으려면 물론 먼저 고전을 읽어야 합니다. 그래서 공자는 독서를 매우 중시했습니다. 『논어』를 읽어보면 다음과 같은 말이 있습니다. "자왈子曰, 오상종일불식吾嘗終日不食, 종야불침終夜不寢, 이사以思, 무익無益, 불여학야不如學也"(공자 왈, 내 일찍이 종일 먹지도 않고, 온 밤을 꼬박 새워가며 생각해보았다. 유익함이 없었다. 배우는 것만 못했다.) 여기에서 '학學'은 책을 읽는 것이라 보아야겠지요. 즉 사색은 무익하여 독서만 못하다는 의미로 볼 수 있겠습니다. 또한 '직접적으로 사색이 독서만 못하다고 말하는 것이 아니라 사색해본 결과 무엇이 제일 유익한지 생각해보았는데, 독서가 제일 유익하다는 결론에 도달했다'고 보는 설도 있습니다. 하여튼 독서를 공자가 매우 존중했다는 사실을 이 말을 통해서 알 수 있는데, 공자는 생활 법칙은 사색을 통해 얻기보다 오히려 선례를 남김없이 알고 나서야 얻을 수 있는 것이라고 여겼습니다. 즉 인간은 반드시 독서인이 되어야 한다고 외친 것입니다. 공자는 그 외에도 이런저런 다른 주장을 갖고 있었겠지만, 이러한 주장이 공자의 가장 유력한 주장의 하나였다는 사실은 의심의 여지가 없습니다. 그리고 공자는 그 구체적 방법으로 두 가지를 실행한 것

같습니다. 하나는 인류가 생활 규범으로 삼을 만한 시대를 지정한
것입니다. 바로 주나라 초의 문왕, 무왕, 주공 시대이며 그중에서
도 중심은 주공입니다. 그 시대의 생활이 인간 생활의 이상이었다
고 제시했습니다. 성인 주공은 '예악禮樂'을 제정했습니다. '예'라는
것은 앞서 말씀드렸듯이 사회생활 내지는 가정생활에서 지켜야 할
규범(예식)이고, '악'은 그러한 예식이 행해질 때 연주하는 음악입
니다. 주공은 그것을 제정했고 '예악'이 완전하게 실행된 시대가 주
공의 시대이다, 그 시대의 생활이야말로 인간의 규범이 될 만한 것
임을 가리켜 보여주었습니다. 『논어』에 나오는 유명한 말 "참말 내
가 늙었구나. 오래되었구나, 내 다시는 꿈에 주공을 뵙지 못함이여
甚矣吾衰也, 久矣吾不復夢見周公"는 공자가 주공을 얼마나 사모하는지 보
여주는 구절로 여겨집니다. 또한 공자는 규범이 될 만한 시대를 제
시하는 데서 그치지 않았습니다. 두 번째로 중요한 것은 규범이 될
만한 선례를 고르고, 그것을 지금의 오경으로 정리했다, 즉 인간의
영원한 교과서를 선정한 것이라고 중국인은 말합니다. 『시』는 앞서
말씀드렸듯이 『춘추좌씨전』 시대부터 얼마간 규범이 될 만한 것으
로 인정받았던 것 같지만, 그것은 여전히 불안정한 존재였는데 공
자가 다시 305편으로 산정刪定하여 지금의 『시』 형태가 되었습니
다. 또한 『서』도 수천 편 가운데 100편만을 골라 지금의 『서』로 만
들었으며 『역』도 정리했습니다. '예악'에 대해서는 공자가 책으로 만
들었는지 확실한 기록이 없습니다만, 주공이 제정한 '예'를 실천하

는 데 매우 열심이었고 또한 실천할 수 있는 것은 실천했습니다. 마지막으로 『춘추』입니다만, 원래 공자가 태어난 곳은 노魯나라입니다. 노나라는 산둥에 있는 제후국인데, 노나라에 『춘추』라는 역사가 있었고 공자가 그것을 손질하여 다시 편찬한 것이 지금의 『춘추』라는 '경經'입니다. 공자에 대한 가장 오래된 전기인 『사기』 「공자세가孔子世家」에 그렇게 기록되어 있습니다. 물론 요즘의 역사가는 「공자세가」의 기록 전부가 사실은 아니며, 공자가 『역』을 편찬했다는 말은 의심스럽고 『춘추』를 편정編定했다는 것도 의심스럽다고 봅니다. 그 책들이 '경'으로 존중받게 된 것은 실은 공자 이후의 일이라고 보는 것이 요즈음 철학사가의 설입니다. 「공자세가」의 기록은 역사사실로 보기 힘든 부분도 포함하고 있는 모양입니다만, 적어도 공자가 『시』와 『서』를 존중했고 그것을 인간의 교과서로 삼아야 한다고 강하게 주장했으며, 주공의 '예악'을 인간이 반드시 실행할 만한 것이라 주장했다는 것은 사실로 보입니다. 『논어』에는 "자소아언子所雅言, 시서집례詩書執禮, 개아언야皆雅言也"라는 구절이 있습니다. 이 구절도 여러 해석이 있는데, 공자가 늘 화제로 삼은 것은 『시』와 『서』와 '예'라는 해석 또는 공자가 당시의 표준어로 발음한 것은 『시』와 『서』와 '예를 집행할' 때의 언어였다는 것입니다. 주나라의 도읍은 지금의 시안西安 근처에 있었고 당시 그 주변의 발음이 표준음이었는데, 그것으로 읽었다는 해석도 있습니다. 어느 쪽으로 해석하든 이 구절은 '시·서·예詩書禮'를 공자가 존중했음을 보여줍니다.

고전을 생활 규범으로 삼는 태도는 공자의 외침에 힘입어 확실하게 주장이 됐지만, 민족의 생활 태도가 그 방향 하나로 정해지기까지는 여전히 약간의 우여곡절을 겪어야 했습니다. 공자가 죽은 뒤, 주나라가 완전히 멸망하기 전까지의 250년간, 그것을 전국시대戰國時代라 하는데, 정권의 분열과 함께 다양한 사상이 매우 자유롭게 일어난 시기입니다. 전국시대의 혼란을 통일한 진시황 시대를 거쳐 진나라의 뒤를 이어받은 한나라, 한나라의 무제가 공자의 주장을 정치의 의지로 확정하기까지 약 300년의 우여곡절을 겪습니다.

4.

전국시대의 혼란기에 공자의 주장을 조술祖述한 학파가 곧 '유가儒家'입니다. 유가의 학설은 정치학설이나 윤리학설 등 다양한 면에서 파악할 수 있습니다만, 공자의 가르침에 따라 인간 생활은 선례를 규범으로 삼아야 한다는 것이 주장의 중심이었다고 생각합니다. 그리고 공자가 제창한 『시』 『서』 등 고전의 가치를 강조했습니다. 그 책들을 '경'이라 부르게 된 것도 아마도 이 시기겠지요.

물론, 앞에서도 말씀드린 것처럼, 고전을 존중하는 태도는 중국 민족의 선천적 성벽에 바탕을 둔 것이므로 그것은 반드시 '유가'만 취한 특유한 태도가 아니었고, 또한 『시』 『서』 등의 '경'도 반드시 유가가 독점한 대상은 아닌 것으로 보입니다. 다른 학파에서도 정도의 차는 있겠지만 존중했습니다. 예를 들면 묵자墨子가 그러했습니다. 묵자는 이른바 '제자諸子'의 한 명이고 그 흐름은 '묵가墨家'라는 학파로 발전했는데, 묵가의 조사祖師 묵자의 저술에도 역시 오경의 하나인 『서』가 어느 정도 권위를 가진 것으로서 인용됩니다. 그 『서』는 유가가 경으로 삼는 『서』와 분명히 같은 것입니다. 고전을 존중하는 태도가 유가에만 있었던 것은 아니었음을 알 수 있는데, 다만 유가는 반드시 고전을 읽고 고전을 규범으로 삼는 것을 인간 생활의 필수전제라 여겼지만, 다른 학파는 필수전제라고 여기지는 않았습니다.

덧붙여 말씀드리자면, 당시 중국인의 생활 태도는 아직 '고전을 규범으로 삼는 방향 하나로 정해진 단계'에 이르지는 않았던 것 같습니다. 전국시대 제자백가 중에는, 고전의 기록에 구애받지 않고, 현재의 인간 생활, 거기에서 생활 법칙을 끌어내는 것이 좋다, 그렇게 주장하는 학파도 있었습니다. 그 학파를 보통 '법가法家'라 부릅니다. 법가는 생활의 현재 단계에서 출발하여 생활 법칙을 정합니다. 특히 법률을 중시해서 법률을 통해 생활을 유지해야 한다고 주장했습니다. 법가의 책으로 오늘날 가장 완전하게 남아 있는 것은 『한비자韓非子』입니다만, 법가의 주장은 유가의 주장과 정반대였기 때문에 유가를 격렬하게 공격했습니다. 예를 들어 『한비자』에는 이런 식의 논의가 나옵니다. 유가는 고대의 생활이야말로 이상적인 생활이라며, 요순 같은 고대의 성왕을 떠받들려고 한다. 그러나 이상하지 않은가. 요순이 살았던 옛 시대와 지금의 시대는, 우선 첫 번째로 경제생활이 다르다. 옛날에는 인구가 적고 토지가 남아돌았다, 그런데 지금은 인구가 많고 토지가 부족하다, 그러한데 옛 시대의 생활을 지금 시대에 강요하려는 유가는 멍청하기 그지없다, 그렇게 말합니다. 앞에서 말씀드린 것처럼, 공자가 이상으로 여긴 시대는 주나라 초기 주공을 중심으로 한 시대이니 꼭 요순시대는 아닙니다만, 그 뒤의 유가 중에는 다시 더욱 오래된 시대야말로 인간의 이상적인 상태였다고 여겨, 요순을 떠받드는 이가 있었던 모양이고, 한비자는 그것을 공격했던 것입니다. 이렇게 전국시대에는 고전을 규범으로 삼는 생활 태도를 적극적으로 '틀렸다'고 보는 주장도 있었으니, 중국인의 생활 태도는 아직 '고전을 규범으로 삼는 방향 하나로 정해진 단계'에 이르지는 않았습니다. 게다가 전국시대의 분규와 혼란은 일단 법가의 주장을 옳다고 여기는 정치가가 통일하게 됩니다. 그것이 바로 진시황의 천하통일입니다. 진시황의 정치는 완전히 법가의 주장을 따른 것으로, 법률에 의한 통제 정치였습니다. 그리고 유가의 주장은 극도로 탄압당하여 유명한 '분서갱유焚書坑儒', 책을 태우고 유자儒者를 생매장하는 사건마저 일어났습니다. 그렇지만 진나라의 통일은 아주 짧아 20년가량 지나 붕괴되었습니다. 진시황이라는 강렬한 성격의 소유자였던 제왕이 진나라의 통일을 가능하게 했지만, 제왕이 죽어버리자 더불어 진나라도 붕괴되었던 것입니다.

이것은 여러 의미를 갖고 있다고 저는 생각하는데, 선례를 거부하고 생활 법칙을 현실 생활에서만 찾아내려 했던 진시황의 시도는 결국 중국인의 기질에 맞지 않았음을 말하는 게 아닐까, 그렇게 생각합니다. 대체로 보아 전국시대에, 이른바 '제자백가'가 이런저런 주장을 내놓은 것은 당시 중국이 여러 갈래로 나뉘고 찢겨졌기 때문이고, 제자백가의 주장은 모두 나뉘고 찢겨진 중국을 통일하는 이념으로 제출된 것이었습니다. 무엇을 통일의 이념으로 삼을 것인지는 저마다 달랐는데, 선례, 즉 유가의 말에 따르면 '선왕의 도'입니다만, 선례를 따름으로써 천하를 통일하자고 주장한 것이 공자 및 그 흐름을 잇는 유가입니다. 한편 현실 생활에 바탕을 둔 법률을 생활 방침으로 삼아서 천하를 통일하자고 주장한 것이 법가입니다만, 어느 쪽이든 그 욕구의 중심은 천하통일이었습니다. 그리고 '욕구의 중심'을 실현하는 데는 유가와 같은 이념보다 법가와 같은 현실적인 힘을 통하는 편이 편리했겠지요. 그 결과 출현한 것이 진시황의 천하통일이었고, 그것은 당시 사회가 바랐던 '중심적 욕구'를 실현했기 때문에 일단 지지를 얻었습니다. 그러나 통일된 뒤에 전개된 생활은 궁극적으로 중국인의 성벽에 맞지 않았다, 붕괴를 피할 수 없었던 이유가 바로 여기에 있었다고 생각합니다.

다만 진나라가 실현한 통일은 그다음에 출현한 한漢 제국을 통해 더욱 공고하게 유지되었습니다. 한나라 고조高祖는 진나라를 멸망시키고 또한 경쟁자 항우項羽를 멸망시켜 다시 천하를 통일합니다만, 한나라의 정치는 초기에는 완전히 힘에만 의지하는 정치였던 모양입니다. 한나라의 제도는 진나라를 많이 답습했다고들 하는데, 그렇다고 해서 그 정치가 반드시 순전히 '법가'적이지는 않았습니다. 진나라 정치는 법률의 위력을 무척 신뢰했습니다만 한나라 정치는 법률의 위력을 그다지 믿지 않았습니다. 또한 선례에도 구애받지 않았습니다. 신분이 미천한 자가 벼락출세하여 천하를 취했기 때문에, 매우 간단한 '힘에만 의지하는 정치'를 편 모양입니다. 그런데 고조가 이룩한 천하통일이 100년 가까이 이어지자 천하가 태평해졌습니다. 그러자 이념이 없는 이러한 생활에 뭔가 부족함을 느끼고 뭔가 곤란하다, 어떠한 이념을 통해 인간 생활을 유지할 것인가, 그런 쪽으로 위정자의 관심이 쏠리게 되었습니다. 그것은 고조의 증손 무제武帝 시대의 일입니다. 그리고 그때에도 여전히 얼마간 법가 성격을 띤 주장을 하는 자가 없지는 않았습니다. 그렇지만 그때는 이미 '유가적' 주장이 절대적으로 우세했던 것 같습니다. 그리고 무제는 마침내 결단을 내렸습니다. 오경을 규범으로 삼아 생활하자는 유가의 주장이야말로 가장 옳다. 그 이외의 주장, 즉 공자의 주장에 맞지 않는 것은 배척한다, 전문가들이 '파출罷黜'이라 부르는 명령을 내렸습니다. 무제의 이 명령은 단순히 당시 한나라 사회에 실행되었을 뿐만 아니라, 이후 오랫동안 중국 사회에서 실행되었습니다. 즉 그 뒤 중국인의 생활은 오경을 규범으로 삼아 나아가는 한 방향으로 정해진 것입니다.

그런데 이 결정은 무제 개인의 취향에서 나온 것이고, 만약 무제가 역방향의 주장을 채택했다면 무제 이후 중국인의 생활은 다른 형태로 전개되었으리라 보는 논의도 있습니다만 저는 그렇게 생각하지 않습니다. 무제가 이러한 명령을 내리고 사회가 그것을 받아들인 것은 역시 중국 사회가 다양한 시련을 겪은 결과, 결국 유가가 주장하는 대로 사는 것이 인간으로서, 중국인으로서 가장 적합한 길이라는 사실을 분명히 인식했기 때문이라 생각합니다. 또한 한 무제는 '웅재대략雄才大略'이라 일컬어지듯 인물 됨됨이가 매우 큰 천자로서 사회에 그만한 준비가 갖추어져 있음을 통찰했던 것이라 생각합니다.

그리고 무제 이후, 중국인의 생활 태도는 그 점에서 줄곧 흔들림 없이 진행되어왔다고 말씀드릴 수 있겠습니다. 적어도 30년 전의 민국혁명(1911년의 신해혁명─옮긴이) 이전까지 이 태도는 흔들림 없이 진행되어왔습니다. 물론 그 사이에 정권 변화는 자주 있었습니다. 널리 아시는 대로, 중국은 역성혁명易姓革命의 나라이기 때문에 정권은 종종 교체되었지만, 어느 정권이나 오경을 규범으로 삼는 것을 인간 생활의 이념으로 인정한 점에서는 조금도 변화가 없었습니다. 단순히 인정했을 뿐만 아니라 이 이념을 실천하는 것에 대해 지도자의 책임을 진 것이 역대의 천자였습니다.

5.

이쯤에서 오경에는 무슨 말이 적혀 있는지, 즉 오경의 내용을 조금 더 상세히 말씀드리고자 합니다. 오경은 앞에서 말씀드린 대로 『역』『서』『시』『예』『춘추』 다섯입니다. 그리고 전설적으로는 모두 공자가 편찬했다고 하지만 그대로 받아들이기는 어렵다는 것도 말씀드린 대로입니다. 정확한 편찬 연대를 알아보는 일은 잠시 제쳐두기로 하고, 한나라 무제 시대에는 오경이 이미 거의 현재의 형태로 전부 나왔습니다.

우선 첫 번째로 『역』입니다. 『역』은 인사人事 현상 및 자연현상에 대해 사색한 결과물입니다만 조금 더 자세히 보자면 그 사색은 직접적으로 인사현상이나 자연현상에 대한 것이 아닙니다. 어떤 점을 치고 점을 쳐서 나온 결과를 인사나 자연현상에 대한 상징으로 보고, 그것에 대해 사색한 것입니다. 점을 어떻게 치느냐 하면 서죽筮竹을 사용합니다. 서죽이라는 것은 아마도 일본어이고 중국말로는 '시蓍'라는 글자로 나타내는 식물입니다. 일본에서는 '비수리蓍萩(시초)'라고 뜻을 새깁니다. 그 시초를 50개 사용하는데, 50이라는 수를 '대연지수大衍之數'라 부릅니다. 점을 칠 경우에는 대연지수 50개 중에서 우선 한 개를 뽑습니다. 그러면 49개가 남습니다. 그 49개를 임의로 둘로 나누어 좌우의 손에 듭니다. 그리고 왼손에 든 것에서 다시 하나를 뽑아 손가락 사이에 끼웁니다. 즉 49개가 셋으로 나뉘는데, 그것을 천지인天地人의 상징이라 봅니다. 수식으로 보이면, x+y+1=49이고, x+y=48입니다. 왼손과 오른손으로 나뉜 두 개의 부분, 그것을 각각 4개씩 줍니다. 다시 말하면 x와 y를 넷으로 나누는 것인데, 다만 남은 것이 4개이면 그것은 빼지 않습니다. 즉 결코 남은 것이 제로가 되게 하지는 않습니다. 그러면, 왼손 오른손에 남은 것은 4개 아니면 3개, 아니면 2개나 1개입니다만, 이렇게 좌우의 손에 남은 시초에 앞서 뽑은 1개를 더합니다. 그러면 그 합은 5개가 되거나, 혹은 9개가 됩니다. 왜냐하면, x든 y든 4의 배수라면, 남은 것은 반드시 4+4+1=9로 9개입니다. 또한 x가 4의 배수보다 2개 많을 경우에는 y도 4의 배수보다 2개 많게 되므로, 거기에 1개를 더하면 5개가 됩니다. 2+2+1=5 또는 어느 쪽이 4의 배수보다 3개 많을 경우에는, 다른 쪽은 4의 배수보다 1개 많을 터이므로 3+1+1=5로 역시 5개입니다. 즉 반드시 9개가 남든가 5개가 남게 됩니다만, 이렇게 해서 얻은 9개는 4×2+1=9라 생각하여, 그 속에 4가 둘이 있다는 점에서 짝수 성격을 띤 것을 상징한다고 봅니다. 또한 5개는 4×1+1=5로, 4를 하나만 포함하므로, 홀수 성격을 띤 것을 상징한다고 봅니다. 그리고 짝수 성격을 띤 것을 상징하는 9개 쪽은 '음'이라 부르고, 홀수 성격을 띤 것을 상징하는 5개 쪽은 '양'이라 부릅니다. 이런 절차를 세 번 반복해 음양陰陽을 결정합니다만, 음으로 결정되었을 경우는 가운데가 끊어진 횡선--으로 나타내고, 양으로 결정되었을 경우는 가운데가 이어진 횡선—으로 나타냅니다. '음'을 나타내는 횡--의 가운데가 끊어져 있는 것은 곧 짝수이고, 모든 고요한 것, 부드러운 것, 약한 것, 인간으로 치면 여성의 상징이라 봅니다. 또한 '양'의 상징인 횡선—은 곧 홀수를 나타내고, 모든 활동하는 것, 딱딱한 것, 강한 것, 남성적인 것의 상징이라 봅니다. 이리하여 하나의 결과가 나오는데, 이렇게 나온 결과, 즉 —이든 --이든 한 개의 횡선으로 나타낸 것을 '효爻'라고 부릅니다. 이런 효를 세 번 뽑습니다. 그리고 예를 들어 —만 세 번 잇달아 나와서 ☰이 되면 그것을 '건乾'이라 부르고 하늘의 상징이라 봅니다. 즉 여기에 이르러 비로소 물物을 상징하는 것이 됩니다. 또한 --만 세 번 잇달아 나와서 ☷이 되면 그것을 '곤坤'이라 부르고 땅의 상징이라 봅니다. 이러한 조합은 여덟 개가 있고, ☰이 건乾으로 하늘, ☷이 곤坤으로 땅, ☳이 진震으로 우레, ☵이 감坎으로 물, ☶이 간艮으로 산, ☴이 손巽으로 바람, ☲이 이離로 불, ☱이 태兌로 연못, 이것을 '팔괘八卦'라 합니다. 그런데 3효로 이루어진 8개가 다시 위아래로 겹칩니다. 즉 효를 여섯 개 겹친 괘입니다만 그 종류가 64개입니다. 이 64개의 괘가 다시 여러 종류의 물物 혹은 사건이나 상황을 상징하는 것이라 봅니다.

예를 들어 아래가 건☰이고 위가 간☶인 ䷙가 되었을 경우 '대축大畜'괘라 부르는데, 즉 '크게 쌓는다'는 사태를 상징하는 괘가 됩니다. 그리고 '널리 쌓는다'는 것에서 어떠한 결과가 생기느냐 혹은 '널리 쌓는다'는 것은 어떠한 원인에서 생겼느냐, 그러한 내용을 적은 것이 지금의 『역경』입니다. '대축'의 경문經文은 다음과 같습니다.

대축大畜, 이정利貞, 불가식길不家食吉, 이섭대천利涉大川

『역』의 말은 모두 매우 난해합니다만, 예부터 전해 내려오는 설명에 기대어 대체적인 의미를 말씀드리면, '대축'이라는 상황은 '이정利貞', 지조가 있을 때 적합하다, 지조가 있을 때 효과적이다. '불가식길不家食吉'은, 식객食客을 많이 두고, 그들이 제 집에서는 밥을 먹지 않도록 한다, 그렇게 해야 좋다. '이섭대천利涉大川', 큰 강을 건너는 데 효과적이다. '대축' 괘 전체를 이렇게 설명합니다. 다음으로 대축䷙을 구성하는 하나하나의 효에 대한 설명이 붙어 있습니다. 제일 밑에 있는 효부터 설명하기 시작해서 우선,

초구初九, 유려有厲, 이이利已

'초구初九'는 밑에서 세어서 첫 번째 효라서 '초初'이고 또한 이 경우 '구九'는 양효—라는 의미입니다만, 이 '초구'의 효는 '유려有厲, 이이利已', 위험하니까 멈추는 게 좋다는 뜻입니다. 다음으로

구이九二, 여탈복輿說輹

'구이九二'는 밑에서 세어서 두 번째 양효라서 그리 부릅니다. '여탈복興說輹'에서 '복輹'은 수레의 굴대입니다. 굴대가 빠진 것과 같은 상황을 상징합니다.

구삼九三, 양마축良馬逐, 이간정利艱貞, 왈한여위曰閑輿衛, 이유유왕利有攸往

'구삼九三'은 '양마축良馬逐, 이간정利艱貞' 즉 좋은 말을 타고 달릴 경우, 괴롭겠지만 가만히 지조를 지키는 게 좋다. '왈한여위曰閑輿衛'는 특히 이해하기 힘든 말입니다만, 수레를 가로막는 것이 있겠지만 도리어 방어防禦가 된다, 그러므로 '이유유왕利有攸往', 어딘가로 나가기에 적합하다로 풀이됩니다. 다음으로

육사六四, 동우지곡童牛之牿, 원길元吉

밑에서 세어서 네 번째의 음효이고, 음은 짝수이므로 '육'으로 나타냅니다. '동우지곡童牛之牿, 원길元吉'은 작은 소의 입에 질곡桎梏 같은 것을 채워둔다, 그것은 매우 좋다는 것이지요. 그다음 '육오六五'는,

분시지아豶豕之牙, 길吉

멧돼지의 송곳니를 방지防止하므로 길하다. 마지막 '상구上九',

하천지구何天之衢, 형亨

'하천지구何天之衢, 형亨'은 '하늘의 길이 개통된다'는 말이라고 합니다. 여러분 혹시 아시겠습니까. 실은 저도 잘 모르겠습니다만, 이런 말들에 어떤 심원한 의미가 있다고 중국인들은 생각했습니다.

『역』의 저자는 삼황오제의 한 사람인 복희伏羲이고, 주나라 문왕이 그것을 손질했고 그의 아우 주공이 다시 손질했으며 또한 공자가 더 손질을 했다고 전해집니다. 또한 앞에서 언급한 것과 같은 『역』의 경문經文만으로는 저나 여러분뿐만 아니라 옛날 사람들도 무슨 말인지 알 수 없었던 모양으로, 공자가 다시 설명을 덧붙였다고 합니다. 공자가 지었다고 하는 그 설명도, 지금의 『역경』에 부록으로 실려 있고, 그것은 10편이기 때문에 '십익十翼'이라 부릅니다. 예를 들어 '대축' 괘에 대해 공자가 붙였다고 하는 설명은 이렇습니다. 우선 '대축' 괘 전체에 대한 설명이 있는데, 그것을 '단彖'이라고 합니다.

단왈彖曰, 대축大畜, 강건독실剛健篤實, 휘광일신기덕輝光日新其德, 강상이상현剛上而尙賢, 능지건能止健, 대정야大正也, 불가식길不家食吉, 양

현야養賢也, 이섭대천利涉大川, 응호천야應乎天也5

다음으로는, 역시 괘 전체에 대한 설명으로 '상象'이라는 것이 있
습니다.

상왈象曰, 천재산중대축天在山中大畜, 군자이다식전언왕행君子以多識前
言往行, 이축기덕以畜其德.6

또한 하나하나의 효에 대해서도 '상'이 붙어 있습니다. 즉 '초구'의
'유려有厲, 이이利己'라는 경문에 대해서는,

상왈象曰, 유려이이有厲利己, 불범재야不犯災也7

'구이'의 '여탈복輿說輹'에 대해서는,

---

5 저자는 이 구절에 대해 아무런 설명도 붙이지 않았다. 참고로 한국어 번역 한 가
지를 소개한다.
"「단전」에서 말하기를, 대축大畜은 강건하고 독실하여 휘황한 빛이 날로 그 덕을 새롭
게 함이니, 강이 올라가서 현인을 숭상하고, 능히 강건한 것을 그치게 함이 크게 바
름이라(즉 크게 발라야 강건함을 제어할 수 있다). '불가식길不家食吉'은 현인을 기름이요,
'이섭대천利涉大川'은 하늘에 응함이라."(왕필 지음, 『주역 왕필주』 전면개정판, 임채우 옮김,
2006, 도서출판 길, 209~210쪽)
6 "「상전」에서 말하기를, 하늘이 산 가운데 있음이 대축이니, 군자가 이를 본받아
(선현의) 언행을 많이 알아서 그 덕을 쌓느니라."(앞의 책, 211쪽)
7 "「상전」에서 말하기를, '유려이이有厲利己'는 재앙을 범하지 아니함이라."(앞의 책,
211쪽)

상왈象曰, 여탈복여설휵說輹, 중무우야中无尤也也[8]

하는 식입니다. 64괘 하나하나 또는 각 괘를 구성하는 하나하나에 대해 설명한 것 외에, 『역』 전체에 대한 총론으로 「문언文言」 「계사繫辭」 「서괘序卦」 「설괘說卦」 「잡괘雜卦」 편이 있어, 전부 10편이기 때문에 '십익'이라 부릅니다. 물론 그것이 과연 공자가 지은 것인지는 의문이며, 요즈음의 학자는 그다지 믿지 않습니다만, 한나라 무제 때에는 '십익'도 나와 있었을 거라고 보아도 무리가 없을 것입니다.

다음은 『서』를 보겠습니다. 『서』는 앞에서 조금 말씀드린 대로, 고대의 제왕이 발한 말을 기록한 책입니다. 『서』의 언어는 『역』만큼은 아니지만 역시 매우 난해한데, 그것은 제왕이 발한 언어를 입말 그대로 기록했기 때문에 난해하다고 보는 설이 있습니다. 『서』에서 가장 오래된 것은 오제의 마지막인 요순시대 언어라고 전해지는 것입니다. 그리고 쭉 주나라 초까지 왕자王者의 말을 싣고 있고, 주나라 중엽 제후의 말도 몇 편 실려 있습니다.

전하는 말에 『서』도 공자가 편찬했다고 하며 원래는 3000여 편가량 있었는데, 공자가 선별하여 100편으로 만들었다고 합니다. 3000편이었던 것을 100편으로 만들었는지는 의문입니다만, 공자

---

8 「상전」에서 말하기를, '여탈복여設輹'은 가운데에 있어 허물이 없느니라."(앞의 책, 211~212쪽)

의 손을 거친 것은 의심의 여지가 없을 것입니다. 물론 현존하는 『서』는 100편 전부가 아닙니다. 그 일부분이 남아 있을 뿐입니다.

다음은 『시』입니다. 『시』는 요컨대 노래집이므로 대체로 『만요슈萬葉集』와 비슷한 것이라 이해하면 좋겠습니다. 중국의 노래는 늘 운을 밟는 운문韻文입니다. 중국의 운문으로 가장 오래된 것이고, 한 구는 원칙적으로 4자입니다. 중국어에서는 한 자가 곧 한 음이고, 또 동시에 하나의 개념을 나타내는 단어이므로, 4자 1구라 하면, 4음音에서 호흡이 들어가는 것이고, 네 개의 개념이 조합되어 하나의 단락이 되는 것입니다. 물론 예외적으로 한 구가 4자 이상 또는 4자 이하인 경우도 있습니다만, 대체로는 4자입니다. 예를 들어 책 첫머리의 「관저關雎」의 첫 장은,

관관저구關關雎鳩, 재하지주在河之洲, 요조숙녀窈窕淑女, 군자호구君子好逑

이고, '구鳩' '주洲' '구逑' 3자가 운을 밟고 있습니다.

『시』의 내용은 네 부분으로 나뉘는데, 첫 번째는 '국풍國風'이라 하는 부분입니다. '국풍'은 주나라 초부터 중반 무렵까지, 당시는 이른바 '봉건封建' 시대라 제후가 여러 지방에 국國을 세우고 있었는데, 그 제후국들의 민요입니다. '국풍'이라는 말은 '나라들의 풍속'이라는 의미입니다. 두 번째 부분은 '소아小雅'인데, 이것은 주나라 왕

실의 노래입니다. 주나라 왕실에서 일어난 사건을 노래한 것입니다. 그 일부분은 왕실에서 의식儀式이 있을 경우, 의식을 장엄하게 하는 가곡으로 연주되었다고 합니다. 세 번째는 '대아大雅'인데, 이것도 '소아'와 마찬가지로 주나라 왕실의 노래입니다만, 비교적 작은 사건을 노래한 것이 '소아'이고, 왕실의 큰 사건을 노래한 것이 '대아'라고 합니다. '대아' 역시 그 일부분이 의식용 가곡으로 사용되었다고 전해집니다. 네 번째가 '송頌'이라 부르는 부분입니다. '송'은 주나라 왕실이 조상에 제사지낼 때의 노래입니다. 부록 느낌으로 '상송商頌'도 붙어 있는데 상商은 주나라 바로 전대로 상나라 왕실이 조상에 제사지낼 때의 노래입니다. 그리고 천자가 아닌 제후입니다만, 공자가 태어난 노魯나라 군주가 조상에 제사지낼 때의 노래 '노송魯頌'도 붙어 있습니다. 그것들과 구별하여 주나라의 송은 '주송周頌'이라 합니다. '상송'이 상나라의 노래인 것을 제외하면 『시』 300편은 모두 주나라 시대의 노래이고, 『시』도 원래 매우 많이 있었는데 공자가 지금 우리가 보듯 300여 편으로 편정했다고 전해집니다. 물론 요즈음 학자들은 이를 그대로 믿어도 좋을지 의문이라고 여깁니다. 이상이 『시』입니다.

네 번째는 『예』입니다. 『예』는 왕실·제후의 정부를 중심으로 한 사회생활, 가정생활의 예법, 그것을 주나라 초의 성인 주공이 정해두었다, 또한 주공은 그것을 실행했다고 전하는데, 주공이 정했다는 규범을 기록한 것입니다. 그 내용은 규범의 종류에 따라 다섯으로 나뉩니다. 첫째는 '길례吉禮'로 제사祭祀의 예법입니다. 둘째는 '흉례凶禮'로 불행에 대한 예법, 장례식의 예법입니다. 셋째는 '빈례賓禮'이며 교제할 때의 예법입니다. 즉 제후들이 서로 왕래한다든지, 제후가 천자가 계신 곳에 문안을 온다든지, 제후의 신하가 다른 제후가 있는 곳에 문안을 간다든지, 제후의 신하들이 서로 방문할 때의 예법, 그런 것이 '빈례'입니다. 넷째는 '군례軍禮'로 전쟁에 관한 의식. 다섯째는 '가례嘉禮'로 원복元服의 식式, 결혼식 등에 대한 예법입니다. 이 다섯 가지는 예법의 성질에 따라 나눈 분류인데, 또한 다른 방향에서는 넷으로 나눕니다. 첫째 천자의 예, 둘째 제후의 예, 셋째 천자·제후의 가신 가운데 중요한 이, 즉 '대부大夫' 신분에 있는 이의 예, 넷째 천자·제후의 가신 가운데 신분이 낮은 '사士'의 예, 이 넷으로 나눕니다. '대부'와 '사'의 구별은 칙임관勅任官과 주임관奏任官[9]의 차이 비슷한 것입니다. 때로는 '대부' 위에 다시 '경卿'이라는 계급을 더하여, 다섯으로 세는 일도 있지만 보통은 넷으로 나눕니다. 원래는 이 두 가지 분류를 종횡으로 조합하여, 천자·제후·대부·사 각각에 길례吉禮·흉례凶禮·빈례賓禮·군례軍禮·가례嘉禮 다섯 가지 예가 완비되어 있었다고 전합니다. 현재 일부분만 남아 있습니다. 성질에 따른 분류로 말하자면 '군례'는 어느 계급에 속하

9 1895년(고종 32) 3월 관등제가 실시되면서 관품제는 실질적인 의미를 상실했는데, 칙임관은 4등급, 주임관은 6등급, 판임관은 8등급으로 관등이 나뉘었다. 이러한 제도는 일본의 제도를 모방한 것으로 1894년 이후 일제강점기까지 시행되었다.

는 것도 전혀 남아 있지 않습니다. 또한 계급에 따른 분류로 말하자면, 천자의 예도 아주 조금밖에 남아 있지 않습니다. 지금 남아 있는 것은 전부 17편입니다. 1편이 '사관례土冠禮', 이것은 사土 계급의 원복元服에 대한 예입니다. 다음이 '사혼례土昏禮', 사 계급의 혼례婚禮입니다. 가장 마지막이 '특생궤식례特牲饋式禮' '소뢰궤식례少牢饋式禮'인데, '특생궤식례'는 사土가 자신의 부친에게 제사드릴 때의 예법, '소뢰궤식례'는 대부가 부친·조부에게 제사드리는 예법입니다. 또한 『예』에 나타난 주요한 사고방식의 하나는 조금 전에 언급했듯이, 계급에 따라 그 예법이 다르다는 생각입니다. 예를 들면 사는 부친밖에 제사드릴 수 없고, 대부는 부친과 조부에게 제사드립니다. 그리고 그 제사방식이 각각 다릅니다. '특생特牲'은 돼지 한 마리를 제물로 제사하는 것이고, '소뢰'는 돼지 외에 양이 추가됩니다. 그 외에 자잘하게 예법이 달라 그러한 자잘한 예법을 하나하나 자세히 기록하고 있습니다. 일반적으로 중국 문장은 '대충대충 대강 지나가는 느낌'이 있다고 말하는 이들이 있고, 사실 대강 지나가는 경향이 있다고 생각합니다만, 이 『예경』의 기술은 고대인이 썼음에도 꽤 적확하게 썼다는 느낌이 듭니다. 또한 『예』는 전설에 따르면, 주공이 지은 것이라 하지만 전설은 전설일 뿐이고 오늘날 대다수 학자는 믿지 않습니다.

　마지막으로 『춘추』입니다. 간단하게 말씀드리자면 『춘추』는 공자가 태어난 노나라의 역사 연대기입니다. 원래 공자 이전부터 노나라에는 『춘추』라는 연대기가 있었고, 공자가 그것을 손질하여 현재의 『춘추』가 되었다고 하는데, 실은 매우 간단한 기록입니다. 예를 하나 들자면,

하오월정백극단우언夏五月鄭伯克段于鄢

이러한 간단한 기록이 1년에 몇 구절에서 열 몇 구절, 가장 많은 해가 21구절입니다. 그러나 이러한 간단한 기록 속에 공자의 깊은 뜻이 깃들어 있다고 해석하는데, 우선 어떠한 사실을 채택하여 썼느냐, 그 채택 자체에 의미가 있습니다. 또한 그 사실을 어떤 방식으로 기록했느냐, 그 기록방식에도 깊은 의도가 담겨 있습니다. 앞에서 예를 든 문장의 경우, 정鄭이라는 나라의 임금이자 백작伯爵인 사람이 아우 단段이라는 자를 언鄢이라는 땅에서 포로로 잡았다는 내용을 전하는 문장입니다. 그 임금을 '정백鄭伯'이라 쓰는 경우도 있지만, 다른 호칭으로 쓰는 경우도 있다. 어떤 호칭으로 기록했느냐, 거기에는 각각 다른 의미가 있어서, 그 사람의 행위가 칭찬받을 만한 경우에는 거기에 맞는 기술 방식으로 제대로 기록하지만, 그 사람의 행위가 용납하거나 허용될 수 없는 경우에는 간략한 호칭으로 기록합니다. 또한 '단段'은 동생의 이름이지만 이렇게 이름을 노골적으로 기록하는 것은 그 사람의 행위가 칭찬할 만하지 않은 경우라고 합니다. 또한 포로로 잡는 것도 기록하는 방법이 여러

가지입니다. 어떠한 경우에는 여기서처럼 '극克'이라는 글자를 씁니다. 그 외에 지명을 문장의 어디에 어떻게 쓰고, 날짜를 어떤 식으로 기록했느냐, 그런 것 하나하나에 공자의 깊은 뜻이 담겨 있다고 해석해야 한다, 적어도 한漢나라 무렵에는 그렇게 생각하고 있었습니다. 제가 그렇게 생각한다는 말이 아닙니다. 저는 오히려 그렇게 생각하지 않는 편인데, 한나라 무렵에는 다들 그렇게 생각하고 있었습니다.

이상, 오경의 내용에 대해 대강 말씀드렸습니다. 오경을 공자가 편찬했다고 전합니다만, 그 사실을 요즈음의 학자는 그다지 믿지 않습니다. 그렇지만 잊지 말아야 할 것은, 중국인은 오경을 공자가 편찬했다고 굳게 믿었다, 적어도 30년 전까지는 굳게 믿었고 대다수 중국인은 지금도 그렇게 믿고 있을 거라는 점입니다. 요즈음 중국 고대사 연구가 진전되어 오경 편찬의 실정이 밝혀지고, 예부터 내려온 말이 꼭 진실은 아니라는 사실이 밝혀지는 것은 좋은 일이겠지만, 그와 동시에 예부터 내려온 말이 오랫동안 중국인의 신념이었다는 사실도 중국 역사를 생각할 때 늘 명심해야 한다고 생각합니다.

또한 잠깐 짚어두고 싶은 것은, 한나라 무렵에는 오경이라는 말보다, 오히려 여섯으로 세어 '육경六經'이라 했다는 점입니다. 왜 육경이라 했느냐 하면 지금은 거의 전하지 않는 『악樂』이라는 것이 '경'에 들어가 있었기 때문입니다. '악樂'은 곧 음악인데 그 안에는 노래도 포함됩니다만, 그보다는 오히려 오케스트라라고 생각하는 편이 좋겠습니다. 여러 종류의 악기가 어우러진 합주입니다. 그런데 '악'은 '예'와 밀접하게 결부된 것이라 예가 진행될 경우에는 반드시 악이 연주되는데, 악에 관한 규정도 주공이 제정했으니 한나라 무렵에는 그것이 '경'으로 여겨졌습니다. 물론 악에 관한 기록이 원래 얼마만큼 있었는지는 의문지만 하여튼 한나라 무렵에는 여전히 얼마간 있었고, 그것을 포함시켜 '육경'이라 불렀습니다. 더러는 '육예六藝'라고도 합니다. 육예와 육경이라는 말은 그 뒤 중국어에서 관용적으로 쓰였는데, 그중 『악경』은 일찍 없어져버리고 「악기樂記」라고 해서, 『악경』에 대해 덧붙인 노트가 『예기』에 남아 있습니다. 『예기』란 앞서 말씀드린 『예』에 덧붙여진 17편의 노트입니다. 그러한 상태이므로 『악』을 제외하고 오경이라 하는 게 중국 역사를 전체적으로 생각할 경우에는 편리해서, 저는 오경이라는 말을 사용하고 있지만 '육경' 혹은 '육예'라고 세는 방식도 있다는 사실을 덧붙여두겠습니다.

이제까지 오경의 내용을 대강이나마 말씀드렸는데, 이쯤에서 그것을 한 데 묶어 돌아보면, 오경에 기재된 것들은 중국인의 성벽을 매우 잘 반영하고 있다, 그런 생각이 듭니다. 우선 지적할 수 있는 것은, 그 속에 기재된 내용이 모두 현실의 인간 세상에 벌어지는 일이고, 감각을 넘어선 세계에 대한 기재는 별로 없다는 점입니다. 전혀 없다고는 할 수 없겠지만 매우 빈약합니다. 확실히 '하늘

天' 같은 것에 대한 기록도 빈약한 대로 있기는 있습니다. '하늘'에 대한 기사記事는 『서』『시』에 때때로 보이고, 인간이 죽은 뒤에는 거기에 간다, 모든 인간은 아니더라도 왕후장상이 죽은 뒤에 가는 곳으로 보입니다. 또는 '하늘'은 인간의 운명을 지배한다 혹은 인간뿐만 아니라 만물을 지배한다는 식의 기사도 없지는 않습니다. 그러나 그러한 '감각을 넘어선' 것에 대한 기록은 결국 빈약하죠. 게다가 하늘도 우리 머리 위에 보이는 창공, 그 하늘과 완전히 뚝 떼어내서 생각할 수 없는 것이고, 그 점에서 역시 감각의 세계를 넘지 않는 측면이 있습니다. 더구나 그런 기록은 궁극적으로 빈약하고, 인간세계에서 벌어지는 사실, 그것만을 적고 있다는 점을 우선 지적할 수 있습니다.

두 번째로 지적할 것은, 오경을 인간의 생활 규범이라 의식했습니다만, 인간은 어떻게 살면 좋은지를 직접 말한 문장은 그리 많지 않다는 점입니다. 다만 과거에 이러이러한 사실이 있었다고 말하는 것이 대부분이고, 인간은 이제부터 어찌어찌 살라고 명령하거나 교훈을 주는 문장은 빈약하다는 말입니다. 앞서 그 체재를 말씀드렸듯이 『역』을 보면 개개의 사실을 기록한 책은 아닌데, 이러이러한 때에는 이렇게 된다, 그렇게 말하고 있을 따름입니다. 이러한 원인이 있으면 어떠한 결과가 나온다, 그렇게 말할 따름입니다. 이러한 일이 일어났을 때, 인간은 어떻게 해라, 그런 식으로 말하지는 않습니다. 다만 차갑게 인과因果를 말할 뿐입니다. 다음으로 『서』에서는 지배자가 그때그때 발한 말이므로 '너희는 이렇게 하라'는 명령이 들어 있고, 또한 '이렇게 하라'라는 명령에는 '인간은 언제나 이러해야 한다'는 교훈으로 연장될 수 있는 부분도 없지는 않습니다. 그러나 무언가 특정한 사건이 일어났을 때 한 말이기 때문에, 반드시 그것이 그대로 '어느 경우에나 적합한' 말은 아니고, 특정한 사건이 일어난 특정한 때에 적합한 말입니다. 『시』는 더더욱 그래서 무언가 감정이 격해지거나 흥분될 만한 사건이 있었을 때 이러한 노래가 나왔다, 그 노래를 기록한 책입니다. 물론 그중에는 '인간은 이러해야 한다'고 노래한 것이 없지는 않습니다. 그러나 역시 상당히 빈약합니다. 다음으로 『예』는 규범적 성격이 가장 직접적으로 드러나 있다고 할 수 있겠습니다. 이것은 명백히 '인간은 이러해야 한다'는 것을 말한 책입니다. 그러나 '이러해야 한다'는 내용은 '예의규범' 같은 구체적 생활에 대해 '이러해야 한다'는 것이지, 우리가 정신생활이라 부르는 방면에 대한 기록은 아닙니다. 또한 『춘추』의 경우 완전히 역사입니다. 가령 그 속에는 공자가 행한 '포폄褒貶', 이른바 인간 행위에 대해 내린 칭찬과 나무람이 문자의 미묘한 사용법 속에 반영되어 있습니다. 예부터 내려오는 그러한 말을 인정한다 해도 요컨대 과거 사실을 기록했을 따름입니다. 즉 오경이라는 것은 중국인이 거기에서 생활 도리를 길어올릴 만한 것으로 선택한 '선례'이지만, 그 안에는 도리를 길어올릴 만한 사실이 있을 뿐이지, 도리를 도리의 형태로 말한 부분은 매우 적습니다. 이것이 두 번째로 지적할 수 있는 점입니다.

　물론 이렇게 '차갑게 사실을 말하는' 게 전부였다면, 실천 규범으로 삼기에 불편하지 않을 수 없습니다. 그래서 불편을 덜 만한 방법을 강구했고, 한나라 무렵에 이미 오경의 보조역할을 맡을, 조금 더 직접적으로 '인간은 이러해야 한다'고 말한 책을 채택했습니다. 그것이 『논어』와 『효경』입니다. 『논어』는 아시는 대로 공자의 언행록으로, 그 속에는 '인간은 이러해야 한다'는 직접적인 말이 있습니다. 『효경』 또한 공자의 말이라고들 하는데, 유가에서 가장 중시하는 덕 '효'에 대한 것입니다. 이 둘도 무제 무렵에는 이미 출현했고, 오경은 아니지만 그에 준하는 대우를 받은 모양입니다. 오경 자체는 그저 사실을 말할 따름이라, 오경의 사실에서 뽑아낸 도리를 언어로 드러낼 보조자료에 대한 욕구가 있었던 것입니다. 그렇지만 주의해야 할 것은 『논어』조차도, 공자가 '반드시 보편타당한, 어떤 경우에도 타당한 말'이라 여기고 했던 말이다, 중국은 아무래도 그렇게 말하고 싶어하지는 않으리라는 점입니다. 제가 보기에는, 공자가 무언가 특수한 경우에 한 말이라는 식으로, 중국인은 『논어』를 해석하고 싶어하는 경향이 있습니다.

　그런데 이제까지 지적한 두 가지 방향, 저는 그것이 역시 중국인의 성벽을 반영하는 것이라 생각합니다. 첫 번째 방향, 즉 감각을 넘어선 존재에 대한 기록이 빈약하다는 사실, 이것은 본래부터 초감각적인 것에 대한 냉담함을 반영하는 것입니다. 또한 두 번째 방향,

즉 도리를 길어올릴 만한 사실을 제시할 따름이고, 도리를 도리로서 말한 언어는 빈약하다는 점도 추상적이고 구체적이지 않은 것에 대한 혐오를 보여주는 것입니다. 추상적인 것에 대한 이러한 혐오는 감각을 신뢰하는 민족이 필연적으로 갖게 되는 방향이겠습니다.

한 가지 더 주의해야 할 점이 있는데, 이렇게 오경이 차갑게 사실을 말하는 데 그친 것이 실은 오경을 규범으로 삼은 중국인의 생활에 자유를 주었다는 점입니다. 오경은 다만 사실을 제시할 뿐이므로 거기에서 다양한 도리를 추출할 수 있습니다. 실제로 한대漢代 이후 저마다 다른 오경의 해석이 수십, 수백 가지가 나왔다는 사실은 이러한 자유를 실증합니다. 한 무제 이후 중국인의 생활은 오경을 규범으로 삼아 진행되었다고 말하면, 그 생활은 오경에 얽매여 꼼짝달싹하지 못하는, 매우 옹색하고 불편한 어떤 것처럼 들리겠지만, 실제로는 그 나름으로 정신의 자유가 있었습니다. 그리고 오경의 내용이 사실만을 말하는 경향이 있었다는 점이 이러한 자유의 원인이었다고 생각합니다.

또한 중국어의 성질도 이러한 자유를 크게 도와준 측면이 있습니다. 사람들은 보통 중국어를 애매한 언어라고 합니다. 저는 그 설이 궁극적으로 맞다고 생각하는데, 적어도 일본어 같은 언어에 비하면 꽤 애매한 언어입니다. 우선 일본어에는 '테·니·오·하てにをは'(한국어로 치면 '은·는·이·가' 같은 조사―옮긴이)가 있어, 개념과 개념의 관계를 분명하게 드러내지만 중국어에는 '테·니·오·하에 해당되는 것이 없습니다. 전혀 없지는 않지만 빈약합니다. 우선 그점에서 중국어는 일본어보다 애매합니다. 또한 기초적인 단어수가 한정되어 있다는 사실이 애매함을 더욱 증폭시킵니다. 무슨 말씀이냐 하면, 중국어는 단철어單綴語라서 하나의 음절syllable이 하나의 뜻을 나타냅니다. 이것은 거꾸로 말하면 뜻의 기초가 반드시 하나의 음에 놓인다는 말입니다. 일단 뜻의 기초가 오직 하나의 음에 놓여 있다고 칩시다. 그런데 중국인이 발음할 수 있는 발음 종류는 본래 유한합니다. 따라서 뜻의 기초가 될 만한 단어 수도 자연스레 구속을 받게 됩니다. 중국인이 발음할 수 있는 음의 종류가 몇 백 혹은 몇 천이 있다면, 몇 백 또는 몇 천이 곧 기초적인 단어 수가 될 것입니다. 물론 다른 의미를 같은 발음으로 나타내는 방법, '동음이의同音異義' 같은 방법을 써서 얼마간 문제를 완화할 수 있겠습니다만, 거기에도 한계가 있습니다. 일본어처럼 단어의 음절 수가 자유로워 '에게쓰나이えげつない(악랄하다→어이없다)' '잣카리시타ぎっかりした(능청스럽다)'처럼 얼마든지 새로운 말이 생기는 구조로 되어 있는 언어와 다른 언어입니다. 요컨대 중국어의 단어 수, 적어도 기초적인 단어 수는 '한계가 있는有限' 방향에 있고, 그 결과로 일어난 현상이 하나의 단어에 비슷한 의미를 몇 가지든 집어넣는 것입니다. 만약 일본어라면 완전히 새로운 말로 표현할 수 있는 새로운 개념을, 중국어에서는 비슷한 개념을 나타내는, 이미 존재하는 말에 가져다 붙입니다. 그래서 하나의 단어가 많은 뜻을 갖게

되고 '뜻의 방향'이 여럿으로 갈릴 수밖에 없습니다. 이것 또한 중국어가 지닌 큰 애매함입니다. 중국어는 이렇게 이런저런 방향에서 그 애매한 성질을 지적할 수 있는데, 오경의 언어는 중국어가 아직 충분히 성숙하지 않았을 무렵의 말이기 때문에 특히 더 애매하고, 그런 만큼 이런저런 해석을 낳을 수 있습니다. 『서』「금등金縢」편 한 구절을 예로 들어보겠습니다.

> 무왕기상武王既喪, 관숙급기군제管叔及其羣弟, 내류언어국왕乃流言於國 曰, 공장불리어유자公將不利於孺子, 주공내고이공왈周公乃告二公曰, 아 지불피(벽)我之弗辟, 아무이고아선왕我無以告我先王, 주공거동이년周公 居東二年, 즉죄인사득則罪人斯得.

이 예는 『서』의 체재를 보이는 것으로는 그다지 적절하지 않습니다. 『서』는 앞서 말씀드린 대로, 말로 한 언어를 기록한 것인데, 이 대목은 입으로 발한 언어 자체는 아닙니다. 그 침서枕書[10]에 해당되는 것입니다만 그것은 잠시 제쳐두기로 하고, 이 문장에 대해 전혀 다른 두 가지 해석이 존재합니다. 우선 '무왕武王'은 주나라 무왕인데 "무왕이 죽자, 관숙과 그 아우들이 도읍에 유언流言을 퍼뜨

---

10 『서경』이 '고대의 제왕이 무언가 큰 사건이 일어났을 때 발한 언어'를 기록한 책이라는 저자의 말에 기대어 풀이한다면 '사건의 배경에 대한 기록'이라는 뜻으로 보인다.

렸다." 무왕이 죽은 뒤 무왕의 아들 성왕成王이 어렸기 때문에 무왕의 아우, 즉 성왕 입장에서 보자면 숙부가 되는 주공이 섭정이 되었는데, 다른 숙부인 관숙 등은 그것을 시샘하여 '주공은 어린 임금孺子에게 도움이 되지 않는다'는 유언을 퍼뜨렸다. 그런데 유언을 들은 주공은 어떤 태도를 취했는가. '이공二公'은 중요한 노신老臣 두 명을 가리키는 말입니다만, 주공은 그 '이공'에게 고하여 이르기를 '나는 이런 식으로 유언을 들은 이상'이라며 운을 떼는데 그다음에 나오는 '我之弗辟'이 문제입니다. '내가 피하지 않는다면'이라고 읽어, 즉 나는 어딘가에 몸을 숨기지 않으면 '나는 우리 선왕에게 고하지 못하리라', 선조님들께 뵐 면목이 없다 하며, '동쪽에 거하기를 2년' 동쪽에 2년간 몸을 숨기고 있었다. 그렇게 보는 것이 한 가지 해석입니다. 이 설은 '辟'이라는 글자를 '피避' 자로 바꾸어 읽는 것입니다. 그런데 또 한 가지 전혀 다른 해석이 존재하는데, 처음 부분, 무왕이 죽자 관숙 등이 유언을 퍼뜨렸다는 부분까지는 해석이 같습니다. 그런데 주공은 이공에게 고하기를, 저 유언을 퍼뜨린 자들을 "내가 벌주지 않으면" 즉 내가 벌하지 않는다면 선조를 뵐 면목이 없다. 그렇게 말하고 2년간 동방을 정벌했다는 식으로 읽습니다. 첫 번째 설과 전혀 반대되는 해석인데, 이 설은 '辟'을 '辭' 자로 바꾸어 읽어 '법法'이라는 의미로 해석한 것입니다.

요컨대 '辟' 자가 두 가지 의미를 담을 수 있는 데서 발생한 사태입니다. 왜 '피한다'는 것과 '형벌'이라는 뜻을 똑같이 '辟'으로 나타낼 수 있느냐 하면, '형벌'이란 것은 사람을 때린다, 맞는 자는 그것을 피한다, 그런 점이 연관되어 이 두 가지 개념을 같은 '辟' 자로 나타내었다고 합니다만, 하여튼 이것은 한 글자에 여러 뜻이 있어서 생긴 갈등을 보여주는 예입니다. 더구나 이 갈등은 『서』를 해석하는 데 중대한 차이를 낳습니다. 주공의 성격이 그렇게 매우 겸손한 사람이었는지, 아니면 즉각적으로 악에 맞서 싸웠던 강한 사람이었는지, 주나라 초의 역사에서 필시 매우 중요한 인물이었던 주공, 그 주공의 성격이 이 한 글자를 읽는 방법 때문에 전혀 달라집니다.

또 하나 『예』 「사우례士虞禮」 편에서 예를 들겠습니다.

기이소상朞而小祥, 우기이대상又朞而大祥, 중월이담中月而禪

「사우례」란 '사士'가 부모를 땅에 묻은 뒤 집에 돌아와서 혼魂에게 제사를 드리는 예법입니다. 일본에서도 산소에 묻고 돌아오면 불단佛壇에 등불을 켜고 절하는데, 말하자면 그런 것입니다. 이 대목은 「사우례」 편에서 부모가 죽은 뒤 몇 개월이 지나면 어떠한 의식을 치르는지 총괄하여 논한 부분입니다. 우선 '기이소상朞而小祥', 이것은 죽은 뒤 1년이 지나면 일주기一週忌를 치른다. '우기이대상又朞而大祥', 다시 1년이 지나면 삼주기三週忌를 치른다. 여기까지는 문제가 없습니다. 그다음 '중월中月'이 문제인데, '달을 격하여'라고 보는 설이 하나 있습니다. '대상大祥' 제사를 올리고, 그로부터 한 달 있다가 '담禫' 제사를 올린다, 즉 탈상 제사입니다. 그렇게 보는 설이 있고, 이 설에 따르면, 일주기 '소상'은 13개월째, 삼주기 '대상'은 25개월째, 그로부터 달을 격하여 올리는 '담' 제사가 27개월째가 됩니다. 즉 부모의 상은 27개월이 됩니다. 그런데 다른 해석에서는 '중월'을 '월중月中'이라고 봅니다. 즉 '대상' 제사를 올린 25개월째, 그 '달 중에' 바로 '담' 제사를 올리는 것이라 봅니다. 그러면, 25개월째에 탈상하는 것이고, 첫 번째 설과 2개월의 차이가 생깁니다. 만약 일본어처럼 '테·니·오·하'가 있었다면, '월月'과 '중中'의 관계는 본래 명료했을 터인데 '조사'가 없는 중국어에서는 이러한 현상이 왕왕 발생하고, 그 결과 오경의 해석도 자연히 여러 갈래로 나뉠 수밖에 없습니다. 물론 중국어가 아무리 애매하다 하더라도, 의미가 움직일 수 있는 범위는 한도가 있기 때문에 그 범위를 벗어나지 않습니다만, 한편 또 그 범위 안에서는 꽤 자유롭게 움직일 수 있습니다. 이러한 언어 성질도 오경이라는 선례가 딱 정해진 중국인의 생활에 어떤 종류의 자유를 주는 안전판의 하나였다고 말씀드릴 수 있겠습니다.

6.

이렇게 한편으로 일종의 정신적 자유가 수반되는, 요컨대 오경을 규범으로 삼는 생활이 한 무제 이후 얼마 전 민국혁명으로 청나라가 멸망하기 전까지 중국에서는 줄곧 이어져왔습니다. 그러한 생활이 줄곧 이어진 것이 중국인의 생활에 어떠한 특수한 양상을 빚어냈느냐. 즉 오경을 규범으로 삼는 의식을 축으로 삼아, 어떠한 특수한 생활이 펼쳐졌느냐, 또한 그러한 의식을 축으로 삼지 않는 생활도 오경을 규범으로 삼는 의식이 존재함에 따라 어떠한 작용을 받았느냐, 이제부터 그런 것에 대해 말씀드리고 싶습니다. 저는 그것을 두 시기로 나누어 말씀드리려 합니다. 최초의 시기는 요새 역사가가 중국의 중세라 부르는 시대, 즉 한 무제 무렵부터 당나라를 거쳐 북송北宋 무렵까지입니다. 한 제국의 통일은 전후 약 400년 간 이어지고, 그 뒤로는 삼국육조三國六朝라 부르는 작은 나라가 분립分立하는 시대입니다. 당이라는 대제국이 그것을 다시 또 통일하고 그 뒤가 송이라는 대제국입니다. 그 송나라 초 무렵까지를 요즈음 역사가는 중국의 중세라 부르는데, 우선 그 무렵의 상태를 말씀드리겠습니다.

이 시기에 두드러진 현상은 오경 해석학의 발전입니다. 무제 이후는 정치적 목적을 갖고 오경을 인간 생활의 규범으로 확정했는데, 오경을 생활 규범으로 삼으려면 먼저 갖추어야 할 조건으로 오경을 읽는 것이 의무가 되어야만 했습니다. 그런데 오경은 고대 언어로 기록되어 있고 중국어가 충분히 성숙하지 않았던 시기의 언어입니다. 그래서 오경의 언어는 한나라 사람에게도 이미 난해한

요시카와 고지로의 중국 강의

언어였습니다. 그렇기 때문에 우선 그것을 해석하는 작업을 해야 했고, 이렇게 '경'을 해석하는 학문을 '경학經學'이라 합니다만, 그러한 '경학'은 이미 무제 이전에도 존재했었습니다.

그렇지만 당시의 '경학'은 실은 조금 묘한 것이었습니다. 무슨 말이냐 하면, 한나라 이전 시대인 전국시대에는 '음양가陰陽家'라는 일종의 자연숭배 사상이 성행하고 있었는데, 이 사상의 잔재가 한나라 생활 속에 여전히 강력하게 남아 있었습니다. 음양가의 사고는 자연현상과 인사人事 현상을 서로 관련짓는 것으로, 인간의 대표자인 군주가 좋은 일을 행하면 자연현상도 질서를 얻는다, 즉 자연질서도 인간 질서에 응하여 날씨나 비바람이 질서를 얻지만, 군주의 행위가 바르지 않으면 그것이 자연현상에 반영되어 재해가 찾아온다. 당시의 언어로는 '재이災異'라고 했습니다. 그러한 사고였습니다. 그런데 무제 이전의 유자들은 오경 또한 이 사상에 바싹 끌어당겨 설명했습니다. 물론 그러한 사상으로 해석될 만한 부분이 오경에 없지는 않습니다. 예를 들어 『서』에 있는 「홍범洪範」 편은 그러한 사상 이론을 설명한 것입니다. 그렇지만 오경 전체를 이 사상에 억지로 맞춰서 설명하는 것은 견강부회하는 일입니다.

그런데 그렇게 견강부회하는 작업이 어떤 포화 상태에 이르면 자연스럽게 반성하게 마련입니다. 과연 중국어라는 언어는 앞에서도 말씀드렸던 것처럼 애매한 성질이 있기 때문에, 어느 정도 억지로 갖다 붙인 해석을 수용할 수 있지만, 거기에는 저절로 한계가 있습니다. 지나치게 억지를 부리면 언젠가 반성하지 않을 수 없습니다. 다시 한 번 오경의 언어 그 자체에서 출발하여 언어의 배후에 있는 것을 정직하게 추구하려는 태도가 생겨나는 것은 당연합니다.

그러한 태도는 한나라 후반기에 이미 두드러지게 나타납니다. 한나라 후반기, 한나라를 앞서 전후 400년이라고 말씀드렸지만, 실은 도중에 한 번 멸망하고 얼마 지나지 않아 다시 일어났습니다. 다시 일어나기 전을 '전한前漢'이라 하고 무제는 곧 전한의 천자입니다. 전한에 대해 다시 일어난 뒤를 '후한後漢'이라 부릅니다. 이 후한 때에 오경을 그 언어 그대로 해석하려는 운동이 매우 활발하게 일어났습니다. 물론 후한에서도 관학官學 학문으로서는 전한 이래 이어진 음양가적인, 억지로 꿰어맞추는 해석이 행해졌습니다만, 민간 학자 사이에서는 그것에 만족하지 않고 오경을 오경의 언어가 제시하는 대로 해석하려는 운동이 일어났습니다. 그리고 그쪽이 점점 세력을 얻어 제국帝國 대학에 강좌를 두고 있던, 예부터 내려오는 해석은 사회적으로 그다지 신용을 얻지 못했고 오히려 민간 학자의 해석이 지지를 얻게 되었습니다.

후한의 그러한 해석학, 그것을 학술 용어로는 '고문경학古文經學'이라 부릅니다. '고문'은 고체문자古體文字 또는 그러한 고체문자로 기록된 텍스트라는 뜻인데, 후한의 학자들은 그 해석의 기초로 삼을 만한 오경의 텍스트에 대해서도 고체문자로 기록된 오래된 텍스트를 채택했기 때문에, '고문' 학문이라 부른 것입니다. 그런데 후한의 그러한 해석학, 즉 '고문경학'은 한 사람의 천재적인 학자를 얻어 대성되었습니다. 바로 정현鄭玄이라는 학자입니다. 일본에서는 관습적으로 '조겐'이라 읽습니다. 헤이안 시대 이래로 그렇게 읽는데 아무튼 이 정현에 이르러 대성되었습니다.

정현의 학문에 대해 대강 말씀드리면, 정현은 우선 고대 언어의 관용 용례를 무척 자세히 조사했습니다. 그리고 그 조사한 관용 용례에 입각하여 오경의 의미를 밝혀내려 노력했습니다. 그리고 또 한 가지 그의 학문의 특징은, 종래 관학 학문에서는 오경에 대해 『역』에는 『역』의 교관이 있고, 『서』에는 『서』의 교관이 있고, 『시』에는 『시』의 교관이 있으며, 『예』에는 『예』의 교관이 있고, 『춘추』에는 『춘추』의 교관이 있는 식으로, 서로 다른 학자가 다른 '경'을 고려하지 않고, 하나하나의 '경'을 전문적으로 강의하고 있었지만, 정현은 오경 전체가 하나의 통일된 기초 위에 서 있다고 보고 통일되게 해석하려 노력했습니다. 이 또한 새로운 태도의 하나입니다. 그리고 이런 태도로 당시 존재하는 경서 거의 전부에 주注를 썼습니다.

정현이 활동했을 무렵에 있었던 경서를 말씀드리자면, 첫 번째로는 『역』입니다. 정현이 활동했을 무렵에는 『주역周易』이라 불렀습니다. '주나라 시대의 역'이라는 뜻으로 그렇게 불렀습니다. 또한 『서』는 『상서尙書』였습니다. 『서』는 앞에서도 말씀드린 것처럼 '입으로 발한 언어를 기록한 것'이라는 뜻인데, '옛날尙의 서'라는 뜻으로『상서』라 했습니다.『시』는『모시毛詩』입니다. '모'는 집안의 성씨로 '모'라는 가문에 전해졌던 시'라는 뜻입니다. 당시 경서의 텍스트를 전하는 집안이 몇 곳인가 있었고, 집안에 따라 텍스트가 조금씩 달랐는데, 그중에 '모'라는 집안이 전한 시'의 텍스트를 정현은 채택했던 것입니다. 그리고『예』는 주공이 제정했다고들 하는 17편의『예경』, 그것을 당시에는『의례儀禮』라고 불렀는데,『의례』외에 정현이 활동했을 무렵에는『예경』이라 간주되는 책이 하나 더 나와 있었습니다.『주례周禮』라는 것입니다. 일본에서는 '슈라이'라고 읽는데, 그 내용은 전에 언급한 대로 주나라 관제官制를 적은 것입니다. 조정에 얼마만큼의 관리를 두고, 각각의 관리는 어떠한 임무를 맡는지 따위를 기록한 것이고, 이것 역시 주공이 지은 것으로 되어 있습니다. 물론 과연 주공이 지었는지 요즘의 역사가들은 물론 의심스럽게 생각하고, 옛날 유자 중에서도 일본의 이토 도가이[11] 같은 사람은 주공이 지었다는 것을 그다지 믿지 않았습니다. 그리고『예』에 관하여『예기』라는 책이 하나 더 있습니다. 이것은 엄밀히 말하면 '경'이 아닙니다.『의례』에 딸린 노트인데, 그것도 당시에 '경'에 준하는 위치에 있었습니다.『의례』『주례』『예기』셋을 아울러 '삼례三禮'라 합니다. 그리고『춘추』인데,『춘추』는 앞에서 말씀드린 대로 간단한 기록이기 때문에 그것만으로는 뭐가 뭔지 잘 알

---

11 1670~1736. 에도 중기의 유학자로, 에도 시대의 거유巨儒 이토 진사이의 장남이다.

수 없습니다. 그래서 그것에 대해, 대체로 전국시대부터 한나라 초 사이에 쓰인 해석이 세 가지 있습니다. 『춘추좌씨전春秋左氏傳』『춘추공양전春秋公羊傳』『춘추곡량전春秋穀梁傳』 세 가지입니다. 이들은 모두 『춘추』 그 자체는 아니고 『춘추』에 대한 해석인데, 대체로 '경'에 준하는 대접을 받았습니다. 이런 것들 외에 『논어』나 『효경』을 오경에 준하는 것으로 존중했다는 것은 전에 말씀드린 대로입니다. 그런데 정현은 이들 '경' 전부를 종합적으로 연구했고 대부분에 주를 썼습니다. 그 가운데 『춘추』에 관한 주석만은 완성하지 못했습니다만, 그 외에는 전부 주석을 썼습니다.

정현 주석의 으뜸가는 특징은 전에도 말씀드린 대로, 이들 '경'이 모두 같은 기초 위에 서 있다고 보고, 하나의 '경'을 해석할 경우에 늘 다른 '경'과의 관계를 고려하고, 다른 '경'과 모순되지 않도록 해석하는 점입니다. 적어도 그렇게 해석하려 노력했다는 점입니다. 아주 간단한 예를 들면 『모시』 「녹의綠衣」라는 시의 '녹혜의혜綠兮衣兮, 녹의황리綠衣黃裏'라는 구절에 '녹의'라는 문자가 나옵니다. 그런데 「녹의」라는 시는 무엇을 노래했느냐, 『모시』의 해설에 따르면 위衛나라 임금의 정부인이 첩의 참상僭上에 대해 분노한 시, 즉 부인에 관한 시입니다. 그런데 여자가 입는 옷에 '녹의'라는 이름이 붙은 경우가 다른 '경'에 보이지 않습니다. 오직 『주례』에 부인의 옷을 관장하는 관리의 임무를 기록한 것 가운데 「단의褖衣」라는 게 있습니다. 이 시에서 '녹의'라 한 것은 '녹綠'과 '단褖'의 자형字形이 비슷하기 때문에 '단의'를 '녹의'로 잘못 본 것이다, 정현은 그런 식으로 말했습니다. 즉 이것은 '경'과 '경'의 통일성을 유지하려는 노력이고 그 작업을 위해서라면 더러 글자를 고치는 일마저 꺼리지 않았던 것입니다. 그런데 정현의 이러한 노력은 그 방법의 범위 안에서는 놀라울 만큼 성공하여, 어떤 '경'의 어느 구석진 곳이든 서로 모순되지 않는 언어로, 즉 통일된 기초 위에 서 있는 것으로 설명하고 있습니다. 그 두뇌의 치밀함과 강인함에 경탄하지 않을 수 없습니다. 물론 정현의 이러한 태도에 대해 요즈음 역사가의 평판은 그다지 좋지 않습니다. 즉 이들 '경'은 각각 성립된 과정이 다르고 같은 기초 위에 서 있지 않다, 그것을 같은 기초 위에 선 것으로 간주하여 통일적으로 해석하려 한 결과 정현의 설은 역사 사실과 어긋나는 데가 많다, 요즈음 역사가들은 그렇게 비난합니다. 그 비난은 참으로 지당합니다만 그러나 여기서 주의해야 할 것은 정현이 이렇게 '경'을 통일적으로 해석하려 한 태도입니다. 이 세계를 일관된 것이 지배하고 있다는 의식이 그 태도의 전제를 이루고 있으며, 일관된 그것을 통해 연결되어 있는 현상과 현상, 그 사이에 존재하는 인과를 설명하는 것이 학문의 임무라고 본다면, 그러한 학문의 임무는 정현에 이르러 비로소 각성되었다고 말씀드려도 될 것입니다. 어떤 하나의 것이 세계를 지배하고 있고, 그것을 설명하는 것이 학문이라고 생각하는 사고방식은 송나라 주자 같은 사람에 이르러 가장 두드러지게 나타납니다만, 그러한 생각을 도입한 최초의 시도는 정

요시카와 고지로의 중국 강의

현의 학문에 있다고 생각합니다. 그 점에서 정현이라는 이는 매우 주목할 만한 사람입니다. 덧붙여 말하자면, 정현의 주석은 현재 '삼례'와 『모시』의 주가 전해지고 나머지는 전해지지 않습니다.

정현 이야기는 이쯤에서 그치겠습니다만, 중세의 학문은 대체로 정현 학문의 연장입니다. 한나라의 통일이 깨지고 나서는 '삼국육조三國六朝'라 부르는 작은 나라들이 할거하는 시대가 400년가량 이어집니다. 이 기간에는 정현이 했던 것처럼 '경'과 '경' 사이의 모순을 없애려는 노력이 더욱 세세한 지점에서 이어집니다. 즉 '경'은 어느 것이나 절대적인 도리이고 그 사이에는 모순이 있을 리 없다, 얼핏 보면 모순처럼 보이는 것도 실은 모순이 아님을 논증하려는 노력이 수백 년에 걸쳐 이어졌습니다. 그러한 논증을 결집한 것이 당나라 초에 성립된 '오경정의五經正義', 즉 『주역정의』 『상서정의』 『모시정의』에 『예』에 대한 『예기정의』, 『춘추』에 대한 『춘추정의』를 더한 것입니다. 저는 이 '오경정의'를 읽는 것을 하나의 일로 삼고 있는 사람입니다.

'오경정의'를 통해 정현 이후에 이루어진 중세 학문의 모습을 거의 알 수 있는데, 지금 말씀드린 것처럼 이 시기에는 세세한 지점까지 '경'의 모순을 해결하는 노력이 '경'에 대한 학문의 중심을 차지했고, 어떤 경우에는 일부러 문제를 만들고 그것을 해결하며 재미있어 하는, 그러한 식의 태도도 때로는 두드러지게 나타났습니다. 예를 들면 『모시』 「격고擊鼓」라는 시에 다음과 같은 구절이 있습니다.

격고기당擊鼓其鏜, 용약용병踊躍用兵, 토국성조土國城漕, 아독남행我獨
南行

「격고」라는 시는 위衛나라 임금이 이웃 나라를 정벌하는 전쟁을
일으켰을 때 소집된 인민人民이 임금의 처사를 원망한 노래인데, 전
체 시는 조금 더 길고 이것은 그중 한 구절입니다. 그런데 문제는
'토국성조土國城漕, 아독남행我獨南行' 이 두 구절입니다. 무슨 의미냐
하면 '토국'은 도읍의 토목공사, '성조'는 '조漕'라는 지역에서 성을
쌓는 공사라는 뜻입니다. 다른 사람은 그런 토목공사에 징용되었
을 뿐인데 나만은 남방에 정벌하러 가야 한다, 얼마나 괴로울까, 대
체로 이 두 구절은 그런 뜻입니다.

그런데 『모시정의』를 읽어보면 이러한 논의를 벌이고 있습니다.
이 노래에서 출발하면 토목공사보다 병역兵役이 괴롭다는 말이 됩
니다. 그런데 다른 '경'에는 그것과 모순되는 듯한 기록이 있지요.
『예기』「왕제王制」편의 기록이 그것인데 「왕제」편에는 '오십부종역
정五十不從力政', 즉 쉰 살이 되면 토목공사에 징용하는 것을 봐준다,
또한 '육십불여복융六十不與服戎', 예순이 되면 병역에서 제외해준다
고 쓰여 있다는 겁니다. 「왕제」의 기록으로 보자면 쉰에 면제되는
토목공사가 더욱 괴로운 일이어야 하고, 쉰 이후에도 다시 10년간

부과되는 병역 쪽이 오히려 편한 일이어야 하겠지요. 그런데 『시』에서 노래한 내용은 거꾸로 병역에 복무하는 자가 오히려 토목공사에 복무하는 자를 부러워하며, 병역이 토목공사보다 괴롭다고 여깁니다. 그것은 「왕제」의 내용과 모순되지 않는가, 우선 그런 문제를 제기한 다음 그것을 해결합니다. 과연 노동의 괴로움이라는 점에서 보면 토목공사 쪽이 훨씬 괴롭고 병역이 편합니다. 그래서 「왕제」의 규정에서도 토목공사는 쉰이 되어 노동력이 떨어질 무렵 면해주고 병역은 쉰 이후 10년간 부과하는 것입니다. 그렇지만 토목공사를 하다가 죽을 염려는 없습니다. 그런데 병역에 복무하다보면 전사할지도 모르지요. 죽음은 인간에게 가장 슬픈 일입니다. 그 점에서 보면 병역이 더욱 괴롭죠. 시는 그런 면을 들어 노래한 것이며 양자는 각각의 면을 말한 것이니 양자 모두 성립한다, 즉 모순되지 않는다는 이러한 논증입니다. '오경정의' 가운데 『상서정의』는 제가 중심이 되어 번역해서 출판한 것이 있으므로, 그 책을 읽어보시면 구체적인 것을 아시리라 생각하는데 대강 이러한 형식의 논증입니다.

그런데 지금 다루고 있는 시 「격고」에 대한 논증은, 여러분이 들으시기에 우습고 익살스럽게 느껴지지 않았을까 생각합니다. 또한 실제로 우습고 익살스럽기도 한데, 만약 이것을 중국인이 사물을 보고 생각하는 방식을 보여주는 자료라는 측면에서 본다면 매우 흥미로운 자료입니다. 중국인이 사물을 보고 생각하는 방식에는 왕왕 '어떤 점에서 타당하다면 그 논증이 성립한다'는 풍조가 없지 않아 있고, 지금 다루는 논증도 얼마간 그것에 가깝죠. 현대 중국인과 이야기할 때도, 교양 있는 사람은 그렇지 않습니다만 교양이 없는 사람과 이야기하다보면 왠지 그러한 경우가 있습니다. 그것과 비슷한 형상이 '오경정의'에도 심심치 않게 나와서 이따금 쓴웃음을 짓게 됩니다. 하지만 중국인의 사고방식을 드러내는 면에서 보자면 매우 흥미로운 자료입니다.

'오경경의'는 중국인의 사고방법을 보여주는 자료로서 중요할 뿐만 아니라, 더욱 큰 의미를 띤 존재라고 저는 생각합니다. 즉 '오경정의'가 지향하는 바는 결국에 가서는 조금 전에 말씀드린 것처럼 '경'과 '경' 사이의 모순을 해결하는 데 있습니다. 그런데 '정의'는 모순을 해결하기에 앞서 먼저 '경'에 나오는 언어 하나하나에 대해 매우 정치하고 세밀하게 검토합니다. 먼저 하나하나의 언어에 대해 관용적으로 쓰이는 용례를 조사하여, 어떠한 뜻으로 쓰였는지 속속들이 살펴본 뒤 그러한 뜻을 가진 언어의 배후에 어떠한 사실이 있다고 상정해야 하는지 또는 그것을 말한 화자의 심리는 어떠하다고 상정해야 하는지를 하나하나 상세히 검토합니다. 그 결과 거기에 언어를 자료로 삼아 성립한 인간학이 모습을 드러냅니다. 대체로 중국에서의 훈고학訓詁學은 그런 의미에서 '인간학으로서의 성질'이 있다고 저는 생각합니다만, '오경정의'로 대표되는 중세의 '경학'은 그러한 중국 훈고학의 특질을 매우 뚜렷하게 드러낸다고 생각합니다. 특히 이런 방향의 노력이 활발하게 드러나는 것은 '경'의 언어에 대해 다양한 해석이 발생하여, 그것에 대해 선택할 수밖에 없을 경우입니다. 예를 들어 앞서 말씀드린 『상서』 「금등」 편의 '辟' 자를 읽는 방법, 거기에는 전혀 방향이 다른 두 가지 해석이 있습니다. '내가 아우들을 정벌하지 않는다면 선조를 뵐 면목이 없다'고 보는 해석과, '나는 잠시 아우들을 조심하여 몸을 숨기지 않으면 선조를 뵐 면목이 없다'고 보는 해석 두 가지가 있습니다만, 어느 쪽이 좋은지를 정하려면 주공이라는 성인의 행동으로 어느 쪽이 더 타당한지를 검토해야 합니다. 그러한 경우에 인간학으로서의 훈고학이 가장 활발하게 기능을 발휘합니다. '오경정의'에는 흔히 '비기리야非其理也'라는 문구가 나옵니다. 이것은 어떤 해석을 반박하고 이 언어의 배후에 그러한 사실이 있다고 상정하는 것은 타당하지 않다고 할 때 쓰는 말입니다. 즉 '비기리야非其理也'라는 말은 '그러한 해석은 인간 생활의 법칙에 맞지 않는다'는 뜻입니다. 또한 언어가 제시하려 한 사실을 고찰할 뿐만 아니라, 사실을 말하는 사람, 화자의 심리도 정치하고 세밀하게 탐구했습니다. 앞서 거론한 시 「격고」에 관한 논의는 화자의 심리에 대한 탐구입니다. 물론 그 탐구는 「격고」에 관한 한 조금 우습고 익살스러운 것이 되기는 했습니다만 하여튼 그런 노력을 했습니다. '오경경의'에는 또 '비문세야非文勢也' '비의세야非義勢也' 같은 말이 보입니다. 이것도 자기가 찬성하지 않는 해석을 반박하는 말이지만 '비문세야' '비의세야'는

'그러한 해석으로는 화자의 감정의 움직임을 제대로 따라가기 어렵지 않을까'라는 반박입니다. 훈고학이 이렇게 인간학으로서의 의미를 갖는 것은 본래부터 훈고학에 그런 성격이 있기도 하겠지만, 중국만큼 그러한 태도를 적극적으로 취한 곳은 어쩌면 없지 않을까 합니다. 또한 언어의 배후에 어떤 사실이 있을 거라고 상정하는 것은 어느 나라의 훈고학에나 있는 태도겠으나, 화자의 심리까지 파고들어 탐구하려는 태도는 다른 민족의 훈고학에는 비교적 빈약한 것 같습니다. 만약 그러하다면 이것은 중국인이 오경을 읽는 것을 의무로 삼았기 때문에 성립된 특수한 태도의 하나라고 생각합니다.

중세 중국에서는 오경 해석학이 이제까지 말씀드린 의미를 가지면서 발전해왔습니다. 그러면 당시 중국인은 생활의 실천 면에서도 엄중하게 '경'의 속박을 받았느냐 하면, 반드시 그렇지는 않습니다. 원래부터 '경'을 읽는 것은 교양으로서는 필수적이었지만, 당시에는 아직 그것을 엄중한 '실천의 규범'으로 삼아야 한다는 의식이 단단하게 형성되지는 않았던 듯합니다. 이것은 당시의 정치 상태와 관련이 있는데, 앞서 말씀드린 것처럼 한 제국의 통일이 깨지고 나서 약 400년 동안은 작은 나라가 대략 양쯔강을 경계로 하여 남북으로 대치했고, 때로는 남북의 나라가 다시 몇 개의 작은 나라로 나뉘었습니다. 그중 어떤 나라는 말하자면 도시국가 같은 형태를 취하고 있었는데, 그런 작은 나라에서는 군주 권력이 당연히 미약했고 정치의 중심은 오히려 귀족이 차지했습니다. 그리고 귀족은 관료(달리 말하자면 독서인讀書人)의 지위를 대대로 물려받았습니다. 그런데 귀족의 생활이란 어디나 그러하겠지만 그다지 내일 일을 걱정할 필요가 없지요. 내일 일을 걱정할 필요가 없는 이에게는 생활 규범이란 것이 그다지 필요하지 않습니다. 물론 오경이 도리를 담고 있고 생활의 규범이라는 의식은 있었지만 한편으로는 호기심의 충동에 따라 오경의 규정에는 없는 새로운 생활도 받아들일 수 있었습니다. 더구나 그렇게 받아들인 것은 또한 선례가 되어 후대에 전해졌습니다. 그 결과 불교 따위의 새로운 것이 중세의 생활에 활발하게 들어올 수 있었습니다.

7.

그런데 중세의 이러한 상태는 이윽고 일대 변혁을 겪게 됩니다. 그 변혁은 곧 당나라 중반, 대체로 현종 황제 시대부터 북송北宋 초에 이르는 시기에 일어났습니다. 그 이후 청나라 말기까지를 요즘 역사가는 중국의 근세라 부릅니다만, 근세에서는 오경을 생활 규범으로 삼는 사상이 갑자기 강화됩니다.

저는 이 갑작스런 강화의 원인을 중세 시대에서 찾고 싶습니다. 즉 중세는 조금 전에 말씀드린 것처럼 귀족이 지식 계급을 구성하고 있었고, 그 때문에 지식 계급의 생활은 여전히 충동에 따라 움직이기 쉬운 면이 있었고, 그 결과 이런저런 이질적인 선례가 생활에 쌓여갔고 생활을 혼란스럽게 했다. 적어도 어느 시기가 되면 혼란스러워서 반성할 수밖에 없는 것이 거듭 쌓여갔습니다.

예를 들어 중세의 불교 신앙을 보겠습니다. 불교를 믿는다고 해서 오경이 도리를 담고 있다는 생각을 버린 것은 아닙니다. 오경이 도리를 담고 있다고 생각하면서 동시에 불교도 믿었습니다. 물론 여기서 말하는 불교라는 것이 과연 인도 불교 그대로였느냐, 다소 여담이 되겠습니다만, 그것은 의심스럽습니다. 저는 불교를 잘 모르긴 하지만 어지간히 중국화된 불교가 아니었나 싶습니다. 예를 들어 육조六朝 시대 사람으로 안지추安之推라는 귀족이 있었습니다. 이 귀족이 아이들에게 주는 교훈을 적은 『안씨가훈』이라는 책을 썼는데 거기에 이런 내용이 있습니다.

불교에서 말하는 내세의 존재를 의심하는 사람도 있다. 그러나 그것은 생각이 부족한 것이다. 애초에 이 세계의 형태는 다양해서, 우리가 친숙하게 감각할 수 있는 것 외에도 세계의 형태가 있는 법이다. 지금 감각할 수 없다 해도 그러나 언젠가는 감각으로 접할 수 있는 것이 먼 곳에는 존재할지도 모른다. 예를 들어 나는 남중국에서 반생을 보냈다. 그 무렵 북중국에는 천 명이 너끈히 들어갈 수 있는 텐트가 있다는 이야기를 들었지만 나는 그것을 믿지 않았다. 그런데 나이 들어 북방의 조정에서 벼슬살이 할 때 보니 진짜로 있었다. 또한 나는 원래 남방인이기 때문에 내 경험으로 2만 섬을 실을 수 있는 큰 배가 존재한다는 사실을 확실히 알고 있었다. 그런데 북방에 오고 나서 북방인에게 아무리 말을 해도 그 존재를 믿지 않았다.

지옥이나 극락의 존재도 그와 마찬가지라고, 내세의 존재를 설명하고 있습니다. 이것은 매우 중국인다운 설명이라고 생각하는데, 원래 감각을 넘어선 어떤 것으로 인식해야 할 것을 무리하게 감각으로 접할 수 있는 것으로 인식하려 하는 태도입니다. 아무래도 중국 불교는 역시 중국인의 성벽에 따라 변형되지 않았나 싶습니다.

그러나 가령 불교가 그런 형편이었다 하더라도, 불교를 오경과 함께 받아들이는 것이 중세에는 가능했습니다. 그 결과 생활에 혼란을 낳습니다. 예를 들어 이 안지추라는 사람은 지금 말씀드린 것처럼 불교는 믿을 만하다고 아이들에게 알려주는 동시에, 오경을 읽을 때의 주의 사항을 세세하게 설명했습니다. 이 사람 또한 육조 시기의 사람인데, 황간皇侃(일본에서는 관습적으로 오간이라고 읽습니다만)은 『논어』 주석서를 쓴 유자입니다. 그런데 이 사람의 전기를 보면 일상생활에서 이런 일이 있었다고 합니다. 황간이 살던 시대에는 『관세음경觀世音經』이 크게 유행했고, 하루에 몇 번인가 독송하면 매우 큰 이익이 있다고들 믿었습니다. 그런데 황간은 『관세음경』을 읽는 대신 『효경』을 하루에 백 번씩 독송했다고 합니다. 이런 일은 역시 언젠가는 '생활의 혼란'으로 의식될 만한 사태입니다.

즉 독송하는 방법은 불교적이고, 백 번 읽으면 그 도리를 잘 알게 된다기보다 차라리 백 번 읽으면 현세적인 효능이 있다는 방향에 가깝습니다만, 독송 대상은 유가의 '경'입니다. 이러한 사태는 어느 시기가 되면 당연히 반성해야 할 혼란이라 하겠습니다.

또한 그러한 혼란이 있었을 뿐만 아니라, 중세인의 생활은 대단히 번쇄하기도 했습니다. 귀족의 생활은 어디에서나 장식적이고 번쇄해지기 십상인데 중국 중세의 생활도 그러했습니다. 앞서 말씀드린 '오경정의'의 해석 방법은 여러 특성이 있겠지만 무엇보다 번쇄합니다. 또한 가장 번쇄한 형태를 보이는 것은 중세의 문장입니다. 당시의 문장은 보통 '사륙문四六文'이라 부릅니다만, 이것은 한 구의 자수(음수音數이고 동시에 단어의 수)를 네 자 혹은 여섯 자로 한정하고 있습니다. 그 네 자 여섯 자 구는 반드시 두 구씩 대구를 이루어야 하고 더구나 그 대구는 의미만 대구를 이루어서는 곤란하다, 그 음조音調도 어떤 규칙을 따라 조화를 이루어야 한다는 아주 번쇄한 문체입니다. 그러한 번쇄한 문장이 일상의 문장으로 퍼져 있었는데, 이러한 번쇄한 생활도 어느 시기가 되면 반드시 더는 견딜 수 없게 됩니다. 애당초 문장이라는 것은 의사를 전달하기 위해 생긴 것입니다. 의사를 전달해야 할 문장이 이런 식으로 번쇄해져서 의사를 전달하기 어려운 쪽으로 흘러간 것은 실제 생활에서도 불편합니다. 문장만 그런 것이 아니었습니다. 하나를 보면 열을 안다고, 이러한 번쇄한 생활이 포화 상태에 도달하면 당연히 개혁을 논의하게 됩니다.

근세 초의 개혁은 중세의 생활에 내포된 이러한 혼란과 번쇄함을 반성하여 혼란을 바로잡고 번쇄함을 제거하려는 시도였습니다. 혼란의 통일은 먼저 정치에서 나타났습니다. 중세의 정치 형태 역시 일종의 혼란 상태였다고 말씀드릴 수 있습니다. 중세의 작은 국가에서 천자들이 차지한 권력은 매우 미약해서, 정치에 대한 모든 일은 천자 밑에 있는 귀족과 상의해서 처리해야 했습니다. 그리고 왕조는 빈번하게 교체되었지만 귀족 집안은 전혀 흔들리지 않았습니다. 즉 주권자여야 할 쪽은 힘이 없고 그렇지 않아야 할 자는 힘이 강했습니다. 이것도 일종의 혼란으로 볼 만한 것이고 언젠가는 시정이 필요한 사태였습니다만, 당나라의 통일은 그것이 실현된 것이라 하겠습니다. 400년간 여기저기 흩어져 있던 중국의 정권은 당나라가 출현함으로써 완전히 통일되었습니다.

그런데 당나라는 중국의 전 영토를 차지한 통일국가이고 천자는 넓은 지역을 지배했는데, 이렇게 넓은 지역을 지배하는 천자의 권력은 당연히 점점 강력해졌습니다. 천자의 권력이 점점 강력해지자 더 이상 세습 귀족이 날뛰는 꼴을 허용하지 않았지요. 그 결과 관료를 귀족 중에서만 뽑지 않고 조금 더 범위를 넓혀 약간 낮은 서민 계급에서도 뽑게 되었습니다. 그러한 변화는 현종 무렵부터 두드러졌고, 귀족의 세력이 이렇게 약해지면서 천자의 권력은 더욱 커졌습니다. 그것을 보여주는 에피소드를 하나 말씀드리면, 저 '성인聖人'이라는 말입니다. '성인'이라는 말의 예전 의미는, 이제까지 몇 번 말씀드린 대로 완전한 인간이라는 뜻입니다. 그런데 당나라 이후에는 '성인'이라는 말을 천자에 대해서도 사용하여 천자도 '성인'이라 불렀습니다. 일본의 미토 지역 출신 학자이자 『다이니혼시大日本史』의 편찬에 참여했던 아사카 단파쿠安積澹泊(1656~1738)는 '이것은 당나라 이전에는 없었던 일'이라 지적했는데, 단파쿠의 혜안을 보여주는 흥미로운 지적이라 생각합니다.

그런 식으로 정치 형태가 중세와 달라졌습니다. 당나라가 이룩한 통일국가 형태는 그 뒤 청나라에 이르기까지 죽 계승되었고, 송·원·명·청 모두 대체로 통일국가이고 천자의 권력은 강대했습니다. 나이토 고난內藤湖南(1866~1934) 선생은 '중국 근세의 천자 중에는 사리에 어둡고 어리석은暗愚 이가 별로 없다. 왜냐하면 통일국가의 군주이고 그 권력이 강대했던 데다 완전한 독재자였으므로 매우 많은 정치적 업무를 처리해야 했고, 그 결과 여색에 빠지거나 할 겨를이 없었기 때문'이라고 말했는데 아마도 그러했겠지요.

이야기가 약간 옆으로 샜습니다만, 그런 식이었기 때문에 종래의 귀족 아닌 계층에서도 점차로 관료가 나오게 되었습니다. 즉 지식 계급을 구성하는 이가 변화된 것인데, 이렇게 지식 계급에 변동이 생기면서 중세에 존재했던 생활의 혼란·번쇄를 더욱 통렬하게 반성할 수밖에 없는 상황이 되었습니다. 반성해서 알게 된 사실은 이렇습니다. 애당초 이런 혼란을 불러들인 원인은 종류가 다른 잡다한 전통이 동시에 존재하는 사태를 허용한 데 있다. 유·불儒佛을 동시에 허용한 데 있다. 이 혼란을 정리하려면 종래의 전통 가운데 가장 중심이 될 만한 것을 세우고 나머지를 버리는 수밖에 없다. 그러면 종래의 전통 가운데 가장 중심이 될 만한 것은 무엇이냐. 그것은 원래부터 '유가'의 가르침이고, 오경을 규범으로 삼은 생활이다. 이 생활 태도를 강화하는 것이야말로 생활의 혼란을 구원할 방법이라 인식했고, 그 결과 근세 중국인의 규범이 강력하게 오경에 집중되게 되었다고 생각합니다. 그뿐만이 아닙니다. 가령 이 새로운 지식 계급이 중세의 생활을 그대로 답습하려 했다고 하더라도 그것은 곤란한 일이었습니다. 중세의 생활은 지금 말씀드린 것처럼 매우 번쇄해서 누대에 걸친 귀족이라야 영위할 수 있는, 즉 가문의 능력으로는 가능하지만 개인의 능력으로는 영위하기 어려운 일이었습니다. 서민 출신의 '독서인'에게는 영위하기 어려운 구석이 매우 많았습니다. 그러한 번쇄함을 제거하기 위해서도 생활 규범을 강력하게 오경에 집중할 필요가 있었습니다.

그러한 사상이 주장의 형태로 정리된 것은 송나라 시대의 일입니다. 송나라도 북송과 남송 두 시기로 나뉩니다만, 먼저 북송의 정자程子 형제가 제창했고 남송의 주자, 앞서 말씀드린 정현과 더불어 중국의 2대 학자로 일컬어지는 주희가 대성한 '도학道學' 또는 '이학理學'이라 부르는 것이 그것입니다. 이 학파 사람들은 규범을 오경에 집중하고, 오경을 엄중한 실천 규범으로 삼아야 한다고 주장했습니다. 그리고 그 구체적 방법으로 다음과 같은 개혁을 진행했습니다.

첫 번째로는 오경 이외에 '사서四書'라는 것을 새롭게 선택하고 그것을 제창했습니다. 전에도 말씀드렸습니다만 오경은 대체로 그저 차갑게 사실을 말할 뿐, 사람은 어떻게 살아야 하느냐는 따위 규범적 성격을 띤 직접적인 말은 별로 없습니다. 이러이러한 경우에 옛사람은 이렇게 했다는 기록이 있을 뿐이고, 그러면 앞으로 올 사람은 어떻게 하라는 규정은 별로 없습니다. 이러한 불편을 해소하기 위해 이미 한나라 무렵부터 부수적으로 『논어』『효경』을 존중했다는 것은 앞서 말씀드린 대로인데, 송나라 학자들은 『논어』의 가치를 특히 강조했습니다. 또한 『논어』를 가장 충실하게 조술祖述했다고 여겨 송나라 학자들이 존중한 것이 『맹자』였습니다. 『논어』『맹자』에다 『예기』에서 뽑아낸 『대학』과 『중용』 두 편을 합쳐 이 네 책을 '사서'라 불렀습니다. 그리고 오경을 읽으려면 반드시 먼저 이 '사서'를 읽어야 한다고 외쳤습니다.

'사서'를 선택하고 제창했다는 사실은 여러 의미가 있다고 생각합니다. 먼저 첫 번째로, 오경이 말하는 바는 다만 사실이고 그 사실에서 이런저런 도리를 추출할 수 있으며, 그런 점에서 오경을 규범으로 삼으면서도 정신의 자유를 누렸다고 앞서 말씀드렸지만, '사서'는 오히려 추상적으로 도리를 도리로서 말하는 책입니다. 적어도 오경에 비하면 그러합니다. 따라서 '사서'는 오경보다 인간의 정신을 구속하는 힘이 크고 오경을 규범으로 삼을 때보다 정신의 자유가 생겨나기 어려운 면이 있습니다. 다음으로 오경을 규범으로 삼은 생활은 공자가 선택한 선례를 따라 사는 것을 인간의 의무로 삼은 것이었습니다. 그런데 『논어』를 중심으로 하는 '사서'가 제창하는 내용은 오히려 공자라는 사람을 모범으로 삼아 살라는 것입니다. 그런데 공자가 지시한 선례에 규범을 두었을 때는 규범은 여전히 다양했지만, 그것을 공자라는 사람의 언행에 두면 매우 집중된 성격을 띠게 됩니다. 그런 점에서도 근세 중국인의 정신생활은 갑갑하고 답답해졌다 하겠습니다.

송나라 유자가 행한 또 하나의 개혁은 '이기설理氣說'이라는 철학을 구성하여, 오경과 사서를 존중하는 이론으로 제시한 일이었습니다. '이기설'을 완성한 주자의 설명에 따라 그 대요를 말씀드리면 대체로 다음과 같습니다. 만물은 '기氣'라는 것으로 구성되어 있다. '기'라는 것이 무엇인지에 대해서는 확실한 설명이 없습니다만, 물物을 구성하는 원자 같은 것이라 추정됩니다. 물론 완전히 원자 같은 것이라고 생각한 것은 아니겠지만, 요컨대 단위를 평균했을 때 극히 미소한 것, 그 '기'가 빽빽하게 응집된 것이 인간을 비롯한 갖가지 고체固體이고, '기'가 희박하게 응집된 것이 구름이나 안개라고 설명합니다. 이렇게 모두 '기'로 구성되어 있다는 점에서 만물은 일치하는데, 이렇게 일치한다면 무언가 일치하는 방향이 있을 텐데 그것이 '이理'다. 그 학설의 대요는 이러합니다. 물론 앞서 말씀드린 대로 주자 자신은 '이'에 대해서 확실하게 설명하지 않았지만 저는 지금 말씀드린 식으로 이해하고 있습니다.

이 철학은 불교의 영향을 받아 생겼다고 말하는 사람들이 있습니다. 만물을 지배하는 '이'의 존재를 저만큼 생각하게 된 데는 확실히 불교의 영향이 있었을 것입니다. 또한 만물을 이렇게 '이'로 연결 지어놓고 나서, 또 '기'를 들고 나온 이유는, '이'는 형이상形而上에 속하는 것이므로 그것만으로는 납득하기 어려우니까, 무언가 조금 더 감각세계에 가까운 것으로 만물의 일치를 확인하려 하다보니까 '기'에 대한 설이 나왔지 않았나, 저는 그렇게 생각하는데, 아무튼 이 철학도 결국에는 고전 존중의 이론으로 작용하게 됩니다. 즉 '이'는 만물이 일치하는 방향이고 또한 그것에 따라 살아가는 것이 인간의 의무인데, 그렇다면 '이'는 어디에 드러나 있느냐, 본래부터 만물에 드러나 있다는 것입니다. 만물은 한결같이 '기'로 구성되어 있으므로 한결같이 '이'도 갖고 있고 그것이 가장 완전하게 드러나 있는 것이 바로 오경이고 사서다, '성인'의 말이라는 것입니다. 그러므로 인간은 오경과 사서를 읽고, 거기에서 생활의 법칙을 길어올려야 한다, 그런 말이 되겠습니다. 전에 저는 중국에서는 감각을 넘어선 세계에서 권위 있는 어떤 것을 찾을 경우, 그것은 반드시 지상의 권위에서 연결점을 찾고, 결국 지상의 권위가 더욱 무게를 더하게 된다는 말씀을 드린 적이 있는데, 이 '이기설'도 그래서 형이상에 속하는 '이'를 구상하면 그것과 더불어 오경과 사서가

'이'를 완전히 드러내는 책이 됨으로써 '경'의 권위를 더하게 됩니다. 그리고 이전에는 아직 막연한 습관으로 존재했던 '오경을 존중하는 생활'이, 이제 '이기설'이라는 논증論證을 얻어 민족의 계율로 강화되었다고 볼 수 있겠습니다. 물론 이러한 철학설은 한편으로는 오히려 오경의 절대성을 부정할 가능성도 품고 있습니다. '이'라는 것이 만물에 존재한다면 '이'는 오경에만 있을 리가 없다, 오경 이외의 선례에도 널리 '이'가 있을 터이다, 또한 선례뿐만 아니라 현실 생활에도 '이'가 있을 터이다. 나아가 나 자신은 무엇인가, 나 자신도 만물의 하나가 아닌가. 그렇다면 '이'는 다름 아닌 나 자신 속에도 있으며 반드시 오경에만 있을 리가 없다, 선례 속에만 있을 리가 없다, 그런 식으로 오경을 부정하는 방향으로도 발전할 수 있겠습니다. 또 실제로 얼마간 그러한 방향으로도 발전했습니다.

주자는 '이'가 만물에 있음을 강조했고 그 결과 '박학博學'을 존중했습니다. 주자는 『대학』의 '치지재격물致知在格物'이라는 말을 근거로 삼아, '이'를 파악하려면 사사물물事事物物에 대해 '이'를 연구해야 한다. 참으로 '이'는 하나이고 하나의 '이'가 만물에 드러나 있지만, 그것이 만물에 드러난다는 말은 그 드러내는 방식이 한결같다는 말이 아니다. 그것을 '이일분수理一分殊'라고 합니다만, '이일분수'이기 때문에 될 수 있는 한 많은 사물에 대해 '이'를 연구해야 한다, 다시 말해 될 수 있는 한 많은 책을 읽어야 한다고 했습니다. 또한 책에 기록된 선례, 바꾸어 말하면 인간과 인간이 엮어낸 사실뿐만 아니라 자연현상에 대해서도 '이'를 연구해야 한다고 말했습니다. 그렇다면 이렇게 '사사물물에 대해 이理를 연구'하는 것은 무엇이냐 하면, 요컨대 오경의 뜻을 분명히 밝히기 위해서입니다. 바로 거기로 귀착되므로 오경에 도리가 담겨 있다는 대전제는 흔들리지 않는 것입니다.

'이理'는 제 안에 있다는 생각을 가장 강렬하게 주장한 이는 명나라 왕양명王陽明이었습니다. '이'는 내 안에 있으니 밖에서 찾아야 할 것이 아니다. 다만 내 안에 있으면서 나를 속이는 것들(협잡물挾雜物)이 '이'를 가리고 있을 따름이다. 그 '협잡물'을 제거하기만 하면 '이'에 도달할 수 있다. 그렇게 생각한 것으로 보입니다만, 왕양명의 그러한 생각에서도 오경이 도리를 담고 있다는 것은 역시 흔들리지 않았습니다. 왕양명의 사고를 죽 밀고 나가면 오경이라는 것은 쓸모없어질 것 같습니다만, 실은 그렇지 않습니다. 내 안에도 '이'가 있다고 강조하는 것은 요컨대 오경의 도리와 나는 이어져 있다, 비연속적인 관계가 아니라는 점을 강조하는 것입니다. 즉 이쪽 끝에 나라는 것이 있고, 저쪽 끝은 오경이다, 그렇게 생각한 것입니다. '이'라는 것을 구상하여, 세상의 근원이 될 만한 것으로 생각하면 오경의 존엄을 뒤집어엎을 것 같지만, 실제로는 도리어 오경의 존엄을 강화시켰습니다. 즉 '도리=오경'이라는 것은 선천적인 명제여서 흔들리지 않는다, 도리를 강조하면 할수록 오경도 더욱 중시되었다, 적어도 역사적 사실에서는 그러했던 것으로 보입니다.

요시카와 고지로의 중국 강의

오경을 생활 규범으로 삼는 이러한 사상은 철학의 지지도 얻어 근세에서는 더욱 강화되었지만, 그것을 실천하는 방법에는 여러 변화가 있었습니다. 우선 송나라 무렵 학문의 중심은 주자였지만 다음에 오는 명나라 무렵에는 왕양명의 학설이 대체로 학문의 중심을 차지했습니다. 즉 나에게 있는 '이'를 확장하여 오경에 도달한다는 학설이 융성했고, 마지막 청나라 시대가 되자 또 하나의 변화가 일어났습니다. 지금 말씀드리는 주자의 학설이나 왕양명의 학설은 모두 '경' 사상을 재현하는 것으로 제시되었습니다. '경' 사상을 재현하는 것으로 제시된 점도 오경을 절대적 규범이라 여기는 심리를 드러내는 것이겠는데, '경'의 재현이라는 형태를 취했기 때문에 그들의 학설은 모두 '경'의 주석이라는 형태로 쓰였습니다.

그런데 송나라, 명나라 사람들의 사고방식은 '경'의 사상을 재현한 것이기는 합니다. 중국인의 생활 감정을 처음으로 응집·기록한 것이 오경이고, 그것을 다시 한 번 새롭게 응집·기록한 것이 주자의 '이기설' 같은 것이라 보았고, 따라서 사상 전체로 보면 근세 유자의 사고도 대체로 '경' 사상을 재현한 것이고, '경'과 크게 배치되는 것이라 여기지 않았습니다. 다만 그것이 '경'에 대한 주석이라는 형태로 기술되었기 때문에 '경'의 주석으로서는 이상한 대목이 없지 않습니다. '경'에 등장하는 하나하나의 언어에 대한 해석이라는 관점에서 보면 매우 이상한 대목이 있고, 자기 철학으로 끌어당기기 위해 견강부회한 해석을 한 부분이 있습니다. 또한 당시에는 고대 언어학에 관한 지식수준이 낮았던 시기여서 더욱 그러한 사태가 벌어지기 쉬웠습니다. 그런데 그러한 사태가 진행되어 어떤 포화점에 도달하면 자연스레 반성하지 않을 수 없지요. 마치 '음양설陰陽說'에 따른 전한 시대의 해석이 포화점에 도달하자 후한 시대에 '고문古文' 학문이 일어났던 것처럼, 반성이 생길 수밖에 없습니다. 그런 반성으로 일어난 것이 청나라 학문이고, 그것을 속칭 '한학漢學'이라 부릅니다. 청나라 학문의 특징은 '주자나 왕양명이 제창한 해석이 경의 언어에 대한 해석으로는 타당하지 않은 부분이 많다'고 반성했고, 그것을 동기로 삼아 '경'이라는 것은 도리의 근거인데, '경'이 제시하는 도리에 도달하기 위해서는 '경'을 그 언어가 제시하는 대로 읽어야 한다, 그러려면 고대 언어의 관용적인 사례를 조사하여 '경'이 본래 말하려 했던 지점에 도달해야 한다, 그런 태도를 취했습니다. 그리고 고대 언어의 관용적인 사례를 알기 위해서는 한나라 학문, 특히 정현의 학문을 출발점으로 삼아야 했으므로 그 것을 '한학'이라 불렀습니다.

그 결과 청나라에서는 고대 언어에 관한 확실한 지식이 많이 생겼고, 그 지식은 현대 중국어학의 수준에서 보아도 매우 탁월한 것이라 생각합니다. 요사이 칼그렌이라는 스웨덴 사람의 학설을 대단하다고 보는 이들이 있는데, 제가 본 바로는 칼그렌의 학설이 청나라 '한학'에서 말한 것보다 크게 진보했다는 생각은 들지 않습니다. 그만큼 수준 높은 고대 언어학 지식이 생겼습니다. 그러나 '한학' 또한 단순히 고대 언어학으로서 존재한 것은 아니고, 역시 '경'은 도리의 근거이므로 충실히 읽어야 한다, 충실히 읽으려면 언어를 연구하는 데서 출발해야 한다, 그런 태도가 학문하는 이의 의식 중심에 있었습니다.

그와 함께, 육조시대에 번영했던 '인간학으로서의 훈고학'이 취한 태도도 청나라 학문에서 다시 활발하게 작동했습니다. 게다가 육조시대 '정의正義'의 학문은 논의가 왕왕 기이하고 유별난 데로 흐르는 폐해가 있었습니다만, 청나라 훈고학은 송나라 학자들에게 '이'의 존재를 배웠기 때문에 늘 보편타당한 방향을 유지하려 했습니다. 적어도 대진戴震이나 단옥재段玉裁 같은 가장 뛰어난 사람들은 그러했고, 청나라 학문은 중국에서 가장 나중에 나온 학문인만큼, 역시 과거 중국 학문 가운데서는 가장 진보한 학문이라 생각합니다.

실천하는 방법은 이렇게 변천을 겪었습니다만, 생활 규범을 강력하게 오경에 집중하려는 것은 중국 근세에서 일관된 태도였습니다. 그 결과 근세 중국인의 생활은 중세의 생활보다 오히려 갑갑하고 답답해졌다 할 수 있습니다. 중세에는 오경에 따라 생활하게 하려는 의식이 아직 완전히 정착되지 않았기 때문에 불교 같은 새로운 생활을 받아들일 수 있었지만, 근세에 이르면 '경'이 생활의 엄중한 규범이 되었기 때문에 생활의 모든 부분을 '경'을 척도로 삼아 비판했고, '경'의 규정에 맞지 않는 생활, 적어도 의식 속에 그렇다고 여기는 생활을 인정하지 않게 되었습니다. 이것은 매우 갑갑하고 답답한 일이었습니다.

물론 그렇다고 해서 새로운 생활이 전혀 생겨나지 않았다는 말은 아닙니다. 아니 오히려 새로운 생활이 많이 생겨났습니다. 중국 근세의 특징은, 다른 역사의 근세와 마찬가지로 역시 서민의 진출이었고(서민이 관료로 진출한 것은 전에 말씀드렸습니다), 한편 경제적으로는 상인 계층에 유력하게 진출했습니다. 그런데 상인 계층으로 진출한 서민은 '경'의 규정에 맞지 않는 새로운 생활을 활발하게 창출한 것으로 보입니다. 예를 들어 근세에 소설이 발전한 것이 그것으로, 중국의 소설은 송나라 이전에는 그다지 확실한 형태를 보이지 않았는데, 송나라 이후에 돌연 확실한 형태를 띠고 나타납니다. 이것은 상인 계층의 대두와 더불어 일어난 현상이고 그것과 비슷한 현상은 다른 방면에서 많이 볼 수 있습니다. 그러나 이 새로운 사회의 중심을 이루는 이념, 그것은 규범을 강력하게 오경에 집중한 이념이었습니다. 이 이념도 근본을 따지자면 실은 서민의 진출과 관련이 있다고 앞에서 말씀을 드렸습니다만, 사회의 중심을 이루는 이념이 그렇다보니, 소설처럼 오경의 규정에 맞지 않는 존재를 인정할 수는 없었습니다. 그러나 인정하지 않는다고 해서 생길 것이 안 생기지는 않지요. 활발하게 생겨납니다. 요컨대 중국 근세 사회는 일종의 자승자박自繩自縛 상태였다고 생각되는데, 그 결과 생활은 갑갑하고 답답한, 개운치 않은 어떤 것이 되었다고 할 수 있겠습니다.

그렇지만 이 갑갑하고 답답한 사회는 한편으로 하나의 안정감을 수반한 것이었습니다. 즉 도리의 소재는 오경에 있다고 확정되어 있는 점에서 그 생활에는 커다란 안심이 있었습니다. 근세 벽두에 '이학理學'이 완전하게 성립되기 전에는 더러 도리의 소재에 대하여 상당한 고민이 있었겠는데, 이윽고 '이理'의 설이 성립되고 오경의 위치가 일단 이론적으로 증명됨과 더불어, 내일의 생활에 대해서는 그다지 걱정하지 않아도 되었지요. 그리하여 이러한 안정감을 기반으로 중세와는 또 다른 형태의 문화생활이 전개되었습니다.

그것이 바로 근세 '독서인'의 생활입니다. 혹은 '문인'의 생활이라 해도 좋겠습니다. 근세의 '독서인'은 우선 첫 번째로 '경'의 전문을 암기해야 했습니다. 그리고 또 언어생활에서도 '경'의 문장을 본뜬 문장을 써야 했습니다. 이것은 앞서 말씀드린 것처럼 중세의 문장이 너무 번쇄했던 것을 반성하여 일어난 문체입니다. 중세의 문장이 번쇄해진 것은 옛 문장, 즉 '경'의 문장이 지닌 모습을 잃었기 때문이니, 다시 한 번 '경'을 중심으로 한 옛 문장으로 돌아가야 문장의 혼란을 바로잡을 수 있다, 당나라 한퇴지(한유) 등이 그렇게 주장하여 '경'의 문장이 근세 문장의 모범이 되었습니다만, '경'의 문장을 본받은 문장이라는 것도 하루아침의 노력으로 가능하지 않습니다. 중세의 번쇄함과는 다른 또 하나의 번쇄함이고 비상한 훈련이 필요한 일이었습니다. 또한 글자도 솜씨 있게 써야 했습니다.

또한 그림은 중세에는 반드시 지식 계급의 교양이 아니었습니다만 근세에는 역시 지식 계급의 교양이 되었지요. 또한 시도 지어야 했습니다. 시도 『시경』의 시처럼 소박한 것이 아닙니다. 매우 번거롭고 까다로운 속박이 있었는데 그것을 지어야 했습니다. 어느 것이나 비상한 수련이 필요한 문화생활이었습니다. 그러한 문화생활은 도리의 소재가 오경으로 확정되었다는 안정감을 기반으로 발전한 것으로 보입니다.

또한 하나 더 말씀드리고 싶은 것은, 이러한 생활 태도가 오래 유지된 것은 근세의 정치제도에서도 그것을 유지할 만한 요소가 있었다는 점입니다. 그것은 바로 '과거제도'입니다. '과거'라는 것은 고등문관 채용시험인데, 그 시험과목이 무엇이냐 하면 우선 '경'을 해석해야 합니다. 또한 '경'의 해석 이외에 문장 재능을 시험했는데, 문장 재능을 시험한 것도 '경'을 본뜬 문장을 얼마만큼 지을 수 있느냐, 그것을 척도로 삼은 것이었습니다. 요컨대 '경'의 생활에 얼마만큼 따를 수 있느냐는 것을 표준으로 삼아 관리를 채용했습니다. 과거제도는 역시 송나라에서 정돈되어 일시적으로 원나라 때 잠시 중단된 것을 제외하면 줄곧 청나라까지 이어졌습니다. 이 제도는 원래 '경'을 존중한 데서 성립된 것인데, 거꾸로 또한 이러한 제도가 존재함으로써 '경'을 존중하는 경향이 유지되었다고 할 수 있겠습니다.

그런데 서양 세력이 도래하면서 이러한 식으로 흘러온 중국인의 생활에 격변이 일어났습니다. 서양 세력이 도래한 것은 여러분이 아시는 대로 청나라 말년의 일입니다. 이 새롭고 이질적인 생활이 도래하자 예부터 내려온 중국인의 생활 태도는 뿌리 밑바닥부터 흔들렸습니다. 중국인의 생각으로 오경이라는 것은 도리 그 자체이고 '경'은 다른 말로 하자면 '전典'이고 '상常'이며, 영원한 진리입니다. 그러므로 그 안에는 인간 생활이 아무리 변화한다 하더라도, 그것에 대응할 만한 도리가 포함되어 있다고 믿어왔습니다. 그런데 서양 문명이 도래하면서 오경만으로는 대응할 수 없는 사태가 존재한다는 것을 실력으로 보여주었습니다. 그 결과 예부터 내려온 생활 태도에 대한 자신감을 별안간 상실했습니다.

그런데 우리 눈앞에 있는 현대 중국은 어떠한 중국이냐, 바로 종래의 생활 태도에 자신감을 잃고 그것을 대신할 만한 새로운 생활 태도를 찾고 있는 중국입니다. 그러나 그러한 새로운 것을 찾아냈느냐, 아직 그렇지 못합니다. '삼민주의三民主義'를 제창하고 있지만 그것에 충분히 자신을 갖고 있지 못하지요. 역시 예전처럼 오경을 규범으로 삼는 태도로 돌아가는 게 안전하지 않으냐, 그런 소리도 때때로 들립니다. 즉 종래의 생활에 대한 자신감은 현저하게 약화되었지만, 그것을 대신할 만한 것이 없기 때문에 방황하고 있습니다. 저는 현재 중국의 사태를 그렇게 생각합니다.

8.

이제까지 이야기해온 것을 돌아보면서, 고전을 규범으로 삼는 생활 태도가 중국인의 생활에 어떠한 장점과 단점을 만들었는지 그 점을 짚어보고 싶습니다.

고전 즉 오경을 생활 규범으로 삼은 것이 중국인의 생활에 장점으로 작용한 첫 번째는, 이 이념이 존재한 데 힘입어 중국이라는 저 넓은 지역이 오랜 기간 통일을 유지해왔다는 점을 우선 들 수 있겠습니다. 여러분이 아시는 대로, 중국은 그 지역의 크기로 말하자면 유럽과 비슷할 것입니다. 더구나 중국에 사는 사람들은 각각 지리의 차이에 따라 생활 양상이 반드시 같지는 않았습니다. 예를 들어 언어를 보아도, 가령 그것을 음표音標 문자로 기록한다면, 베이징어와 광둥어는 꽤 차이가 납니다. 또한 그러한 차이는 반드시 오늘날의 언어에만 있는 것이 아니라 예부터 존재했다고 볼 수 있지요. 또한 풍속도 지역에 따라 꽤 달랐습니다. 그런데 그러한 상태에 있으면서도 중국은 대체로 하나의 나라로서 오랜 기간 통일을 유지해왔습니다. 어느 시기에는 잘게 분열되었으나, 머지않아 하나로 뭉쳤지요. 적어도 하나로 뭉치는 것이 상태常態이고 분열은 변태變態라고 의식했습니다. 통일에 대한 이러한 의식의 중핵을 이룬 것은, 인간은 똑같이 오경을 규범으로 생활해야 한다는 이념에 있었다고 생각합니다. 중국인의 생각에 따르면, 이 이념의 지배가 미치는 데가 이른바 '천하天下'인데, '천하'를 통일하는 '끈과 띠'가 오경이었습니다. 오경만을 끈과 띠였다고 말할 수는 없겠지만, 중요한 끈과 띠였다고 할 수 있겠습니다. 또한 이 강의의 처음에 말씀드린 것처럼, 왕왕 세간에서는 중국인의 생활 이념은 오경에 따르는 한 방향으로 정해져 있지는 않았습니다. 그것은 '독서인'의 이념이었는지는 모르지만, 서민은 그와 다른 생활 이념을 갖고 있었다는 식으로 말하는 사람도 있지만, 저는 그렇지 않다고 생각합니다. '독서인' 이외의 사람에게 생활 규범은 어디에 있느냐고 물으면 역시 오경에 있다고 대답했을 것입니다. 다만 그것을 규범으로 삼는 생활은 교양이 있어야만 가능했습니다. 서민은 그러한 교양을 얻을 만한 기회가 별로 없었으므로 오경의 속박을 받는 부담이 '독서인'보다 느슨했다고는 말할 수 있지만, 오경을 규범으로 삼는 생활 이념, 그것에 적극적으로 반항할 만한 다른 이념은 없었다고 생각합니다. 그런 의미에서도 한가지 색깔로 온통 도배되어 있었다, 그것이 중국의 통일을 잘 유지해온 원인이라 생각하는 것입니다.

다음으로 이러한 생활 태도가 중국인의 생활에 장점으로 작용한 두 번째는, 도리의 소재가 이렇게 명확하게 정해짐으로써 생활에 안정감이 생겼고, 그 안정감을 바탕으로 고도의 문화생활이 발전할 수 있었다는 점, 이것은 역시 장점이겠습니다. 중세 귀족의 생활과 근세 '독서인'의 생활 모두 고도의 문화생활이라 말해도 좋을 것입니다. 경서의 문구를 암기하고, 그것을 해석하고, 그것을 본뜬 문장을 짓는 일, 모두 수련이 필요한 일이고, 소박한 노력만으로 어떻게 해볼 수 있는 일이 아닙니다. 수련에 수련을 거듭해야 가능한 일입니다. 그러한 수련이 몇 대에 걸쳐 거듭된 결과, 예를 들면 그 언어생활에서도 매우 우아한 문장이 탄생했습니다. 중세에 완성된 '사륙문', 이것은 우아한 문체의 극치입니다. 이 문체는 일종의 산문이면서, 한 구 한 구의 음조를 구성하는 데는 세세한 규칙이 있습니다. 중세에 그것이 너무 유행한 것에 대한 반동으로, 근세에는 오히려 직접적으로 '경'의 문장을 모방한 문체가 문장의 정통이 되었다는 점, 앞에서 말씀드린 대로인데, 그러나 음율에 신경을 쓴 '사륙문'도 완전히 쓰이지 않은 것은 아닙니다. 역시 근세 '독서인'의 생활 속에 포용되어 왔지요. 단순히 근세 '독서인'의 생활 속에 포용되어 왔을 뿐만 아니라 지금도 여전히 존속하고 있습니다. 그 사례를 하나 들겠습니다.

사계謝啓

봉영문학蓬瀛問學, 팔재서지八載栖遲, 명발귀범溟渤歸帆, 천정초체千程迢遞, 탐한비계연지요지探韓非計然之要旨, 집업담담執業郯聃, 면개황정관지전휘緬開皇貞觀之前徽, 희종조아希蹤晁阿, 교기호저交期縞紵, 난망難忘

계찰지고정季札之高情, 질본력저質本櫟樗, 허부虛負

종공지하고宗工之下顧, 이자신주반도邇者神州返棹, 고상계포沽上繫匏,

치신어사고지간置身於仕賈之間, 허국재기고이외許國在夔皐以外, 회소력
년기려回溯歷年羈旅, 첩왕첩왕疊枉
광양助勸, 작월빈행昨月瀕行, 우다尤多
후의厚誼, 비적일함지황秘籍一函之貺, 중비겸금重比兼金, 조연사궤지수
祖筵四簋之羞, 감심포덕感深飽德, 소행상위일위所幸相違一葦, 잉접휘광
仍接輝光, 환희척소천행還希尺素千行, 빈반교익頻頒教益, 근재무간謹裁蕪
簡, 숙포사침肅布謝忱, 부진소회不盡所懷, 복기량찰伏祈亮詧

이것은 2~3개월 전, 제가 어느 젊은 중국인 친구에게서 받은 편
지입니다. 그 친구는 지난해 9월 교토대학 법학부를 졸업한 사람
으로, 여러분과 그다지 나이 차가 나지 않을 텐데, 이 편지는 유학
할 때 후의에 대한 감사를 전한 것입니다. '사륙문'으로 쓰여 있는
데 조금 읽어보겠습니다. 우선 처음 네 자로 된 구, '봉영문학蓬瀛問
學'을 봅시다. '봉영蓬瀛'은 일본이므로 '봉영에 학學을 묻는다'는 말
은 일본에 유학을 왔다는 말입니다. 다음 네 자 '팔재서지八載栖遲'
는 8년간 어영부영 지냈다는 말입니다. 도쿄에 있는 학교에서 일본
어를 공부하던 때부터 치면 8년이 되지요. 그런데 이어지는 '명발
귀범溟渤歸帆', 바다를 돌아가는 배, '천정초체千程迢遞', 천의 도정道程
이 아득합니다를 보면 '봉영문학'과 '명발귀범'은 대구이고, '팔재서
지'와 '천정초체'도 대구입니다. 그것은 단순히 '봉영'과 '명발' 또는
'팔재'와 '천정'이 의미 면에서 대구일 뿐만 아니라, 음조音調 면에서

도 리듬이 맞도록 글자를 배열하고 있습니다. 이하 모두 그러하여 '탐한비계연지요지探韓非計然之要旨', 법학부에 있었으므로 한비자의 요지를 더듬었고, 또한 '계연計然'이란 옛 중국의 경제학자입니다. 물론 경제에 관한 강의도 들었으므로 '한비와 계연의 요지를 더듬었다' 했습니다. 이것은 여덟 자인데, 여섯 자구의 변형이라 하겠습니다. '집업담담執業郯聃', '담郯'과 '담聃'은 모두 공자의 선생입니다. 마치 공자가 '업業을 담郯과 담聃에게 집執하여' 가르침을 구한 것처럼, '한비와 계연의 요지를 더듬는' 데 일본 대학의 선생에게 가르침을 구했다. '면개황정관지전휘緬開皇貞觀之前徽', '개황開皇'은 수隋나라의 연호이고 '정관貞觀'은 당나라의 연호이니, 일본 유학생이 중국에 갔던 시대라는 의미입니다. 옛날에는 일본에서 중국으로 유학했고 지금 자신은 거꾸로 일본으로 유학왔는데, 그 '개황 정관의 전휘前徽', 옛날의 아름다움을 멀리 생각하면서 '종蹤을 조아晁阿에 희希한다', '조아'는 아베노 나카마로阿倍仲麻呂[12]입니다. 자기를 그에게 견주고 싶다. 이렇게 고사와 숙어를 많이 쓰는 것도 '사륙문'의 한 특징입니다. 전에 중국인의 문장은 선례先例가 있는 말을 즐겨 사용한다고 말씀드렸습니다만, 고사·숙어를 자주 사용하는 것도 그런 현상의 하나인데, 과거의 사실 혹은 과거의 용례와 결부되어 특수한 뉘

---

12 698~770. 나라 시대의 견당 유학생으로, 당나라에서 과거에 합격해 조형晁衡이라는 이름으로 당나라의 여러 관직을 역임하며 고관의 자리에 올랐지만, 귀국하지 못하고 당나라에서 죽었다.

앙스를 띠게 되고 이리하여 문장의 맛은 더욱 우아해집니다.

그런데 이 우아한 문장은 도대체 무슨 뜻이냐 하면, 요컨대 소생 유학 중에 교토제국대학 법학부에서 크게 지도를 받았고, 또한 출발할 때에는 이런저런 후의를 입어 고맙다, 이번에 나는 톈진의 모 은행에 봉직하게 되었으므로 이후 부디 지도를 바란다는 내용인데, 여러분도 졸업하시면 쓸 법한 편지를 중국인은 이런 식으로 쓴 것입니다. 이것은 확실히 고도의 문화생활이고, 더구나 중국에서 볼 수 있는 특수한 것이라 생각합니다. 이러한 언어생활은 다른 나라에서는 발전하지 않았을 것입니다. 언어생활 면에서뿐만 아니라, 중국인의 생활 중에는 다른 문화에서는 찾아볼 수 없는 고도의 문화생활이 많이 있습니다. 예를 들어 '독서인'은 책을 쓰거나 그림을 그려야 했는데, 책을 쓰려면 어디에서 만든 어떤 종이가 좋고, 어떤 붓이 좋고, 어떤 벼루가 좋은지 따위를 자세히 조사했기 때문에, 그런 문방구文房具에 관한 책이 많이 나왔습니다. 이것도 다른 문화에서는 별로 없는 일이리라 생각합니다. 서양에서도 원고를 쓰려면 어떤 종이가 좋고, 어떤 펜이 좋다는 내용을 쓴 책이 있기는 하겠습니다만, 그다지 알려져 있지 않습니다. 그런데 중국에서는 그러한 책이 많지요. 이것 또한 고도의 문화생활입니다. 또한 전에 말씀드린 중국의 훈고학, 이것도 일종의 문화생활이겠습니다. 하나하나의 언어에 대하여, 그 언어의 배후에 있는 것을 섬세하게 더듬는 작업도 소박한 노력으로 할 수 있는 일이 아닙니다. 이렇게 이런저런 단련을 요구하는 문화생활에서 온 결과이겠는데, 우리가 접하는 중국인 중에는 정신을 거듭 잘 단련하여 쓴맛 단맛을 두루 맛본, 수양을 쌓아 원만한 인품을 지닌 인물을 왕왕 볼 수 있습니다. 물론 요즘에는 중국에서도 그러한 인물은 점점 적어지는 느낌이 듭니다만, 얼마간 나이든 사람 중 '독서인'의 생활을 영위해온 이들 가운데에는 일종의 '달인'이라 부를 만한 사람을 찾아볼 수 있는데, 이것은 중국 민족이 오랜 세월 문화생활을 영위해서 생긴 결과물이라 저는 생각합니다.

세 번째 장점으로는 중국에서 '경'을 존중하는 것은 요컨대 '경'의 언어를 존중하는 경향이 있고 또한 '경'이 드러내보이는 사실을 존중하는 경향이 있는데, 이것은 언어 내지 사실이라는 것이 인간의 생활에서 지니는 의의를 주의 깊게 생각하도록 했습니다. 적어도 다른 형태의 문화에서 그런 것보다 주의 깊게 생각하게 되었다고 저는 봅니다. 언어와 사실, 그것은 모두 형이하形以下에 속하는 것입니다. 그러나 형이상形而上에 속하는 것은 늘 이러한 형이하에 속하는 것에서 표현을 찾는다, 바꾸어 말하면 언어와 사실은 형이하에 속하는 것의 상징으로서 존재한다는 것, 그것은 보편적인 현상이라 할 수 있겠습니다만, 중국인의 사고방식은 늘 이 방향에 있습니다. 그 생각은 늘 형이하에 속하는 것을 중심으로 삼으면서도, 형이상에 속하는 것의 존재도 생각하지 않은 것은 아닙니다. '도道'라든지 '이理'라는 이름으로, 막연하긴 했지만 생각했고, 그 결과 언어는 늘 인간 정신의 상징이라 의식되었고, 훈고학이 언어를 자료로 삼은 인간학으로 성립된 것도 이런 입장에서 발생한 일입니다. 또한 사실을 존중하는 것에서도, 늘 사실 이상의 무언가의 상징으로 사실을 존중했습니다. 그런데 언어나 사실이 갖는 이러한 의의를 다른 문화에서도 물론 고려했겠지만, 중국에서는 특히 잘 고려해왔다고 저는 생각합니다. 이것은 중국인의 사고방식이 원래 그러한 방향에 있었기 때문인데, 오경의 숙독을 지켜야 할 의무로 부과한 것, 바꾸어 말하면 오경이 제시하는 사실을 완미하고, 오경의 언어를 완미해야 한다는 의무를 부과한 것이 그 방향을 더욱 강화했다고 말씀드릴 수 있겠습니다. 또한 사실이나 언어에 달라붙어 그것을 짙게 물들이는 것은 정서情緒입니다만, 언어와 사실을 존중한 결과 중국 민족은 인간 생활의 정서적인 면에 특히 민감하게 된 것으로 보입니다. 이성理性이 승勝했던 다른 문화에서는 어쩌면 빠뜨리고 보지 못하기 십상인 정서적인 면이겠습니다. 이것 또한 중국인의 정신 생활이 원래 그 방향에 있었던 것을 오경을 존중하여 더욱 강화했다고 본다면, 오경을 존중하여 중국인의 생활에 생겨난 또 하나의 장점이 되리라 생각합니다.

오경을 생활의 규범으로 삼아 존중한 생활이 지금까지 말씀드린 장점을 낳았지만, 한편으로는 중국인의 생활에 적지 않은 단점·약점을 남긴 것도 동시에 고려해야 할 것입니다.

첫 번째 약점은, 중국인의 사색 생활이 오경이라는 존재 때문에 충분히 발전할 수 없었다는 점입니다. 중국인은 오경에 있는 언어는 모두 도리라고 보았습니다. 그래서 중국인은 자기 사색의 시비를 판정하는 데, 오경의 언어와 합치하느냐를 판정 기준으로 삼았습니다. 즉 사색은 오경의 언어와 합치되면 그것으로 충분했습니다. 이것은 중국인의 사색에 커다란 담을 만든 것이고, 송나라의 '이학理學' 등도 모처럼 도리를 탐구하는 데 눈길을 주면서도, 결국 오경이라는 것에 가로막혔습니다. 또한 그러한 일은 옛날의 중국에서만 일어난 것이 아닙니다. 현재 삼민주의三民主義 시대에도 그러한 일이 있다고 생각됩니다. 삼민주의의 표어의 하나는 '천하위공天下爲公'입니다만, 이 네 자는 『예기』「예운禮運」 편에 나오는 말입니다. 이렇게 말씀드리면 조금 지나친 말일지도 모르겠습니다만, 현재의 삼민주의에서도 이렇게 고전의 언어와 합치시킴으로써 자기 사색에 타당성을 부여하려는 태도가 역시 있다, 더구나 이 네 자의 의미는 그렇게 명료하지 않습니다. 이 명료하지 않은 네 자를 제 사상의 터전으로 삼음으로써 삼민주의 사색의 발전이 방해받지 않았느냐, 그런 면이 전혀 없지는 않을 것입니다.

또한 중국인은 자기 사색이 '경'과 일치할 필요가 없을 경우, 바꾸어 말하면 '경'의 언어의 지지가 필요하지 않을 경우에도 '경'의 언어의 지지를 구하는 일이 있습니다. 저는 중국의 자연과학은 결국 그다지 발전하지 않았다, 싹은 늘 있었으나 무언가 싹인 채로 머물러버렸다고 생각합니다만, 그것 또한 지금 말씀드린 내용과 관계가 있지 않을까 생각합니다. 구체적인 사례를 하나 말씀드리겠습니다. 『한서漢書』 「율력지律曆志」에 나오는 예입니다. 『한서』는 한나라의 역사이고 「율력지」는 당시의 음률音律과 역법曆法을 기록한 편인데, 그 역법을 다룬 부분에는 일월오성日月五星의 운행 주기가 상세히 적혀 있습니다. 거기에 적힌 숫자는 현재의 천문학에서 보아도 꽤 정확한 수치라고 합니다. 예를 들어 한 달의 수를, 음력 한 달이므로 달이 천공을 일주하는 시간인데 그것은 29일과 81분의 43일이라 산정하고 있습니다. 이 숫자는 오랜 세월에 걸친 관측 결과에 따라 생긴 것이 분명하고, 현재의 천문학 지식에서 보아도 꽤 정확하다고 합니다. 즉 현재의 천문학이 행하는 절차와 같은 절차를 몇백 년인가 되풀이하여 나온 숫자라 하겠습니다. 그런데 이 숫자에는 설명이 붙어 있습니다. 이 숫자는 통분하면 $29\frac{43}{81} = \frac{2392}{81}$ 가 되는데, 분모와 분자는 모두 『역』에 나오는 숫자의 배수이므로, 그래서 정확하다는 논증이 붙어 있습니다. 즉 도리가 적혀 있는 『역』이라는 책에 나오는 수의 배수이므로 정확하다고 설명하는 것입니다. 우선 분모는 81인데 이것은 『역』에 9라는 수가 나오는데 그것을 제곱하면 81입니다. 다음으로 분모 2392, 이것도 『역』에 보이는 '대연지수大衍之數' 50, 그 50에서 하나를 뺀 49, 앞에서 서죽점을 칠 때 50개의 서죽에서 먼저 한 개를 뽑는다고 말씀드렸습니다만, 그 49입니다. 49에 2를 곱하고, 다시 그것에 3을 곱합니다. 2를 곱하는 것은 하늘과 땅을 상징하고, 3을 곱하는 것은 천지인天地人을 상징하는 것인데 다시 그것에 4를 곱하면, 49×2=98, 98×3=294, 294×4=1176이니, 1176이 됩니다. 그런데 『역』에는 하늘의 수로 1·3·5·7·9가 있고, 그것과 짝을 이루어 땅의 수는 2·4·6·8·10 입니다. 하늘의 수의 끝은 9, 땅의 수의 끝은 10인데, 그것을 합하여 19가 되고, 그 19를 앞의 1176에 더합니다. 다시 앞에서 말한 '대연지수' 50에서 하나를 빼서 49가 되었는데, 그 때 빼두었던 1을 여기에 더하면, 1176+19+1=1196이니, 1196이 됩니다. 그것에 2를 곱한 것이 곧 $\frac{2392}{81}$의 분자라는 것입니다. 이것은 오랜 세월에 걸친 관측에 따라, 모처럼 이만큼 정확한 값을 얻었으면서도, 그 논증을 오경의 언어에서 찾은 결과 다시 정밀한 방향으로 나아갈 수 있는 길을 막았다고 할 수 있겠습니다. 중국의 자연과학이 늘 싹인 채로 머무른 것은 이러한 지점에 주된 원인이 있다고 저는 생각합니다만, 이것은 바꾸어 말하면, 인간의 언어로 옮겨진 자연, 그것을 자연 그 자체라고 인식한 것입니다. 오경의 언어, 그것은 자연을 반영한 것이지 자연 그 자체는 아니겠습니다. 그런데 오경을 도리 그 자체라 생각한 결과, 오경을 자연 그 자체라 생각했다, 그리하여 「율력지」 같은 사태가 생길 수밖에 없었던 것입니다.

비슷한 사례는 주자의 말에도 있습니다. 주자는 과연 이성적인 사람이었지만, 이 사람의 말에도 과거 중국에서는 자연과학이 발달하기 어려웠겠구나 싶은 말이 있습니다. 즉 주자가 이해하는 바에 따르면 '경'이 인간의 덕의 종류로 언급한 것은 인·의·예·지ㄷ

義禮智의 넷인데, 제자가 왜 넷이냐고 주자에게 물었을 때 넷이라는 수는 자연의 수라고 주자는 대답했습니다. 그리고 그 증거로 그때 마침 앞에 화로가 있었던 모양인데, 자 보라, 이 화로에도 귀퉁이가 넷 있다. 또한 땅에는 사방四方이라는 것이 있다. 이렇게 넷은 자연의 수이고 따라서 도덕의 종목도 인의예지 넷이라고 말합니다. 역시 중국에서 자연과학이 발달하기 어려웠던 이유를 설명하기에 충분한 예라고 생각합니다. 확실히 인간의 사고는 사물을 네 가지로 나열하고 싶어합니다. 특히 단철어單綴語인 중국어에서는 '춘하추동春夏秋冬'이라든지 '주야혼단晝夜昏旦' 따위 네 가지 개념을 하나로 조합한 것, 바꾸어 말하면 네 음을 하나로 묶은 말이 특히 안정된 형태이므로, 사물을 넷으로 세는 것은 분명 인간에게 자연스러운 현상이었습니다. 또한 인간에게 자연스러운 것은 자연 그 자체를 반영한 것이기도 했습니다. 화로에 네 귀퉁이가 있는 것처럼 기물器物이 사각四角을 이루려 하는 것은 자연의 약속이고, 태양의 운행은 회귀선을 기준으로 삼으면 확실히 네 시기로 나뉩니다. 그러나 땅에 동서남북이 있는 것은 인간이 기억하기 쉽기 때문이지, 자연 그 자체는 아닙니다. '주야혼단晝夜昏旦'은 그보다 더한 면이 있습니다. '혼昏'은 해가 저물고 나서 아직 빛이 있을 때, '단旦'은 해가 뜨기 전의 어슴푸레한 때를 가리키는 말인데(한나라 정현의 책에 보입니다), 거기까지는 자연 그 자체에 대한 성찰입니다만, 그것을 '주야'에 이어서 '주야혼단'이라 한 것은 완전히 말의 편의 때문이지요. 그러나 주자는 말의 편의 때문에 생긴 이 말도 자연 그 자체로 보지 않았나 싶습니다.

이것 또한 바꾸어 말해본다면, 중국인의 방법은 어느 정도까지는 귀납적이지만, 어느 지점까지 가면 귀납을 멈춰버리고 연역이 시작된다 하겠습니다. 즉 중국 민족의 방법은 원래는 매우 귀납적입니다. 선례를 존중한다 하더라도, 존중하는 선례가 그저 오경에 국한되느냐 하면 꼭 그렇지는 않습니다. 앞에서 말씀드린 『역』「대축」의 말로 하자면, "군자이다식전언왕행君子以多識前言往行, 이축기덕以畜其德(군자가 이를 본받아 선현의 언행을 많이 알아서 그 덕을 쌓는다)", 많은 사실을 알고 거기에서 도리를 뽑아내어 행하고자 한다. 그 점은 매우 귀납적이지만, 그 귀납은 '경'의 언어까지 오면 거기에서 멈추어버리고, '경의 언어'에서 연역이 시작된다는 점은 단순히 자연과학을 빈곤하게 만들었을 뿐만 아니라, 과거 중국인의 생활에서 커다란 약점이 되었습니다. 이것은 역시 고전을 과도하게 존중해서 생긴 일로 보입니다.

두 번째 약점으로 생각되는 것은, 오경이라는 것이 도리 그 자체이고 모든 도리를 갖추고 있다는 생각은 중국인의 생활과 형식을 달리하는 이질적인 생활에 대한 흥미를 식게 만들고, 나아가서는 이질적인 생활을 섭취하기 힘들게 만든다는 점입니다. 그리고 현재 중국이 직면한 곤란도 많은 부분이 그 점 때문에 생긴 게 아닐까 생각합니다.

중국인의 생각에 따르면, 오경은 불변의 도리를 갖추고 있어 인간의 생활이 얼마나 진전되든, 그것에 대응할 만한 도리를 갖추고 있다, 과거 중국인은 그렇게 믿었습니다. 이러한 신념은 사회가 혼란스러울 때마다 강화되었다고 저는 봅니다만, 최후에 서양 생활이라는 거대한 힘이 밀어닥쳐 중국인의 그 신념이 불가능함을 실증했고, 민족이 생존하기 위해서는 이질적인 생활을 섭취해야 함을 중국인들도 인정하게 되었습니다. 그럼에도 여전히 중국에서는 이질적인 생활을 수입하는 것이 곤란한 상태에 있고, 당연히 중국이 섭취해야 할 것도 섭취하기 어려운 상태에 있다고 봅니다. 이것은 역시 도리가 담겨 있는 것은 오직 오경뿐이라고 생각해온 예전부터의 태도가 여전히 청산되지 않았다, 거기에 가장 큰 원인이 있다고 생각합니다.

이렇게 말씀드리면 여러분은 반박하실지도 모르겠습니다. 중국은 바로 요 전까지, 영국과 미국에 저렇게도 의존하지 않았냐고 말씀하시겠지요. 확실히 그도 그렇습니다. 그렇지만 저는 중국인이 서양을 받아들이는 방식은 피상적인 면이 있다고 생각합니다. 우선 서양 계통의 학문으로 인문 방면에서는 정치나 경제에 대한 학문은 배웠지만, 기본적인 철학은 그다지 받아들이지 않았습니다. 미국의 실증주의처럼 예부터 내려온 중국인의 사고방식과 가까운 것이 얼마간 있었던 데 불과합니다. 자연과학 방면에서도 지질학은 우수하다고 합니다만 기초이론은 빈약했던 것으로 보입니다. 또한 중국인은 어학에 뛰어나다, 서양의 언어를 잘 한다고들 합니다. 과연 회화는 잘하는 것 같습니다. 적어도 우리 일본인보다 꽤 잘하는 것 같습니다만, 책을 읽는 힘, 이해력은 일본인보다 못하다고도 합니다. 이처럼 서양 것을 받아들이려는 태도가 있긴 하지만 충분히 받아들이지 않는다, 받아들이는 방식이 피상적이다. 이것은 '도리'가 오직 오경에 있다고 보는 생활이 오랜 기간 이어져서 생긴 타성이라 생각합니다.

실은 서양 문명이 중국에 들어온 것은 꼭 최근의 일만은 아니어서, 이미 명나라 말부터 예수회 등을 통해 들어왔습니다. 또한 서양 문물에 대해 청나라 학자들은 어느 정도 흥미를 느꼈고, 얼마간 그것을 섭취하고 있습니다. 섭취한 것은 주로 천문·역술 방면입니다. 그런데 한편으로는 섭취하면서도 한편으로는 이렇게 말하고 있습니다. 과연 서양의 천문·역술은 진보했다, 그러나 근원을 따지면 모두 중국에서 나왔다, 이렇게 말하는 데는 증거가 있다. 『사기』에 「역서曆書」라는 편을 읽어보면, 주나라 말에 혼란스러워 중국 역법가의 자제가 사방으로 흩어져 혹은 이적夷狄으로 갔다는 내용이 적혀 있는데, 그중에 서쪽 방향으로 간 이들의 자손이 서양에서 발전시킨 것이 현재의 서양 역술曆術이다, 그러므로 근원을 따지면 모두 중국의 역술에서 나왔다, 그런 말입니다. 서양 역술을 받아들인 것은 청나라 학자 중에서도 진보적인 사람들인데 그 사람들의 언어에도 역시 지금 말씀드린 그런 내용이 있습니다. 또한 그러한 어법은 지금에 와서도 여전히 존재하여, 최근 돌아가신 만주국의 어느 대관大官은, 중국의 고전학 학자로서 매우 뛰어난 분인데, 이 분의 저술을 읽으면 자기 전기에서, 나도 젊은 시절에는 서양 계통 학문에 매우 흥미를 느껴 자연과학적인 것에 대해서도 조금은 본 적이 있는데, 요컨대 모두 옛 '경' 속에 있는 도리에 불과하다, 다만 농업을 하는 방법만큼은 일본의 방법이 다소 우수하다 생각하므로 그것만은 참고했다, 그런 내용이 적혀 있습니다. 그러한 사고방식은 현재의 노선생 중에는 많으리라 생각합니다. 또한 중국인 청년 중에도 그와 똑같은 형태는 아니라 하더라도 형태를 바꾸어 존재하고 있고, 그것이 역시 이질적인 생활을 수용하기 어렵게 만든다고 저는 생각합니다. 예를 들어 현재 소설가로 중국에서 인기 있는 이는 마오둔茅盾과 바진巴金 두 사람인데, 이런 이들은 서양 소설을 모방하는 것을 어느 정도 의식하면서도, 서양 소설의 재미는 그다지 받아들이려 하지 않습니다. 또한 그들은 자기들은 중국 옛 소설의 연장이라는 의식을 한편으로 자각하고 있는 것 같습니다. 일본의 메이지 시대의 소설은 일단은 에도 시대의 요미혼讀本,[13] 샤레본洒落本[14]과는 비연속적인 것이라는 의식 아래에서 발생했고 또한

---

13 에도 시대 소설의 한 갈래. 구사조시가 그림을 주로 한 데 비하여, 읽는 데 중점을 둔 책이라는 뜻에서 '요미혼讀本'이라 불렸고, 공상적이고 전기적인 요소가 강하고, 인과응보·권선징악 사상 등을 내용으로 하였다.
14 에도 시대 중기에 나온, 유곽을 무대로 남녀의 대화를 그린 소설의 한 갈래이고, 실제로 유곽에서의 행동 지침에 관한 가이드북으로 읽혀 실용서 성격도 띠고 있었다.

발전했다고 생각하지만, 이들 중국의 소설가에게서 그렇게 딱 부러지게 분명한 태도는 찾아볼 수 없습니다. 이 점이 현재의 중국 소설가들의 소설에 한계를 낳은 것이 아닐까, 저는 그런 생각이 듭니다. 요컨대 과거의 생활에 대한 과도한 자신이 새로운 이질적인 생활을 받아들이고 소화하는 것을 방해하고 있는 것인데, 이러한 과도한 자신감도 오경이 모든 도리를 담당할 수 있다고 보는 사고방식과 서로 이어져 있는 것입니다. 이것이 두 번째 약점입니다.

세 번째 약점, 예부터 내려온 중국인의 생활 태도가 낳은 약점으로, 가장 배제해야 할 것이라고 생각하는 바인데, 그것은 인간의 장래에 대하여 비관을 낳기 쉽다는 점입니다. 즉 오경에 나타난 생활을 이상으로 삼고 규범으로 삼으면서도, 인간의 생활은 그 형태를 바꾸어가지 않을 수 없습니다. 그런데 오경의 생활을 이상으로 생각하는 이상, 이렇게 형태를 바꾸어가는 것을 인간의 진보라 간주하지 않고, 인간의 타락이라 의식하기 쉽습니다. 혹은 또 인간의 생활으로서 당연히 가져야 할 것인데도 부인하기 쉽습니다. 예를 들어 소설은 중국에서 매우 늦게 발생했지만, 발생하고 나서도 오랫동안 건전한 것으로 인정받지 못했고, 그래서 건전한 발전을 이루지 못했습니다. 또한 처음에 말씀드린 것처럼 중국인이 오경을 규범으로 삼는 것은 단순히 오경의 정신을 본받는 것이 아닙니다. 구체적인 생활에서도 오경과 합치되기를 구했습니다. '비선왕지법언불감도非先王之法言不敢道, 비선왕지덕행불감행非先王之德行不敢行(선왕의 법언이 아니면 감히 말하지 않는다, 선왕의 덕행이 아니면 감히 행하지 않는다)'일 뿐만 아니라, '비선왕지법복불감복非先王之法服不敢服(선왕의 옷이 아니면 감히 입지 않는다)' 하는 태도가 있습니다. 그런데 이렇게 구체적인 생활을 목표로 삼으면 고금의 생활의 차이가 더욱 의식되기 쉽고 그 결과 인간의 생활은 점점 형태가 무너져간다 혹은 이 세계의 양상은 당초의 완전한 모습을 잃어간다고 보는 비관이 더욱 강화됩니다.

　주자는 이런 말을 한 적이 있습니다. 하늘의 모습조차 지금과 옛날은 다르다. 『상서』의 「요전堯典」 편에는 '일중성조日中星鳥'라는 문구가 있어, 춘분春分 무렵에는 '조鳥'라는 이름의 별이, 저녁에 진남眞南으로 오게 되어 있는데, 지금은 춘분 무렵(음력 2월경이겠지요) 진남에 오는 별은 더 이상 '조'가 아니고 다른 별이 온다고 말하며, 세계의 모습은 아무래도 본래 상태로 돌아가지 않는다고 탄식했습니다. 주자가 말한 이 변화는 이른바 '세차歲差 현상'에 바탕을 둔 것인데, 현재의 천문학에서도 인정하는 것처럼, 천상天象은 해마다 아주 미묘하게 어긋납니다. 그것이 수천 년이 쌓이면 같은 시각에도 그 위치에 다른 별이 올 것입니다. 이 세차 현상을 중국인은 모르지 않았습니다. 오히려 매우 이른 시기부터 알고 있었고 주자 같은 지식인이 그것을 모를 리는 없었으므로 그것도 고려하며 한 이야기일 터인데, 이렇게 성상星象·자연의 추이推移마저도 '세계는 붕괴로 가는 과정에 있다'고 보는 비관의 재료가 되어 있는 것입니다.

이처럼 인간의 생활 혹은 널리는 세계의 양상이 무너져간다는 느낌을, 가장 잘 드러내는 것은 '강하일하江河日下(강과 하는 날로 내려간다)'라는 말입니다. 양쯔강과 황허강 모두 날마다 동쪽 방향으로 내려간다, 하루도 멈추지 않고 내려간다, 내려감과 함께 인간 생활도 형태를 무너뜨려간다는 비관입니다. 이 비관은 '한때는 가능했던 것이 점점 불가능해진다'는 사고방식이고, 이것은 인류의 장래에 대해 희망을 잃게 만듭니다. 인류의 장래에 대한 희망은 불가능한 것이 점점 가능해진다고 생각해서 생겨나는 것일 터인데, 그렇게 생각하지 않고 '가능이 불가능으로 바뀌어가는 형태로 인간의 생활이 변화한다'고 인식하는 것은 오경을 규범으로 삼은 생활 혹은 널리 선례를 규범으로 삼는 생활이 과거 중국인의 생활에 가져다준 최대의 약점이 아닐까, 저는 그렇게 생각합니다.

9.

자, 지금까지 말씀드린 대로라면 우리 일본인이 이제부터 앞으로 중국에 협력할 때 어떠한 방향으로 협력해야 할까요. 새로운 이념을 발견하려고 고뇌하고 있는 중국인을, 다시 오경을 규범으로 삼는 생활로 되돌려야 할까요, 아니면 또 다른 방향으로 나아가도록 협력해야 할까요. 저는 오히려 후자 쪽에 더욱 많이 힘을 보태야 한다고 생각합니다.

물론 어떠한 민족에게든 고전은 존중해야 할 어떤 것입니다. 오경에 제시되어 있는 것이 중국인에게 중요한 것이라는 사실을 저는 부정하지 않습니다. 그 속에는 영구히 변하지 않을 도리가 많이 포함되어 있다고 생각합니다. 중국인에게는 특히 그렇겠지요. 그렇지만 그것은 도리 그 자체가 아니라는 사실을, 우선 고려해야 합니다. 만약 이미 얼마간 고려했다면 더욱 열심히 고려해야 하지요. 도리는 오경보다 더욱 높은 곳에 있고 그 가장 좋은 것을 구현具現한 것이 오경이어야 한다, 그러려면 오히려 중국인은 잠시 오경에서 떨어질 필요가 있다고 저는 생각합니다. 그리고 이런 방향으로 일본인이 구체적으로 협력하려면, 무엇보다 우선 중국 철학을 진흥하고, 자연과학을 진흥하는 데 협력해야 한다고 생각합니다. 즉 도리를 단순히 오경에만 있다고 생각하지 말고, 잠시 오경을 떠나 도리 그 자체에 대한 사색을 진전시키기 위해서는 철학이 필요합니다. 또한 인간의 언어로 옮겨진 자연을 자연 그 자체라고 여기는 오해를 제거하기 위해서는, 일단 오경을 떠나 눈을 크게 뜨고 직접 자연 그 자체를 관찰해야 한다, 그러려면 자연과학이 꼭 필요하겠지요. 또한 자연과학을 통해 끝까지 가보는 귀납, 적당한 데서 멈추는 귀납이 아니라 끝까지 가보는 귀납을 알았으면 합니다. 이러한 점에 대해 일본은 어느 정도 자격을 갖추고 있을 것입니다. 일본의 철학, 자연과학은 세계적인 수준에 있고 그러한 수준에 있지 않으면 곤란합니다. 그런 의미에서 우리는 중국에 좋은 협력자가 될 것입니다. 이 점을 잘 자각하고 이런 방향에 협력을 아끼지 않기를 바랍니다. 되풀이하여 말씀드리지만 저는 오경이 도리를 포함하지 않고 있다고 말하는 것이 아닙니다. 분명 도리를 포함하고 있다고 생각합니다. 또한 민국民國 이래 중국의 신인新人들이 오경을 필요 이상으로 모멸해왔고 그러한 모멸을 조장할 필요는 추호도 없습니다. 그렇지만 오경을 모멸하지 않는 방향으로 돌아가는 데서 그친다면, 그것이 참으로 맞는 일인지 의심스럽습니다. 청나라 학자에 초순焦循이라는 이가 있습니다. 이 사람도 서양식의 역산曆算을 공부했던 진보적인 학자였는데, 이 사람이 이런 말을 한 적이 있습니다. 인간은 자칫하면 독단에 빠지기 쉬운 존재다. 그러나 독단에 빠지는 것을 막는 데는 좋은 방법이 있다. 그것은 수학, 천문학을 공부하는 것이다. 이러한 학문은 도저히 독단으로는 불가능하다. 독단에 빠지기 쉬운 인간은 꼭 이것들을 공부하여, 독단에 빠지기 쉬운 습벽性癖을 고쳐야 한다고 했습니다. 이 말은 중국인이 자기 약점에 대해 반성한 것이라 해도 좋겠습니다. 약점을 반성할 수 있는 바탕은 중국인 스스로에게도 있습니다.

이러한 견지에서 중국에서 철학과 자연과학이 진흥하는 일에 협력해야 한다고 생각합니다. 한 걸음 더 나아가서는, 더욱 적극적으로 중국에 일본 문화 전체가 진출하여 주입될 필요가 있다고 생각합니다. 즉 중국인이 도리는 오경에만 있지 않다는 사실, 그리고 그네들이 예부터 영위해온 생활만이 인간 생활의 전부가 아니라는 사실을 알기 위해서는, 예부터 내려온 중국인의 생활과 다르면서, 도리를 충분히 명백하게 드러낸 생활을 구체적으로 제시해야 합니다. 일본 문화는 그 역할을 담당할 문화의 하나라 생각합니다. 바꾸어 말하면, 중국인이 도리 그 자체를 각성하기 위해서는 그 매개체로서 이질적인 생활에서 오는 강력한 자극이 필요한데, 그러한 자극을 낳을 만한 것으로 일본 문화가 전면적으로 중국에 작용해야 한다고 생각하는 것입니다.

다만 그렇게 할 때 주의해야 할 일은, 될 수 있는 한 순수하게 일본적인 것을 중국에 가져가는 게 좋다는 점입니다. 일본·중국 양국의 문화는 참으로 닮은 점이 있습니다. 특히 일본 문화는 오랜기간 중국 문화의 영향 아래에서 성장했기 때문에, 일본 문화 안에는 매우 중국적인 것이 있습니다. 그렇지만 일본 문화 안에서도 그러한 중국적인 것보다 오히려 순수하게 일본적인 것이 중국에 좋다고 생각합니다. 일본인의 유교보다 오히려 『고지키』『만요슈』를, 『니혼쇼키』와 『겐지 이야기』를, 사이카쿠[15]·지카마쓰[16]·바쇼[17]를

15 이하라 사이카쿠, 1642~1693. 에도 전기의 우키요조시·조루리·하이쿠 작가. 17세기 중엽 시민 계급의 발흥기에 경제 활동의 중심지였던 오사카에서 시민 계급에 속한 집안에서 태어났다. 우키요조시 작가로서 아속雅俗을 절충한 문체로 성욕·물욕·의리·인정을 테마로 한 호색물好色物·무가물武家物·조닌물町人物 등에서 많은 걸작을 남겼다.
16 지카마쓰 몬자에몬, 1653~1724. 에도 전기의 조루리·가부키 작가. 인형극의 통례가 되어온 공상과 대중의 인기를 끄는 단순한 사실을 잘 조정한 많은 작품을 남겼고, 대표작으로 『소네자키 숲의 정사』 등이 있다.
17 마쓰오 바쇼, 1644~1694. 에도 전기의 하이쿠 작가. 인간 사회를 등지고 여행

가져가야 한다고 생각합니다. 즉 될 수 있는 한 중국 문화와는 거리가 있는 것을 가져가야 비로소 이질적인 생활로서의 역할을 충분히 유효하게 해낼 수 있으리라 생각하는 것입니다.

물론 저의 이러한 주장에 대해서는 반대 의견이 있으리라 생각합니다. 즉 이렇게 중국과 거리가 있는 것을 가져가면, 일본과 중국이 이질적이라는 사실을 알게 되고, 일본과 중국은 동질적인 문화라는 식으로 예부터 생각해온 이른바 '동문동종同文同種'의 친밀감을 파괴하지는 않을까, 이런 걱정을 피하려면 일본 것 중에서 오히려 중국 문화와 가깝다고 생각될 것을 가져가는 편이 낫지 않을까, 예를 들어 일본의 유학을 소개하여 친밀감을 증대하는 편이 좋으리라는 주장이 있겠지요. 저는 그것도 쓸모없다고는 말씀드리지 않습니다. 그것도 필요하겠지요. 그러나 제가 앞서 말씀드린 의미에서 말하자면, 그저 그것만으로는 그다지 큰 효과는 없으리라 생각합니다. 또 이러한 논의가 생겨날 수도 있겠습니다. 일본의 유학은 중국의 유학과는 다르다, 양자는 반드시 동질의 것은 아니다, 이질적인 것으로서 작용할 수 있으므로 그것으로 좋지 않겠는가 하는 주장도 있을 것입니다. 참으로 일본의 유학과 중국의 유학에 다른 점이 있는 것은 사실입니다. 예를 들어 『논어』에 '자재천상왈子在川上

을 하며 시심詩心을 쌓아 독자적인 경지를 개척했다. 하이쿠의 예술성을 높인 공적이 매우 크며, 대표작으로 『오쿠로 가는 작은 길』(바쇼의 인생관과 세계관을 하이쿠에 담은 하이쿠 기행문) 등이 있다.

曰, 서자여사부逝者如斯夫, 불사주야不舍晝夜', '공자께서 냇가에서 말씀하셨다. 가는 것이 이와 같구나. 밤낮으로 그치지 않는구나'라는 말이 있습니다. 공자의 말이라 기록된 이 구절은 이미 '강하일하江河日下(강과 하는 날로 내려간다)' 성격을 띤 비관이 담겨 있는 모양으로, 중국인의 해석은 대체로 그 방향으로 기운 것으로 보입니다. 즉 중세의 해석에서 '가는 것은 냇물과 같아, 한 번 떠나면 다시 돌아오지 못한다'고 탄식하는 말로 본 것이 그러합니다. 또한 송나라 주자는 만물의 간단없는 운동, 유전流轉을 냇물을 상징으로 삼아 말한 것이라 해석하는데, 그렇다면 반드시 비관의 말은 아닙니다. 그러나 여전히 냉정한 방관傍觀의 말입니다. 그런데 이토 진사이伊藤仁齊의『논어고의』의 설명은 매우 적극적이어서, 이 말은 '군자의 덕이 날로 새로워져 쉬지 않는다君子之德, 日新以不息'는 것을 냇물에 비유한 것이라 보아, 인간의 생활력이 왕성함을 말한 것이라 보고 있습니다.[18] 주자의 해석이 여전히 소극적인 데 비해, 진사이의 해석은 매우 적극적이고 중세의 해석이 비관의 말로 보는 데 비한다면 매우 큰 차이가 있습니다. 진사이가 이렇게 해석한 데에는, 일본적

---

18 이토 진사이(1627~1705)는 에도 전기의 유학자로, 고학파古學派 중 호리카와 학파堀川學派(교토 호리카와에 고의당古義堂을 열어 세간에서 호리카와 학파라 불렀다)의 창시자다. 주자학에 의문을 품고, 고전 특히『논어』『맹자』의 진의를 직접 파악하여 인의仁義의 실천궁행實踐躬行을 추구하는 고의학古義學을 제창했다. 일체의 주석註釋을 떠나『논어』『맹자』의 본문을 정밀하게 읽어서 공자와 맹자 사상의 본래 모습을 파악하려 노력했다.『논어고의論語古義』『맹자고의孟子古義』『어맹자의語孟字意: 논어 맹자 개념어 사전』『대학정본/중용발휘』『동자문童子問』등의 저서가 한국어로 번역되어 있다.

인 정신이 강하게 드러나 있어 인간의 능력에 대해 더욱 많은 자신감을 갖고, 또한 인류의 장래에 대해 더욱 많은 희망을 품은 정신, 그것이 『논어』의 이 구절을 해석하는 데에 반영되어 있는 것입니다. 일본의 유학과 중국의 유학은 똑같이 '경'을 자료로 삼았지만, 사색의 방향을 더러 달리하고 있다는 사실을 이러한 사례를 통해서도 엿볼 수 있습니다. 물론 진사이의 이 해석이 『논어』의 본래 의미인지 여부는 또 다른 문제이고, 진사이의 해석은 아마도 공자가 한 말의 원의는 아닐 것입니다. 본래 '서逝'라는 글자는 어떤 것이 자기에게서 멀어져가는 것을 슬퍼할 때 쓰는 말이어서, '날로 새로워지는' 식의 감정과는 이어지기 어려운 글자입니다. 그 점은 제가 말씀드릴 것도 없이 오규 소라이荻生徂徠가 이미 지적했습니다. 소라이는 『논어징[19]』에서 송유宋儒의 설은 '서逝' 자의 의미를 놓친 것이라 했고, 진사이도 '서' 자를 심득心得하지 못했다고 논박했습니다. 그리고 결국, 중세의 해석처럼 비관으로 보는 것이 타당하다고 소라이는 말하고 있습니다. 소라이의 이 설은 아마도 맞을 것입니다. 그리고 이 구절의 해석에 관한 한 소라이는 세간에서 보통 말하는 대로 매우 중국적입니다. 그런데 그 소라이의 생각 속에도 매우 일본적인 것이 있습니다. 예를 들어 『논어』의 '자불어괴력난신子不語

---

19 오규 소라이(1666~1728)는 에도 중기의 유학자로, 처음에는 주자학을 배웠지만 나중에 고문사학古文辭學을 제창하며 반주자反朱子·반송유反宋儒의 거두가 되었다. 『논어징』은 한국어판(임옥균·임태홍 외 옮김, 소명출판, 2010)이 나와 있다.

요시카와 고지로의 중국 강의

怪力亂神', '공자는 괴怪와 역力과 난亂과 신神을 말하지 않았다'는 구절의 해석입니다. '괴怪와 역力과 난亂과 신神' 이 네 가지는 모두 감각으로 접하는 세계에서는 존재하기 힘든 것입니다. 감각을 넘어선 그러한 세계에 속하는 것에 대해 이러쿵저러쿵 말하는 것은 재미없는 일이므로 성인은 입에 올리지 않았다, 중국인은 보통 그렇게 해석하는 듯합니다만, 소라이의 해석은 크게 다릅니다. 성인이라 하더라도 역시 사람이다, 도깨비 이야기에 흥미가 없었을 리는 없다, 공자도 일상적인 담화를 할 때는 도깨비 이야기도 했을 것이다, 다만 '어語'라는 글자는 교훈으로 한 말이라는 의미인데, 교훈으로 그런 이야기를 하지는 않았다, 그런 정도의 의미라고 소라이는 보고 있습니다. 여러분도 눈치 채셨겠습니다만, 이것은 모토오리 노리나가本居宣長[20]의 생각과 매우 닮아 있습니다. 중국적이라고 사람들이 말하는 소라이의 유학에도 일본적인 구석이 크게 존재하는 것입니다. 그런데 이렇게 똑같이 오경을 자료로 삼으면서, 독자적인 해석을 세운 것은 역시 일본 문화의 독자성을 말해준다 하겠습니다. 그렇지만 그러면 이것을 중국에 가져갔을 경우, 일본 문화의 독자성·우수성을 중국인이 발견할 자료로 가장 적절한지는 의

---

20 1730~1801. 에도 중기의 국학자國學者로, 복고復古 사상을 주장하여 유교를 배척하고 국학國學의 사상적 기초를 확립했다. 11세 때 포목상을 하던 아버지가 세상을 떠나자 어머니의 격려로 교토에서 의학을 공부해 의원으로 일하는 한편, 고전 연구를 병행하여 어구나 문장의 고증을 중심으로 하는 정밀하고 실증적인 연구법을 확립했다.

문입니다. 또한 경우에 따라서는 진사이의 '서' 자 해석은 말이 안된다, 잘못된 해석이라고 할지도 모릅니다. 그러한 우려가 있는 것보다 더욱 순수하게 일본적인 것을 가져가는 게 낫다고 저는 생각합니다.

이렇게 순수하게 일본적인 것을 중국인에게 보이자고 하면, 또이런 논의가 있을지도 모르겠습니다. 순수하게 일본적인 것은 중국인의 사고방식과 너무 거리가 있다, 중국인이 이해하기에는 그리 쉽지 않을 것이다, 뿐만 아니라 어떤 경우에는 모멸감을 낳을수도 있다고 말입니다. 예를 들어 『겐지 이야기』 등을 음란한 책이라고 해석할지도 모릅니다. 혹은 일본의 가집歌集에는 사랑 노래가많아서 중국인은 이상하게 생각하지 않을까, 그런 고려도 있을 것입니다. 이러한 고려는 우리 일본인이 자국 문화에 대해 품기 쉬운수치감에서 나온 것이라 생각하는데, 이러한 섬세한 헤아림은 일본의 한 미덕이겠지요. 적어도 악덕은 아니겠습니다만, 그러한 수치심은 이제 슬슬 청산해도 좋을 때가 아닐까 싶습니다. 연애라는것을 저는 '이성 안에서 신을 발견하는 것'이라 이해하는데, 그러한 태도가 일본에는 옛날부터 문학 안에 있었다, 모토오리 노리나가가 말한 것처럼 "일본의 노래에 사랑을 노래한 것이 많으니 참으로 성정性情을 서술하는 도道가 있"는데, 이렇게 이성 안에서 신을발견하는 태도는 중국에는 매우 적다고 생각합니다. 『시경』의 시에는 있을지도 모르지만, 적어도 근세에는 적습니다. 연애는 혼의 문제라고 보기보다 육체의 문제라고 보는 경향이 있는 것 같습니다. 그런데 어느 쪽이 인간의 생활로서 타당한지 생각해보면, 『겐지 이야기』를 중국인에게 읽히는 것을 결코 주저할 이유가 없다고 생각합니다. 요컨대 저는 일본과 중국 양국은 참으로 동문同文이고 동종同種이다, 특히 동종이라는 점은 엄연한 사실이고 지리적으로도 매우 가까운 나라이므로 서로 동질의 나라라고 의식하며 친선을 더하는 것이 필요한 동시에, 이질적인 나라라고도 의식하고 그것을 통해 서로 제 문화를 더욱 드높이는 것이 더욱 필요하리라 생각합니다.

중국인의 생활이 이질적인 생활의 자극을 통해 새로운 활력을 얻고 새로운 전개를 보인 예는 이전에도 있었습니다. 원나라, 즉 북방에서 일어난 몽골이 중국을 통일한 시대입니다. 원나라 시대에 몽골인은 한인漢人의 생활 전통에 반드시 경의를 표하지는 않았고, 자기들의 생활 법식法式을 한인에게 강요했습니다. 그리하여 한인의 생활은 희망을 잃고, 음울하고 비참한 상태를 드러냈을 거라고 예상하는 설이 예전에 유력하게 돌아다녔습니다만, 저는 요즈음 원나라에 대한 것을 이것저것 조사할 필요가 있어서 조사를 하고 있는데,[21] 아무래도 그러한 예상이 꼭 들어맞지는 않았습니다. 과연 몽골인의 폭력에 대해 분개하는 일이 없지는 않았습니다. 몽골인

---

21 저자의 박사논문 『원잡극연구元雜劇硏究』에 관련된 조사를 가리키는 것으로 보인다.

이 파괴한 한인의 전통 가운데 가장 큰 것은 저 '과거제도'를 폐지한 일인데, 이러한 전통을 파괴한 것에 대해서는 불평하는 목소리가 본래부터 있었습니다. 그러나 몽골인이 이러한 불평을 무릅쓰고 용감하게 제 생활을 한인에게 밀어붙이자, 머지않아 한인들은 자기들의 전통에 의지한 생활만이 인간 생활의 전부는 아니라는 사실을 깨달았고, 이윽고 적극적으로 전통을 넘어선 생활에 대한 흥미를 돋운 것으로 보입니다. 중국의 연극이 '잡극雜劇'이라는 이름으로 처음으로 열매를 맺은 것은 실로 원나라에서입니다. 새로운 생활이 성숙된 것은 연극만이 아닙니다. 사회 전체가 새로운 활력을 얻은 모양으로, 원나라 사람의 문장을 읽어보면 거기에는 일종의 명랑한, 청신淸新한 기분도 존재하고 있어, 예전에 예상했던 '음울하고 비참한 것'만이 있었던 것은 아닙니다. 또 '과거'를 폐지한 것에 대해서도 '과거'를 위한 학문이란 그저 시험을 위한 학문이어서, 진정한 학문에 해가 되는 것이었다, '과거'를 폐지한 것은 학문을 위해서는 도리어 기뻐해야 할 일이었다는 식의 논의, 즉 과거의 생활을 반성하는 논의도 볼 수 있습니다. 원나라의 사태와 현재의 사태는 본래 같지 않습니다. 몽골 자체는 이렇다 할 문화가 없었고, 그저 단순히 이질적인 생활로서 중국인에게 작용한 데 불과하여, 그 점에서 현재 일본과 중국의 사태하고는 물론 다릅니다만, 이질적인 생활이 중국에 들어감으로써 중국인의 생활이 새로운 활력을 얻고 새로운 전개를 이룰 수 있다는 선례는 될 것입니다.

요컨대 저는, 일본은 중국에게 이질적인 문화로서 작용할 필요가 있다, 적어도 현재의 단계는 그러한 단계에 있다고 생각하는 것인데, 여기서 무엇보다 중요한 것은 이렇게 중국에 작용할 경우 그 배후에는 반드시 일본인의 성실함이 있어야 한다는 점입니다.

원나라에서 예를 하나 더 들겠습니다. 몽골인이 이렇다 할 문화를 갖지 못했음에도 불구하고, 이질적인 생활로서 중국인에 활력을 줄 수 있었던 이유는, 몽골인에게는 한인에게 찾아볼 수 없는 성실함이 있었다. 그 점에서 우선 한인의 신뢰를 넓혔고 또한 한인의 마음을 움직였기 때문으로 보입니다. 원나라의 세조世祖, 즉 쿠빌라이忽比烈의 고문으로 아주 우대를 받았던 허형許衡이라는 사람이 있었습니다. 이 사람에 대해서 아사미 게이사이淺見絅齋[22]는 그다지 좋게 말하지 않았지만, 이토 진사이 같은 이가 이 사람에게 아주 탄복하고 있는 걸 보면 인걸임에는 분명합니다. 그런데 이 사람이 쿠빌라이에게 몽골의 귀족 자제를 교육하라는 부탁을 받았을 때, 몽골 청년은 '대박미산大樸未散', 소박한 성실함이 어디로 가지 않고 남아 있다, 그래서 매우 가르치는 보람이 있다, 그런 말을 한 게 역사에 보입니다. 이것은 한인이 몽골인의 성실함에 대해 경의를 표한 예입니다. 다만 원나라도 말년이 되면 사회의 활력이 쇠퇴하고, 중국인의 생활은 다시 본래의 그릇된 바닥으로 돌아가버

---

22 1652~1712. 에도 시대의 유학자·사상가.

럽니다. 이것은 원나라의 정치력이 점점 쇠퇴하여 통제가 먹히지 않게 된 결과, 한인이 예부터 해온 생활이 세력을 얻어 또다시 선례에 얽매이게 되었기 때문이기도 하고, 동시에 '대박미산'했던 몽골인도 이윽고 성실함을 잃어, 이질적인 생활로서 주는 자극을 중국인에게 줄 수 없었기 때문입니다. 그뿐만 아니라 몽골 자체도 중국에서 퇴각하지 않을 수 없게 되었습니다. 이 또한 원나라 역사가 우리에게 주는 교훈입니다.

마지막으로 생각해보고 싶은 것은, 일본이 이렇게 이질적인 문화로서 중국에 작용할 때 충분한 효과를 거두려면, 일본인도 중국을 더욱 잘 알아야 한다는 점입니다. 그리고 중국인의 장점과 단점을 잘 소화해둘 필요가 있으리라는 점입니다. 예부터 일본과 중국은 동질적이라는 예상이 강해서 중국을 보더라도 그런 입장에서 보기 때문에, 중국을 연구한다 하면서 실은 중국 속에서 일본적인 것만을 추출하여, 그것이 중국 자체라고 생각하는 경향이 강했었다고 저는 생각합니다. 그래서는 안 되고, 역시 어느 정도 이질적이라는 점을 의식하고, 한편으로는 동질적인 면도 조금씩 밝혀내는 동시에 이질적인 면에도 충분히 주의해야 한다고 봅니다. 또한 그 방면에 주의를 기울이는 것은 거꾸로 또 일본 문화의 장래에도 유익하다고 봅니다. 일본인은 어느 쪽인가 하면, 형이하에 속하는 것보다 형이상에 속하는 것에 민감합니다. 특히 메이지 시대 이후에 그러지 않았나, 그리하여 형이하에 속하는 것의 의미를 비교적 잊어버리고 있지 않은가 하며, 요즈음 일본인이 언어를 사용하는 방식은 매우 거칠고 난폭해 보입니다. 또한 예의라는 것도 아주 난잡하게 되지 않았나 싶습니다. 그러나 과연 그래도 좋은 것인가, 또 일본인은 인류의 장래에 대해 커다란 희망을 갖고 있다, 그러나 너무 희망적인 면에만 눈길을 주고 있지는 않은가, 과거의 중국인처럼 선례를 과도하게 존중하는 것은 잘 고려해야 할 일이겠지만, 인간의 생활이 어느 정도 선례의 지배를 받는 것은 인간의 운명이 아닌가 싶습니다. 이 운명에 대해서는 역시 어느 정도 고려할 필요가 있겠지요.

또한 중국인의 생활에서는 정서를 중시했다고 앞서 말씀드렸는데, 인간의 생활에서 정서가 갖는 의의에 대해서도 오늘의 일본인은 비교적 냉담하지 않은가, 인간의 생활이 정서에 작용을 받는 점도 역시 어느 정도 인간의 운명이라고 봅니다. 그러한 운명에 대해서 일본인은 조금 지나치게 냉담해지고 있는지도 모른다, 인간의 희망에만 민감하고 인간의 운명에 냉담한 태도가 반드시 행복을 가져오는 것은 아니다, 의사가 자기 몸이나 가까운 이의 몸을 진찰할 때 오진하기 쉽다는 이야기를 들었습니다만, 이것은 희망만이 인간을 지배할 경우 반드시 행복을 가져오지는 않는다는 실례가 아닐까 싶습니다. 진짜 명의라면 그러한 일은 없겠지요. 인간의 운명을 구석구석 남김없이 안 뒤에 희망을 세운다, 만약 명의 중의 명의라면 제 아이의 몸이든 자기 몸이든 오진하지 않을 것입니다.

그러기 위해서 중국 문화는 일본인에게 좋은 약이 되리라 생각합니다. 본래부터 저는 중국 문화만 일본 문화에 영양분이 된다고 말씀드리는 게 아닙니다. 만약 그렇게 말하는 사람이 있다면 저는 반대합니다. 그렇지만 중국 문화는 중요한 영양분의 하나라고 생각합니다.

제가 이번에 말씀드린 내용은 중국의 나쁜 면만 너무 건드린 감이 듭니다. 만약 여기에 중화민국 분이 계시다면 이렇게 솔직하게 험담을 한 것도, 제가 귀국을 사랑하기 때문이고 귀국의 진보를 바라기 때문이며, 일본이 귀국의 진정한 벗이 되기 위해서 드린 말씀이라고 헤아려주셨으면 합니다. 또 다른 기회를 얻는다면 저는 중국 생활의 장점도 강조하고 싶지만 이번에는 시간이 없습니다. 이것으로 마치겠습니다.

_ 1943년(쇼와 18) 3월 도쿄제국대학 교양특수강의 구술, 나중에 보정하여 1944년(쇼와 19) 8월 이와나미쇼텐에서 간행, 1964년(쇼와 39) 9월 개판改版.

2장

중국인의 일본관과
일본인의 중국관

저는 지금 소개받은 요시카와입니다. 오늘 제 강연 제목은 '중국인의 일본관과 일본인의 중국관'인데, 이런 제목을 잡은 이유는 현재 일본과 중국 사이에 벌어지고 있는 사태, 이는 매우 불행한 사태라 아니할 수 없습니다. 어째서 이런 사태가 벌어졌는지 그 원인은 여러 가지일 것입니다. 물론 정치적·경제적 원인도 생각할 수 있겠지만, 그런 원인 말고 아마도 더욱 큰 원인으로 일본과 중국 두 민족이 서로 상대를 분명하게 이해하지 못하고 있다, 서로를 오해하고 있다는 점을 생각해볼 수 있습니다. 두 나라의 식자들이 요즈음 점점 더 그 점을 반성하고 있는 것으로 보이지만, 아직 사태를 충분히 파악할 만큼 반성한 것 같지는 않습니다. 그래서 저는 오늘 그것을 분명하게 지적하고 싶습니다. 또한 우리가 오늘의 사태를 불행한 일이라 인정하는 이유는 말할 것도 없이 내일의 행복을 위해서일 터인데, 내일의 행복을 위해서는 불행을 가져온 가장 큰 원인, 즉 쌍방의 오해를 제거해야 할 것입니다. 오해를 제거하려면 도대체 그 오해가 어떻게 발생했는지, 오해가 발생한 근원으로 거슬러 올라가봐야겠지요. 그 작업을 하지 않으면 오해를 제거할 수 없기 때문입니다. 그래서 오늘은 어떠한 오해가 두 나라 국민 사이에 존재하는지, 그것은 어떻게 발생했는지, 대책으로 무엇을 해야 하는지를 말씀드리고자 합니다.

또한 이런 이야기를 하는 것은 조금 전에 말씀드린 것 외에 또 다른 의미도 있으리라 생각합니다. 무슨 말이냐 하면, 이렇게 서로간에 올바르지 않은 이해가 생긴 가장 중요한 원인은, 두 민족이 상대를 관찰할 때 각 민족이 지닌 기질이 그 관찰 과정에 영향을 끼친다, 그러므로 관찰이 왜곡되고 시선이 흐려지기 때문에 오해가 발생한다는 생각이 듭니다. 예를 들어 거울에 사물을 비출 때 거울이 왜곡되어 있으면 거기에 비치는 사물도 왜곡되어 비칩니다. 또한 거울이 비추는 범위에는 한계가 있고 실제로는 대상의 일부를 비추는 것에 불과한데 대상의 전부를 비추고 있다고 잘못 생각합니다. 그러한 관계에서 올바르지 않은 이해가 생긴다고 저는 생각합니다. 그것을 거꾸로 생각하면, 거울에 비친 영상의 일그러짐(왜곡)은 곧 그 거울의 성질을 말해준다 하겠습니다. 영상이 일그러졌다는 것은 곧 거울이 일그러졌다는 사실을 말해줍니다. 그렇다면 중국인의 일본관, 일본인의 중국관이 어떤 식으로 일그러졌는지를 이야기하는 일은 동시에 그렇게 일그러진 일본관을 낳을 만한 중국인의 기질 또는 일그러진 중국관을 낳을 만한 일본인의 기질에 대해서도 얼마간 이야기하는 작업이라 생각합니다.

그러면 먼저 중국인의 일본관에 대해서, 가장 올바르지 못한 점부터 말씀드리겠습니다. 중국인이 일본을 가장 크게 잘못 보는 것은, 일본은 아무런 고유문화도 갖고 있지 않은 나라라는 관점이라 생각합니다. 오늘날 보통의 중국인은 일본이 국력은 강한 나라라고 인정합니다. 또한 이런저런 미덕이 있는 민족이다, 특히 중국인이 일본의 미덕으로 치는 것은 근면함입니다. 근면을 비롯하여 다양한 미덕이 있기는 하지만 도대체 일본에는 고유한 문화가 있는가, 메이지 이전의 문화는 중국 문화를 개작하거나 그대로 번역한 것이 아닌가, 또한 메이지 이후의 문화는 서양 문화를 그대로 번역한 것이 아닌가. 요컨대 일본은 문화를 창조하는 힘이 없는 나라이며 일본에 있는 문화는 모두 모방 문화라는 것입니다. 문화 능력이 매우 낮은 나라, 그것이 중국인의 일반적인 일본 인식입니다. 우리 일본인은 막연히 '중국인은 일본을 문화적으로도 존경하고 있다'고 생각하기 십상입니다. 그러나 실제로는 그렇지 않습니다. 중국인은 일본을 문화적으로 우습게보고 있습니다. 중국이 일본을 배척하고 멸시하는 원인은 여러 가지겠습니다만, 역시 이러한 사상적인 원인, 즉 일본의 문화 능력에 대한 경멸이 아마도 일본을 배척하고 멸시하는 중요한 원인이리라 생각합니다.

그러나 이런 식의 일본관은 말할 것도 없이 오류입니다. 물론 일본 문화는 중국 문화의 영향을 많이 받았고 서양 문화의 영향도 꽤 받았지만 그게 일본의 전부는 아닙니다. 일본에는 그 외에도 일본 고유의 문화가 있습니다. 또한 고유한 문화가 있었기에 서양 문화를 받아들여 소화하고 중국 문화를 받아들여 소화한 것인데, 중국인은 그 지점을 전혀 고려하지 않습니다. 왜 이러한 사태가 벌어졌느냐 하면, 중국인의 기질이 강력하게 작용하고 있다고 생각합니다. 즉 중국인의 일본관은 일본이라는 나라를 그대로의 형태, 전체의 형태로 관찰하지 않고 일본의 일부만을 보고 그것이 전부라고 속단한 것인데, 이러한 속단이 생기고 또한 지금도 그렇게 속단하고 있는 이유는 외국의 사상事象에 냉담한 중국인의 전통적 기질 때문이라고 생각합니다.

대체로 중국인은 외국의 사상에 대해 냉담한 민족입니다. 왜 외국 사상에 냉담한가 하면 중국의 오래된 사상思想에 따르면, 이 세계에는 오직 중국 문화만 있다, 중국 문화와 양식이 다른 생활은 모두 문화가 아니고 야만이다, 중국인의 생활과 다르면 다를수록 더욱 야만이라 생각했습니다. 또한 야만이라 생각했기 때문에 관심을 갖지 않았습니다. 적어도 제대로 된 관심은 갖지 않았지요. 물론 어떤 호기심을 품는 경우는 있습니다. 중국인이 보기에 문화 생활이 아닌 생활을 영위하는 이들, 즉 인간이면서 인간이 아닌 것들이 어떠한 생활을 영위하는지에 대한 호기심입니다. 그러나 제대

요시카와 고지로의 중국 강의

로 연구할 마음을 먹는 일은 없습니다. 그런 식으로 생활해온 민족입니다. 물론 그러한 사고방식은 옛날 중국인의 사고방식이고, 오늘날 중국인은 물론 반드시 그렇게 생각하지는 않습니다. 아시다시피 아편전쟁 이후 중국은 서양이라는 다른 세력 앞에 굴복했고, 중국 문화와는 다른 서양의 생활을 문화로 인정할 수밖에 없었습니다. 그리고 중국은 서양을 뒤쫓아 따르려고 발버둥치고 있습니다. 그러므로 옛날 중국인이 생각했던 '극단적인 중국 독존獨尊 사상'은 존재하지 않을지도 모르겠지만, 아무튼 긴 세월 지속되었던 습관이므로 제 나라 문화만을 존중하는, 그리고 외국 문화에 냉담한 기풍은 아직 매우 뿌리 깊게 남아 있다고 볼 수 있습니다. 오늘날에도 중국 문화야말로 세계 문화 가운데 으뜸이라 생각하는 것은 여전히 보통 중국인의 사고방식입니다. 과연 중국 문화 이외에도 문화가 있다고 인정한다는 점에서는 옛날 중국과 다릅니다만, 역시 중국 문화가 으뜸이라고 무조건 생각하고 있다는 것이지요. 요전에도 난징에서 소학교 교장 네댓 분이 우리 연구소를 방문했습니다. 그래서 중국 교육제도 이야기를 나누었는데, 그중 한 분이 "중국의 교육제도가 일본의 제도보다 우수하다"고 하셔서 "어떤 점에서 그렇습니까?" 여쭈었더니, "일본의 중학교는 5년제이지만, 중국의 중학교는 6년제입니다. 1년이 많지 않습니까. 1년이 많으니 그만큼 우수한 것입니다"라고 대답하셨습니다. 말할 것도 없이 이것은 매우 불합리한 사고방식입니다. 중국의 문화가 세계에서 으뜸이라고 전제하고 억지로 구실을 갖다 붙인 것인데, 그러한 기풍은 아직도 여전히 남아 있습니다. 그뿐만 아니라 그런 식으로 줄곧 교육을 받은 중국인은 지금도 역시 외국 문화에 대한 이해력이나 감수성 같은 것이 의외로 부족하다고 생각합니다.

이런 말씀을 드리면 여러분은 "중국은 저리도 영국과 미국에 의존하여 유럽과 미국 것을 끊임없이 받아들이고 있지 않느냐"고 말씀하실지도 모르겠습니다. 과연 그렇긴 합니다만, 서양 것을 받아들인다 하더라도 당장 이용할 수 있을 것만 받아들이고 있는 현상을 발견할 수 있습니다. 예를 들면, 자연과학에 대해서는 지질학이라든지 광물학이라든지, 이용후생利用厚生 성격이 있는 학문은 꽤 받아들였지만, 이론과학은 그다지 받아들이지 않았습니다. 받아들여도 발전되지 않았지요. 또한 문화과학 면에서는 정치나 경제의 응용 학문은 성행했지만 철학은 전혀 성행하지 않았습니다. 이는 외국 것을 받아들이더라도 당장 도움이 되지 않는 것은 그다지 내켜하지 않는다는 사실을 말해줍니다. 또한 중국인은 일본인보다 외국어에 뛰어난 것으로 정평이 났습니다만, 그와 동시에 서양의 책을 이해하는 힘은 일본인만 못하다는 것으로도 정평이 났습니다. 이것은 조금 전에 말씀드린 대로 외국의 사물에 대한 이해력·감수성이 지금도 부족하다는 것을 보여주는 하나의 사례입니다. 하여튼 중국인은 이렇게 외국의 사상事象에 대해 냉담하고, 그러한 냉담함이 처음에 말씀드린 잘못된 일본관을 낳았다고 생각합니다.

왜냐하면 잘못된 일본관, 즉 일본 문화는 중국과 서양 문화의 직역일 뿐이라 생각하는 이유는 일본의 한 면만을 보았기 때문인데, 어떠한 면만을 보았느냐, 중국인이 손쉽게 이해할 수 있고 손쉽게 이용할 수 있는 방면만으로 일본을 보았다 하겠습니다.

우선 일본의 옛 문화를 중국 문화의 직역이라고 생각하는 점부터 말씀드리면, 메이지 시대 이전의 일본문화 가운데 중국인이 가장 이해하기 쉬운 것은 말할 것도 없이 중국의 영향을 받았던 측면이었습니다. 따라서 그것만 눈에 띄었지요. 눈에 띄었을 뿐이라면 좋았겠는데 그것만이 일본의 옛 문화 전체라는 식으로 속단해버려 잘못된 인식이 발생한 것입니다. 이것도 극히 최근의 일입니다만, 12개월 전에 상하이에서 어떤 잡지, 충칭 쪽에서 나온 잡지인 것 같은데 거기에 이런 내용이 적혀 있었습니다. 일본은 아주 문화가 없는 나라다. 그 증거로 일본인이 사용하는 문자를 보라. 일본 문자는 한자가 아닌가. 한자 외에 가나라는 것이 있지만 이것도 한자가 변해서 생긴 것이니 역시 중국의 문자다. 도대체 세계의 문명국 가운데 제 나라에서 만든 문자를 갖지 못한 나라가 어디에 있는가. 그것만으로도 일본이 얼마나 야만적인 나라인지 알 수 있다, 그런 내용이었습니다. 이것은 본래부터 속셈이 있는 논의입니다만, 제가 지금 말씀드린 중국인의 일본관이 중국인 사이에서 얼마나 보편적인지를 말해준다 하겠습니다. 이 논의는 실로 난폭한 논의이고 일본인의 언어생활 가운데 그저 중국의 영향을 받은 면만을 보고서 전부라고 속단해버린 논의입니다. 과연 일본의 언어생활을 문자 측면에서 보면 한자도 사용하긴 합니다만, 그것은 문자로서 사용하는 것이고 언어 자체는 중국어와 전혀 계통이 다릅니다. 또한 언어를 문자로 표기할 경우에 한자도 사용하지만 한자만 사용하는 것은 아닙니다. 가나를 사용합니다. 그리고 일본어가 지닌 가장 큰 특징이라 할, 미묘한 분석적 표현은 한자보다 오히려 가나를 통해 이루어집니다. 또한 가나는 과연 한자가 변해서 생긴 것이긴 하지만 그 사용법은 한자와 전혀 다릅니다. 한자는 표의문자이지만 가나는 표음문자입니다. 그러한 면은 일체 보지 않고 그저 한자를 사용한다, 한자가 변해서 생겼다는 것만 보고 잘못된 논의를 펴고 있는 것입니다. 이런 식으로 눈에 불을 켜고 남의 결점만을 들추어내려다보니, 이 사람은 일본만 이해하지 못한 것이 아니라 서양에 대해서도 이해하지 못했습니다. 이른바 세계의 문명국은 아마도 영국과 미국이겠습니다만, 영어의 알파벳은 영국인이 만든 것이 아니라 그리스·라틴에서 왔다는 사실 정도는 서양에 대해 문외한인 저조차도 알고 있습니다. 이 사람은 그런 것도 알지 못하고 있습니다만, 하여튼 이런 식으로 생각하기 때문에 '일본의 옛 문화는 중국 문화의 직역'이라고 지금도 생각하는 것이지요.

또한 메이지 이후의 문화를 서양 문화의 직역이라 보는 생각도 역시 제멋대로의 해석인데, 이것은 중국인이 이용할 만한 면만으로 메이지 이후의 일본을 바라본 결과입니다. 무슨 말씀이냐 하면, 아편전쟁 이후 중국에 가장 중요한 문제는 서양 문화를 받아들이는 일이었습니다. 받아들이지 않고서는 전쟁에도 이길 것 같지 않고, 국력도 증진되지 않는다, 그래서 마지못해 서양 문화를 받아들이게 되었는데, 그때 중국인의 눈에 크게 들어온 것이 바로 이웃에서 왕성하게 서양 문물을 수입하고 있던 일본입니다. 나중에 말씀드리겠지만, 일본이라는 나라는 예전에 중국인이 그다지 관심을 가진 나라가 아니었는데 이때 비로소 관심을 갖게 되었습니다.

어떤 식으로 관심을 가졌느냐, 대체로 두 가지 방향입니다. 첫 번째는 당시 중국의 혁신파 사람들, 서양 문화를 받아들여 중국을 개혁하려는 사람들이 그 이론적 근거를 일본에서 찾았습니다. 일본은 서양 문화를 받아들여 저렇게 일취월장, 발달하고 있지 않은가, 중국도 일본처럼 서양 문화를 받아들여 국력을 증진해야 한다고 외쳤습니다. 그런 의미에서 먼저 관심의 표적이 되었습니다. 두 번째로는, 중국인은 일본을 서양의 대용품으로 강하게 의식했습니다. 중국도 서양 문화를 받아들여야 하지만 서양에 유학생을 보내려면 돈이 들고 언어도 불편하다, 그런데 일본에 유학하는 데는 그다지 돈이 들지 않고, 언어도 문자가 공통되기 때문에 어려울 게 없을 것이다. 실은 꽤 어렵습니다만, 문자가 공통된다는 점만을 보고 그렇게 간단하게 생각했습니다. 그리하여 서양에 가서 서양을 배우는 대신 일본에 가라, 그렇게 되었습니다. 청나라 말의 명신名臣 장지동張之洞이 지은 『권학편勸學篇』을 보면 확실히 그런 주장을 펴고 있는데, 이렇게 서양의 대용품으로 일본이 관심의 표적이 되었습니다. 특히 청일전쟁 이후에는 지금 말씀드린 두 가지 관심이 갑자기 커졌는데, 이러한 관심이 커지면서 그와 함께, 앞서 말씀드린 속단, 메이지 이후의 일본은 모두 서양 문화의 직역이라는 인식이 성립된 것입니다. 청일전쟁 이후 오늘날까지 일본에 온 중국 유학생은 아마도 십수만 명에 이를 것입니다. 그러나 십수만 명의 중국 분들은 거의 전부 일본을 서양의 대용품으로 생각하고 오지 않았을까 합니다.

지금까지 말씀드린 과정을 거쳐, 일본 문화는 직역의 문화다, 일본에는 직역 문화밖에 없다는 인식이 성립되었는데, 이런 시각은 고유한 문화가 없다고 생각하는 점에서도 경멸감을 낳을 뿐만 아니라, 또 다른 경멸감도 낳습니다. 일본이 중국 혹은 서양의 영향을 받아 만든 것을, 본래 그것을 만든 중국 혹은 서양 것과 비교하고, 더구나 그것을 중국의 척도 내지 서양의 척도로 잰다면 손색이 없을 수 없습니다. 예를 들어 일본인이 쓴 한문漢文입니다. 아무리 솜씨 좋게 글을 써도 중국인만큼 쓸 수 없습니다. 중국의 척도로 재면 중국 것보다 못하기 마련입니다. 그리하여 일본은 중국보다 열등한 나라라는 두 번째 모멸감이 생겨납니다. 바로 얼마 전에 돌아가신 학자인데, 장타이옌章太炎이라는 이가 있습니다. 이 사람은 요즘 중국 학계에서 가장 큰 존재입니다만 일본을 아주 싫어했습니다. 어느 글에서 '일본인이 한문을 쓰는 것은 마치 어린아이가 글자를 쓰는 것 같아서 대개는 품격을 갖추지 못했다, 드물게 잘 쓴 것이 있다 해도 대여섯 살짜리가 글씨 쓰는 연습으로 잘 쓴 것과 마찬가지라, 드문 일일지는 모르겠지만 존중할 만한 것은 아니'라고 말했습니다. 이것은 지금 막 말씀드린 두 번째 경멸감에 바탕을 둔 말이겠습니다. 서양적인 것에 대해서도 마찬가지입니다. 일본의 외교관들은 외국어가 유창하시겠지만 영국인만큼 영어가 유창하지는 않을 것이고, 프랑스 사람만큼 프랑스어가 유창하지는 않을 것입니다. 그걸 가지고 중국인은 즉각 일본은 서양보다 열등한 나라라고 생각해버립니다. 또한 원래 일본을 서양의 대용품으로 생각한 것은 그러한 사고방식입니다. 대용품이라는 것은 본래의 것보다 좋을 리가 없습니다. 우동을 쌀의 대용품이라 생각한다면, 우동은 쌀보다 못하다고 생각하는 것입니다. 일본에 공부하러 오신 유학생은 때때로 이렇게 말씀하십니다. "저는 돈이 있으면 미국에 갈 생각이었지만 돈이 없어서 일본에 왔습니다." 혹은 "일본의 교육은 세컨드 핸드(한 다리 건넌) 교육입니다." 물론 요새 유학생 분들은 더 이상 이런 식으로 말씀하시지 않겠지만 제가 고등학생이었을 무렵에는 흔히 듣던 말입니다.

　대체로 이러한 과정을 거쳐 중국인은 일본의 문화적 능력을 경멸하게 되었습니다만, 여기서 중국인에 대해서도 다소 동정적으로 생각하지 않을 수 없는 점이 있습니다. 중국이 일본에 관심을 갖기 시작한 것은 매우 최근의 일이라는 점입니다. 주로 서양의 대용품으로 관심을 품기 전까지, 중국인은 일본에 대해 그다지 밀접한 교섭이 없었고, 따라서 별로 큰 관심이 없었다고 할 수 있겠습니다. 물론 일본이라는 나라의 존재는 매우 일찍부터 알고 있었습니다. 일본이 등장하는 가장 오래된 중국 문헌은 기원 3세기 무렵에 생긴 『삼국지三國志』라는 역사책입니다. 무라카미 도모유키村上知行[23] 씨가 번역하신 소설과 제목이 같지만 이 책은 소설이 아니라 역사책입니다. 그 『삼국지』에 「위서魏書」라는 부분이 있고 「위서」 안에 '왜인전倭人傳'이라는 게 있습니다. 이 부분이 일본에 대해서 쓴 것입니다. 기록은 매우 불명확하지만, 일본의 풍속·지리와 또 그 무렵 일본에서 사신이 왔다는 사실을 기록하고 있습니다. 이것이 일본에 대한 첫 번째 기록입니다. 그 뒤 역대 역사에도 일본에 대한 기록이 간간이 보이지만, 중국인은 일본이라는 나라에 그렇게 큰 관심을 보이지는 않았습니다. 중국과 일본 사이에 큰 바다가 있어, 지금이야 이틀이면 갈 수 있지만 옛날에는 어지간히 운이 좋아도 2주는 걸렸습니다. 그렇게 교통이 불편해서 원래 외국에 관심이 없는 중국인을 더욱 일본에 대한 관심이 옅게 만들어, 적어도 조선이나 안남安南처럼, 대륙에서 국경을 접하고 있던 민족에 비해 훨씬 관심이 없었던 것입니다.

물론 긴 역사 속에서 얼마간 예외적인 시대도 있었습니다. 바로

---

23 1899~1976. 중국문학 번역가, 중국 평론가.

명나라 시대인데, 일본으로 치면 아시카가足利 시대(무로마치 막부)이지요. 이 무렵에는 여러분이 아시는 것처럼 이른바 '왜구倭寇', 이것은 중국인이 부르는 이름, 일본의 규슈·세토 내해內海(혼슈와 시코쿠, 규슈 사이의 좁은 바다) 부근의 용사들이 중국 연안에서 무용武勇을 떨친 것을 중국인이 그렇게 부릅니다만, '왜구'는 명나라 시대 내내 중국인들에게 두통거리였습니다. 그것에 이어서 일어난 것이 도요토미 히데요시의 조선 정벌입니다. 이것도 명나라 입장에서는 아주 큰일이었습니다. 『명사明史』를 보면 이런 말이 있습니다. "중조여조선中朝與朝鮮, 흘무승산迄無勝算, 지관백사至關白死, 병화시휴兵禍始休." '중조'는 명나라를 가리킵니다, 명도 조선도 결국 승산이 없었는데, '관백' 즉 히데요시가 겨우 죽어주었기 때문에 어찌어찌 위기에서 벗어났다는 내용입니다. 그 당시에는 일본이라는 나라를 어지간히 무서워한 모양으로 『명사』에는 또 이런 말이 있습니다. "여항소민閭巷小民, 지지왜상리매至指倭相詈罵, 심이금기소아녀운甚以噤其小兒女云." 마을 사람들은 상대방을 욕할 때 '왜놈'이라 손가락질하며 싸웠다는 말인데, 마치 지금 일본 아이들이 싸울 때 '되놈'이라 욕하는 것과 같습니다. 또한 아이가 울면 '일본이 온다, 일본이 온다'고 하여 조용히 시켰다는 내용입니다. 이 기록은 거짓말이 아닙니다. 지금도 저장성浙江省 지방에서는 '일본이 온다, 일본이 온다, 우리 아가 코 자자' 하는 노래가 남아 있다고 합니다. 명나라 때는 이런 식으로 일본에 비상한 관심을 갖고 있었습니다.

그러나 이것은 관심을 갖지 않을 수 없어서 갖게 된 관심이고 또한 그 관심은 '왜구'라든지 조선 정벌이라든지, 그러한 사건에 대한 관심이었지 반드시 일본 자체에 대한 관심은 아니었습니다. 그래서 '관백이 죽어주어, 어찌어찌 위기에서 벗어나자' 또다시 일본에 대한 관심은 옅어졌습니다. 명나라 다음 청나라, 중화민국 바로 앞의 청나라가 되면, 일본이라는 나라는 다시 중국인에게 전혀 소식을 알 수 없는 나라가 되어버립니다. 이것은 일본에서 도쿠가와 막부가 쇄국정책을 폈기 때문이기도 합니다만, 메이지유신 25년가량 전에 중국인이 여러 외국에 대해 쓴 『해국도지海國圖志』라는 책을 보면, 일본이라는 나라는 어떤 나라인지 알 수 없다, 서양 여러 나라보다 알기 어렵다고 씌어 있습니다. 즉 그만큼 교섭이 소원하고 따라서 관심도 없었다가, 앞서 말씀드린 것처럼 중국이 서양 문명을 받아들이지 않을 수 없게 되었을 때 비로소 크게 의식하게 된 것입니다.

그러니 중국이 일본이라는 나라에 관심을 갖기 시작한 것은 100년도 채 되지 않은 일입니다. 과거에는 그다지 관심이 없었고, 따라서 일본에 관한 기억도 별로 없습니다. 기껏 있다 해도 '왜구'라든지 히데요시의 조선 정벌 따위, 중국인 입장에서는 그다지 달갑지 않은 기억입니다. 그런 점에서 보면 중국인이 일본에 대해 올바른 인식을 갖지 못한 것은 무리도 아니겠다 싶은 구석이 없지 않습니다만, 그러나 처음에 말씀드린 것처럼 중국인이 외국에 대해 냉담하고 그 때문에 잘못된 일본관이 생겼다는 것 또한 의심의 여지 없는 사실입니다.

그러면 그것에 대해 어떠한 대책을 세우는 게 좋으냐, 중국인에게 일본의 진정한 모습을 좀 더 알려주는 게 가장 좋다고 생각합니다. 지금까지 해왔듯이 그저 이해하기 쉬운 부분이라든지 이용할 만한 부분이라든지, 제 입맛에 맞는 부분만으로 일본을 보고, 그것만으로 잘못된 결론을 내리는 관행을 그만두게 하고, 좀 더 일본의 본질적인 모습을 알려줄 필요가 있다고 생각합니다. 그러려면 어떻게 하는 것이 좋으냐, 저는 중국인들 사이에 본격적으로 일본을 연구하는 학문, 특히 일본의 고유문화에 중점을 두고 연구하는 학문이 일어나야 한다고 생각합니다. 왜냐하면, 한 사회에서 이성의 중심을 차지하는 것은 학문이기 때문입니다. 본격적으로 일본을 연구하는 학문이 일어나 올바른 일본의 모습을 연구해야, 비로소 사회의 인식도 바뀌리라 기대할 수 있습니다. 일본을 제대로 연구하는 학문이 없는 상태를 언제까지나 방치해둔다면 바뀔 희망이 없다고 생각합니다.

그런데 그런 식으로 일본을 본격적으로 연구하는 혹은 일본의 가장 본질적인 부분을 연구하려는 학문이 중국에 전혀 없었느냐, 실은 그렇지는 않고 현재 아직 미미한 상태이기는 합니다만 일부 중국인 사이에서 연구하고 있습니다. 그 중심에 있는 분이 현재 일본에 와 있는 저우쭤런周作人 씨입니다. 저우 씨 또한 메이지 연간에 일본에 유학 오신 분인데 다른 학생이 일본을 그저 서양의 대용품으로 생각하고 있을 때, 일본 문화에는 하나의 특수성이 있다, 중국에도 없고 서양에도 없는 하나의 특수성이 있다는 점에 주목하셨습니다. 그리고 처음에는 메이지 문학부터 낯을 익혔지만 점점 옛 것으로 거슬러 올라가『고지키古事記』『겐지 이야기』『히자쿠리게』[24] 그리고 또 우키요에 같은 것은 중국에는 없는 종류이고 더구나 그것은 훌륭한 문화라고 했습니다.『고지키』가 지닌 소박한 거룩함,『겐지 이야기』에 나타난 일본 민족 고유의 정신 혹은『히자쿠리게』등이 지닌 천진난만한 과장법 같은 것은 중국에서 찾아보기 어려운 가치를 지녔다고 주장하셨고, 또한 조금씩이기는 하지만 그러한 책들을 번역하여 중국인에게 소개하셨습니다. 이것은 중국인이 일본을 연구하는 태도로서 획기적인 것이라 할 수 있습니다. 이러한 식으로 일본의 고유한 것, 문학으로 치면 가나 문학에 대해 중국인이 진지한 관심을 가진 것은 아마도 저우쭤런 씨가 처음이리라 생각합니다. 물론 일본에 가나라는 문자가 있다는 사실, 또 가나로 쓴 문학이 있다는 사실을 중국인이 전혀 몰랐던 것은 아닙니다. 명나라 초에 생긴『서사회요書史會要』라는 책에 벌써 일본의 가나가 기재되어 있고 또한『일본풍토기日本風土記』라는 책에

---

24 짓펜샤 잇쿠(1765~1831)가 지은, 곳케이본(샤레본의 유곽 취미에서 벗어나 골계와 교훈성을 지향한 작품군의 지칭)의 대표작『도카이도추 히자쿠리게』의 약칭이다.

는 『햐쿠닌잇슈百人一首』[25]의 노래가 가나 그대로 적혀 있습니다. 그렇지만 만약 그것을 가리켜 일본 문화 연구라 한다면 그것은 잘못된 짐작이라 하겠습니다. 과연 그런 책들은 가나나 와카 같은 일본고유의 것을 기재하고 있습니다. 그러나 그것은 중국인 입장에서보면 '인간이면서 인간이 아닌 것, 그런 것들도 이런 글자 비슷한것을 사용하고 있구나, 노래 비슷한 것을 만들고 있구나' 하는 그네들 특유의 호기심 차원에서 기록한 것이지, 결코 그것을 문화로인정한 것은 아닙니다. 일본 문화를 문화로 인정하고 소개해주신분은 저우쮀런 씨가 처음일 것입니다. 저우쮀런 씨는 일본 문화를저술과 번역을 통해 소개하셨을 뿐만 아니라, 민국民國 17년(1918)에는 국립 베이징대학의 외국문학 분과 안에 일본문학을 개강했습니다. 교수진은 저우쮀런, 현재 일본에 방문 중인 첸다오쑨錢稻孫 외몇 분인데, 우선 현대문학으로는 나쓰메 소세키, 모리 오가이, 이시카와 다쿠보쿠, 사토미 돈, 거슬러 올라가 근세 문학으로는 지카마쓰 몬자에몬, 바쇼, 더 위로는 『만요슈』를 포함한 강의를 시작하셨습니다. 당시는 학생 수도 불과 몇 명 되지 않았고, 또한 세간에 배일排日 풍조가 성할 때였지만 그럼에도 이러한 강좌를 열었다는 것은 참으로 정성이 깃든 일이라고 여길 만합니다. 사변事變[26] 후에 이

---

25 100명의 가인歌人의 노래를 한 수씩 모은 선집으로, 찬자撰者는 후지와라 데이카 (1162~1241)라고 한다.

26 중일전쟁의 발단이 된, 1937년 7월 7일 루거우차오蘆溝橋에서 발생한 발포 사건 (루거우차오 사건)을 가리키는 것으로 보인다. 중국에서는 일반적으로 '칠칠사변七七事

강좌는 더욱 확장되었고 학생 수도 늘었다고 들었습니다. 이런 식으로 올바른 일본학을 제창하는 현상은 우리 일본인 입장에서 무엇보다 기뻐해야 할 일이라고 생각합니다. 현시점에서는 아직 미미한 것이라 할 수밖에 없지만, 이 미미한 움직임이 널리 퍼진다면 중국인 일반의 일본관도 시정될 수 있을 터이니, 우리 일본인은 당연히 이 운동을 도와야 한다고 생각합니다. 또한 이러한 학문이 중국에서 성장한다면 다만 중국인의 일본 인식을 시정하는 데 도움이 될 뿐만 아니라, 넓게 보면 중국 문화를 확장하는 힘도 되리라 생각합니다. 적어도 중국 문화를 후퇴시킬 일은 없을 것입니다. 왜냐하면 중국에서는 강렬한 중화사상, 중국 문화가 세계 제일이라는 사상이 지금도 여전히 꽤 세력을 떨치고 있고, 그러한 사상이 세력을 떨치고 있는 것은 중국인에게 결코 좋은 일이 아닙니다. 그러한 사상을 억제해야 중국이 진보할 길이 열리는데, 그러려면 다른 문화를 가져와서 철저하게 이해할 필요가 있습니다. 물론 서양 문화도 있겠습니다만 일본 문화도 중국이 이해할 만한 다른 문화에 들어갑니다. 일본 고유의 문화를 자꾸자꾸 공급해야 한다고 생각합니다.

그런데 제가 유감스럽게 여기는 것 하나는 여태까지 일본의 식자들이 중국인의 이러한 일본학 연구에 대해 매우 냉담했었다는

蠻'이라 부른다.

점입니다. 저우쮀런 씨가 베이징대학에서 처음 강좌를 열었을 때 아마도 일본 정부는 아무런 원조도 제공하지 않았으리라 생각합니다. 또한 학자들도 전혀 원조하지 않았습니다. 예를 들어 일본학을 하는 중국 사람들이 우선 아쉬운 것은 일본의 서책인데, 그것에 대한 시설이 전혀 없었지요. 제가 10년쯤 전에 베이징에 유학했을 무렵의 일이므로, 지금은 사정이 바뀌었을지도 모르겠습니다만, 그 무렵 첸다오쏜 씨는 『겐지 이야기』의 『고게쓰쇼』[27]를 보고 싶어하셨지만, 불행히도 베이징에는 한 부도 없었습니다. 입장을 바꾸어 생각해보면, 저 같은 사람은 중국의 서책을 꽤 풍부하게 갖고 있습니다. 제가 속한 연구소의 도서관 또는 교토대학 도서관 등은 자랑하려는 것은 아닙니다만, 중국 도서관과 비교해도 일류는 못되어도 이류의 상上은 되리라 생각합니다. 저희는 중국 책을 읽을 때 결코 '요즈음 나온 일반 단행본'으로 읽지 않습니다. 역시 제대로 된 옛 판본으로 읽습니다. 그런데 중국에서는 일본의 서책, 특히 옛 서책을 볼 수 있는 시설이 거의 없습니다. 물론 요즈음에는 일본의 인식도 어지간히 개선되어 뒤늦게나마 이런저런 방법을 강구하고 있는 모양입니다만, 그러나 아직도 중국에서 일본의 옛 서책을 충분히 볼 수 있는 것은 아닙니다. 여러분도 그러한 점을 한번 생각해보시면 좋겠습니다.

---

27 에도 시대 전기의 가인歌人 기타무라 기긴(1625~1705)이 쓴 『겐지 이야기』 주석서.

또한 제가 더욱 유감스럽게 생각하는 것은, 중국에 대해 여태까지 일본이 취한 문화정책은, 올바른 일본학 연구에 원조를 제공하지 않았을 뿐만 아니라 오히려 중국인의 잘못된 일본관을 조장하는 듯한 일을 하지는 않았나 하는 점입니다. 우선 중국의 학자가 일본에 왔을 때 어떤 사람들이 응대하러 나가는가 하면, 일본의 중국학자가 나갑니다. 그런데 중국학을 연구하는 사람들은 원칙적으로 중국 연구에 온 마음을 쓰는 이들이라 일본에 대해서는 도리어 자세히 알지 못합니다. 자세히 알지 못할 뿐만 아니라 『겐지 이야기』 같은 것을 떨떠름하게 여기는 사람도 있는 모양입니다. 모토오리 노리나가가 말했듯이 "일본의 노래에 사랑을 노래한 것이 많으니 참으로 성정性情을 서술하는 도道가 있"는데, 여태까지 중국인을 응대했던 일본의 중국학자들은 그러한 점을 중국인에게 들려주기에 꼭 적합한 사람은 아니었지요. 그래서 그런 이들을 접한 중국인은 물론 일본인이 한학漢學에 대해 교양이 깊은 것에 감심했겠지요. 그러나 또 한편으로는 일본 문화라는 것은 과연 중국 문화의 직역直譯에 불과하다는 느낌을 강하게 받았으리라 생각합니다. 또한 중국 사람들이 일본에 왔을 때 무엇을 보여주느냐 하면, 일본에 전래된 중국의 옛 책과 중국의 옛 기물器物을 보여줍니다. 그것은 참으로 나무랄 데 없는 일이긴 하지만, 그러나 가령 우리가 타이나 프랑스령 인도차이나에 갔는데 아침부터 밤까지 우키요에나 『겐지 이야기』 옛 판본만을 보여준다면 어떤 느낌이 들겠습니까. 잘도 이렇게 보존했구나 하고 경애하는 마음이 드는 동시에, 이 나라는 이 것 외에는 보여줄 게 아무것도 없는가 하는 느낌이 들지 않겠습니까. 이런 점에 대해서는 우리도 크게 생각해볼 필요가 있다고 생각하며, 중국인의 잘못된 일본관을 고치기 위해서는, 물론 중국인의 노력이 있어야 하겠지만 일본인도 반성할 점이 많다고 봅니다.

이제까지 중국인의 일본관에 대해, 바르지 못한 점을 지적하고 그것에 대한 대책을 생각해보았습니다만, 뒤집어서 우리 일본인이 상식적으로 갖고 있는 중국관은 과연 충분히 올바른가 하는 점을 생각해보면 결코 올바르지 않으며 갖가지 오류를 범하고 있다고 생각합니다. 그리고 그런 오류의 근저를 이루는 것은 하나의 잘못된 견해 탓이라고 봅니다. 즉 중국을 일본과 완전히 문화가 같은 나라, 내지는 그렇게까지는 아니더라도 거의 문화가 같은 나라라고 생각하는 견해입니다. 이렇게 말씀드리면 여러분은 '나는 그렇게 생각하지 않았다'고 말씀하실지도 모르겠습니다. 그러나 그러한 견해에서 출발했다고 인정할 만한 사상事象이 일본 사회에서 적지 않게 찾아볼 수 있습니다. 사례를 한두 가지 들겠습니다. 우선 중학교의 한문 과목입니다. 한문은 국어·한문으로 국어와 함께 묶이고, 그래서 국어를 가르치는 선생이 동시에 한문도 가르치거나, 또 지방 학교 등에서는 한문 선생에 결원이 생기면 왕왕 교장 선생님이 가르치신다고 합니다. 교장이 원래 수학 같은 것을 전공했다 하더라도, 교장이 한문 선생 대리를 맡으시지요. 때로는 체조 선생에게 대리를 부탁하는 일조차 있다고 합니다. 한문은 말할 것도 없이 중국의 문장입니다. 외국의 문장입니다. 그런데도 외국의 문장을 타과 선생이더라도 맡길 수 있다고 생각하는 것은, 조금 전에 말씀 드린 것처럼 중국과 일본은 대체적으로 같은 문화의 나라다, 그 문장도 비슷하다, 특별히 공부하지 않더라도 우리가 보통 갖고 있는 상식만으로 금세 읽을 수 있다는 생각이 바탕에 깔려 있습니다. 또한 요즈음은 어제까지 서양 학문을 해왔던 이가 내일부터 중국 학문을 하겠다고 말씀하십니다. 적당한 준비를 한 뒤에 그렇게 말씀하시는 거라면 참으로 나무랄 데 없는 일이겠지만 반드시 그렇지는 않습니다. '기껏해봐야 중국 학문이다. 일본과 그렇게 다르지 않을 것이다. 우리 일본인이 상식적으로 갖고 있는 지식만으로 어떻게 될 것'이라 생각하기 때문입니다. 또한 정치가의 라디오 강연을 듣다보면 '동양은 정치철학에서는 이러저러하다'는 말씀을 하십니다. 동양이란 중국을 가리키는 것이겠지만 그분이 얼마만큼 중국에 대해 알고 있는지는 꽤 의심스럽습니다. 그저 일본인이 보통 갖고 있는 상식을 연장시키고 그것을 동양의 정치철학이라 부르는 게 아닐까 생각합니다. 역시 일본과 중국은 대체로 같은 문화라는 생각을 전제한 말이겠습니다.

그러면 이러한 중국관은 도대체 어디에서 생겼을까요. 일본은 과거 역사에서 중국 문화를 열심히 대량으로 수입했던 시대가 있었습니다. 예를 들어 나라 시대(710~794), 헤이안 시대(794~1185)가 그러합니다. 더 내려와서는 도쿠가와 시대(1603~1867)도 그러했습니다. 이러한 과거의 기억이 있기 때문에 우리는 이렇게 느끼기 쉽습니다. 즉 '일본은 중국 문화를 모조리 다 수입했으니 일본 문화 안에는 중국과 공통된 것이 매우 많이 생겼을 거라는 느낌'입니다. 또한 그러한 느낌은 오늘날 일상생활 속에서도 생겨나고, 오늘날 우리의 생활 속에서도 중국에 기원을 두었다고 의식하는 것, 따라서 중국과 공통된다고 의식하는 것이 적지 않습니다. 그 가운데 가장 두드러진 것은 한자이겠습니다만, 그 외에 불교라든지 풍속·습관 중에도 중국에서 왔다고 의식하는 것이 있습니다. 이러한 의식이 확대되면 확실히 중국에 기원을 두었다고 의식하지 않는 것까지도 중국과 공통되는 것처럼 느껴집니다. 그 결과 '문화 전체가 공통되었다, 서로 닮았다'는 사고방식이 성립했다고 보는데, 저는 이러한 중국관이야말로 큰 착오라 생각합니다.

왜냐하면 일본은 중국 문화를 모조리 다 수입했다는 생각이 우선 맞지 않기 때문입니다. 확실히 우리 선조는 중국 문물을 대량으로 또 열심히 수입했습니다. 그러나 중국의 전부를 수입한 것은 아닙니다. 수입된 것은 중국의 일부분에 그칩니다. 왜 전부가 아니냐. 우선 첫 번째로, 과거 일본인의 중국 수입은 현실의 중국에 접한 수입이 아니었습니다. 책을 통한 수입이었습니다. 당시 중국은 일본에서 배로 2주는 가야 하는 나라였습니다. 견당사遣唐使를 파견하긴 했지만, 현실의 중국에 접하기는 무척 어려운 일이었습니다. 그런데 책을 통한 수입은 반드시 중국의 모습 전부를 전해주지는 못합니다. 왜냐하면, 이것은 주로 중국어의 특질과 관련이 있습니다만, 중국어는 문자로 쓸 경우 반드시 입으로 말하는 대로 쓰지 않아도 알 수 있는 성질이 있습니다. 혹은 말하는 대로 쓰면 도리어 알기 힘든 성질을 갖고 있습니다. 이런 성질은 어느 언어에나 얼마간 있기 마련이겠지만 중국어는 특히 심합니다. 그래서 중국에서는 문장, 즉 글말이 아무래도 입말과는 다르기 십상이었습니다. 오히려 문장은 입말과는 다른 형식을 취하고 글말로서의 특별한 기교를 부려야 성립하는 특질이 있습니다. 그 결과 문장을 지을 수 있는 것은 일정한 계급에 속한 사람에 한정되었을 뿐만 아니라, 문장에 담는 내용, 즉 책에 기록되는 내용도 일종의 제한을 받았습니다. 그런 점을 고려할 때 책을 통한 수입은 반드시 중국의 전부를 수입했다고는 하기 어렵습니다. 확실히 책에 기록된 것은 중국인의 생활 가운데 비교적 중요한 부분이긴 했겠지요. 그렇지만 생활의 전부는 아닙니다. 그 점에서 우리 선조가 수입한 중국에는 근본적으로 하나의 제한이 있었습니다.

이러한 첫 번째 제한 외에 선조가 수입했던 중국은 선택적이었습니다. 무슨 말씀이냐 하면, 우리 선조가 중국 문물을 수입한 목적은 지식 계급의 보편적인 교양으로 삼기 위해서였습니다. 그리하여 일본 문화를 향상시킬 밑천으로 삼기 위해서였습니다. 그러한 태도를 취했기 때문에 일본에서 보편적인 교양이 될 만한 부분만을 선택하여 수입하게 된 것 또한 자연스런 과정이었습니다. 『맹자』라는 책은 아무리 배에 실어도 일본에 들어오지 못했다, 『맹자』를 실은 배는 반드시 폭풍우에 전복되었다는 이야기는 전설이고 사실史實은 아닙니다. 사실은 아닙니다만 그러한 전설은 일본에 수입된 중국 서적에는 일종의 선택이 작용하고 있음을 말해줍니다. 또한 그러한 의식적인 선택 외에 무의식적인 선택도 작용했습니다. 똑같이 수입된 것 중에서도 우리 민족의 기질에 어울리기 쉬운 것만이 성행하고, 그것만을 연역演繹했습니다. 예를 들어 중국 학문에는 『역易』에 대한 학문이 있는데 이것이 일본에서 아주 유행했습니다. 그런데 중국에서는 『예禮』에 대한 학문도 한편에 있습니다. 이것은 일본에서 그다지 유행하지 않았습니다. 일본인은 굳이 말하자면 구체적인 것보다 추상적인 것을 좋아한다, 적어도 중국인에 비해서 그러할 것이라고 저는 생각하는데, 그러한 기질이 하나 있습니다. 그런데 『역』이라는 것은 도리를 말하는 것이어서 일본인의 기질에 어울리기 쉬웠습니다. 그에 반해 『예』라는 것은 구체적인 생활의 규칙이라 일본인에게는 잘 맞지 않았기 때문입니다.

이렇게 우리 선조의 중국 수입은 결코 중국의 전부를 수입한 것이 아닙니다. 그 일부를 수입했을 뿐입니다. 그러므로 애당초 일본 문화 전체가 중국과 공통될 리가 없는 것입니다. 그럼에도 일본은 중국 문화를 모조리 다 수입했다고 느끼고, 따라서 공통되는 것이 많은 것처럼 생각하는 것은 그저 하나의 느낌에 불과하고, 실은 맞는 생각이 아닙니다.

또한 여기서 중요한 것은, 그렇게 수입된 것도 일단 일본에 옮겨지면 기껏해야 일본식으로 이해하고 소화했다는 점입니다. 보편적인 교양으로 퍼지게 하려면 역시 그렇게 할 필요가 있었겠습니다만, 일본식으로 이해하고 소화했음을 잘 보여주는 것이 이른바 '한문의 훈독訓讀'이라는 독법입니다. '至關白死, 兵禍始休'라는 것을 중국어 음으로 '지관백사, 병화시유'라고 읽지 않습니다. '관백이 죽음에 이르러 병화가 비로소 그쳤다'라고 처음부터 일본어로 뜻을 새겨 읽어버리는 방법이 훈독입니다. 그래서 중국어는 그다지 외국어로 의식되지 않았습니다. 또한 『논어』나 『맹자』는 외국 고전이 아니라 일본 고전처럼 취급했습니다. 그 결과, 현재도 중학교에서 국어·한문으로 가르치고 있지만 그것은 제쳐두기로 하고, 이 훈독법이라는 것은 중국을 일본식으로 소화하려 했던 하나의 사례에 불과합니다. 이러한 사례는 곳곳에서 찾아볼 수 있습니다. 그런데 중국을 일본식으로 소화하려 했고 또한 소화했다는 것은 물론 일본의 문화 능력이 우수함을 보여주는 것이겠지만, 한편으로는 이렇게 소화하다보니 진짜 중국에서 멀어져간 것 또한 피할 수 없는 결과였습니다. 훈독에서 다시 예를 들겠습니다. 여기 '日本古倭奴也(일본고왜노야)'라는 중국어가 있습니다. 『당서唐書』 「일본전日本傳」에 나오는 말인데 이것을 훈독으로 읽으면 '일본日本은 고古의 왜노야倭奴也(일본은 옛 왜노다)'라고 토를 붙여 읽어버립니다. 그 결과 막혀서 서로 통하지 않는 사태가 발생하는데, 바로 '야也' 자입니다. 즉 '야也'를 훈독에서는 '이다'로 새겨 읽기 때문에 '야' 자가 '일본'과 '옛 왜노'가 동일한 관계임을 보여주는 것처럼 이해하기 쉬운데, 중국어에서는 그렇지 않습니다. 중국어에서는 '일본'이라는 개념과 '옛 왜노'라는 개념이 동일한 것임을 보여주려면 그저 '일본고왜노日本古倭奴'라고 두 개의 개념을 병렬하는 것만으로 충분합니다. '야也'라는 자는 전체 문장의 의미를 강화할 뿐입니다. 확실히 이 경우에는 이물동일二物同一 관계이지만 다른 경우에는 또 다른 의미를 강화합니다. 즉 '야' 자 자체는 동일한 관계를 보이는 것이 아니라, 일구一句의 끝에 와서 그 구의 의미를 강화하는 말입니다. 그런데 훈독법에 따르면 동일 관계를 보여주는 말로 오해하기 쉽습니다. 훈독을 하다보면 그런 식의 현상이 나타나는데, 다만 그러한 독법의 문제뿐만 아니라 훈독 방식으로 소화한 중국이 본래 중국과 점점 멀어지는 사태는 도처에서 찾아볼 수 있습니다. 결국 수입할 당시에는 일본·중국 공통이었던 것도 일본식으로 소화한 결과 점점 공통성을 잃어간다는 말입니다.

하지만 메이지유신 이전에는 아직 중국과 공통된 점이 많았다고 생각합니다. 왜냐하면 당시에는 중국의 서책을 읽는 것이 일반 교양이었습니다. 설령 중국의 서책 일부분을 일본식으로 소화하면서 읽었다고 해도, 읽은 서책이 중국 것이었다는 사실에는 변함이 없습니다. 그리고 중국의 서책을 읽으려면 오늘날 우리가 영어나 기타 외국어를 배우는 것과 비슷하게 품을 들여 읽었습니다. 그런데 메이지유신 이후에는 사정이 확 바뀌었습니다. 서양 문화를 왕성하게 받아들이게 되면서 여태까지 열심히 했던 중국 문화는 잊었습니다. 그 무렵 일본으로서는 그렇게 할 필요가 있었고, 언제까지 중국만 고집했다면 일본은 진보할 수 없었고, 서둘러 서양 문화를 받아들이려면 한동안 중국 문화를 잊을 필요가 있었습니다. 그러한 시대가 대체로 오늘날까지 이어져오고 있다고 생각하는데, 그 사이에 우리의 생활은 깨끗하게 중국과 떨어져버렸습니다. 우선 첫 번째로 중국의 서책을 일반 교양으로 읽는 일이 사라졌습니다. 겨우 중학교 한문이라는 것에 자취가 남아 있는 것에 불과한데, 더구나 학생들은 재미있게 공부하는 게 아니라 억지로 하고 있습니다. 학생뿐만 아니라 실은 선생도 마지못해 하고 있지요. 우리 생활 전체가 중국에서 멀어져버렸습니다. 그 결과 우리 문화 안에서 중국과 공통된 것을 점점 잃어가고 있다. 게다가 오늘날 여전히 공통된다고 생각하는 것도 메이지 이후에 일본식으로 소화하는 경향이 획기적으로 늘었기 때문에, 실은 공통성이 극히 적어졌습니다. 예를 들어 한자를 보겠습니다. 한자를 일본식으로 사용하는 일은 메이지 이전에도 물론 많았습니다만, 그러나 메이지 이전에는 중국의 서책을 읽는 것이 일반 교양이었기 때문에 중국식으로 한자를 사용하는 방법도 알고 있었습니다. 그래서 일본식으로 한자를 사용하는 방법을 발전시키는 데 방해가 되었다고 생각하는 이들도 있

요시카와 고지로의 중국 강의

습니다만, 메이지 이후가 되면 일반인은 중국식으로 한자를 사용하는 방법을 전혀 알지 못하게 됐습니다. 그래서 일본식으로 사용하는 방법이 비약적으로 증가했습니다. 즉, 오늘날 우리 생활에서 가장 중국과 공통된다고 의식하는 한자조차도 실은 별로 공통성이 없다는 말이고, 그 증거로 여러분에게 문장 부호가 들어가지 않은 한문(하쿠분白文)을 읽어보시라고 한다면, 실례되는 말씀입니다만 결코 읽을 수 없을 것입니다. 오늘날 일본인이 상식적으로 알고 있는 한자 지식으로는 중국의 문장을 읽을 수 없다는 말입니다. 이것은 단순히 문자의 문제만은 아닙니다. 하나를 보면 열을 안다고, 오늘날 일본의 문화는 중국과 어지간히 거리가 벌어지고 멀어졌습니다. 그럼에도 과거에 중국 문화를 수입했다는 기억이나, 오늘날의 문화 안에도 중국과 공통되는 것이 다소 있다는 점을 근거 삼아, 문화 전체가 공통되었다고 생각하는 것은 매우 성급한 판단이라 하겠습니다. 그러한 견해는 잘못된 견해라 하지 않을 수 없습니다.

그 뿐만 아니라 이러한 잘못된 견해는 이어지는 다른 오류를 낳습니다. 그것은 현재의 중국과 옛날 중국을 무리하게 떼어내어 완전히 다른 것이라 생각하는 오류입니다. 왜 이러한 사고방식이 생겼느냐, 지금 막 말씀 드린 대로 일본인은 막연하게 중국과 일본이 대체로 같다고 느낍니다. 그런데 실제로 중국에 가보면 일본과 아주 다르죠. 여태까지 머릿속에서 그리고 있던 중국과 다릅니다. 그래서 그 해답을 내려 고심한 결과 여태까지 머릿속에서 그리고 있던 중국, 즉 일본과 아주 닮은 중국도 어딘가에 있으리라 생각하고, 그것을 옛날 중국에 결부시킵니다. 그리하여 눈앞에 있는 중국, 일본과 다른 점이 많은 눈앞의 중국은 옛날 중국과 다른 중국이라는 사고방식이 성립되었습니다. 그러나 이것은 이상한 사고방식입니다. 왜냐하면 옛날 중국이든 지금 중국이든 그렇게 변했을 리가 없습니다. 그렇다면 지금의 중국에 적용할 수 없는 중국관은 옛날 중국에 대해서도 적용할 수 없을 것입니다. 지금의 중국이 일본과 다르다는 사실은, 실은 옛날 중국도 일본과 다르다는 말이 됩니다. 그리고 바로 그것이 우리가 이제까지 품어왔던 중국관, 중국이 일본과 같다고 보는 중국관이 얼마나 중국의 현실과 동떨어진 어수룩한 생각이었는지를 말해준다 하겠는데, 일본이 중국과 같다고 생각하는 사람들은 그 사실을 알아차리지 못합니다. 무리하게 제가 품고 있는 환영을 계속 간직하려 한 결과, 잘못된 견해를 갖게 되었던 것입니다. 말하자면 궁여지책이라고 해야 할지 모르겠습니다. 이러한 잘못된 견해가 세력을 떨친 결과, 현대 중국의 사상事象을 연구하는 사람들은 모두 역사적 설명을 구하려 하지 않습니다. 일반적으로 역사적 설명을 구하고 나서야 비로소 완전한 인식에 도달할 수 있는데도 그렇게 하지 않지요. 이제까지 일본인이 갖고 있던 중국관으로는 설명할 수 없을지도 모르지만, 좀 더 시야를 넓혀 중국을 보면 현재 중국의 사상은 대체로 역사적 설명이 붙는 것입니다. 그러나 그 점을 이해하지 못하기 때문에 이런저런 잘못된 예상과 짐작이 발생합니다. 예를 들어 '오늘날 중국인은 사물에 대해 사고하는 방식이 매우 유물적이다, 정신적이지 않다. 그것은 서양의 영향을 받아서 그렇다'는 식으로 일본인은 흔히 분개합니다만, 저는 중국인은 옛날부터 유물적이었다고 생각합니다. 후스胡適라는 이의 자서전(『사십자술四十自述』)을 읽어보면 '나의 무신론은 송나라 사마광이나 주자의 생각에서 나왔다'고 말하고 있습니다.(『전집』 16권) 이것은 결코 엉터리 말이 아닙니다. 물론 후스의 사고방식을 보자면 서양의 영향도 있었겠지요. 그렇지만 역시 중국 자체안에서 후스의 무신론적인 경향이 나왔다는 사실 또한 부정할 수 없습니다. 그런데 일본인은 그것을 알아차리지 못하고 중국인의 유물론이나 무신론을 들으면, 일괄적으로 그것은 서양의 영향을 받은 것이라 말하며 분개합니다. 그렇게 분개하는 것이 합당한 것인지 여부는 별개의 문제라 치더라도, 분개의 전제를 이루고 있는 인식은 올바르지 않습니다.

또한 현재의 중국을 옛날 중국과 분리하여 생각하고 역사적인 설명을 구하려 하지 않는 태도, 즉 현재의 중국은 본래의 모습이 아니라 일종의 돌연변이 상태라고 생각하는 태도입니다. 인간이란 존재는 돌연변이라 간주한 것은 그다지 열심히 연구하려 하지 않습니다. 그 결과 현재의 중국에 관해서는 단순히 한 면만을 보고 내린 주관적인 판단이 횡행하고, 대개 지금 일본에서 중국통이라 불리는 이들의 중국관에는 그러한 주관적 판단이 많지 않은가 우려됩니다. 여러분께서도 잘 아시는 루쉰魯迅, 얼마 전에 돌아가신 문학자 루쉰이라는 사람이 이렇게 비꼰 적이 있습니다. 일본인은 현대 중국에 대해 아주 경솔하게 결론을 내린다. 중국에 와서 훌륭한 벼루를 보면, 중국은 우아한 문화국이라고 결론을 내린다. 그러나 우리가 쓰는 것은 2위안이나 3위안짜리 싸구려 벼루다. 그리고 상하이 같은 곳에서 음탕한 곳을 보면 중국은 색정이 넘치는 나라라고 금세 결론을 내려버린다. 그러나 어찌 알겠는가, 우리는 그런 곳을 알지 못한다. 이런 식으로 일본인은 이런저런 주관적인 논의를 편 뒤 결국은 통일성을 찾지 못하고 '중국이라는 나라는 수수께끼'라고 말한다. 루쉰은 그렇게 말했습니다만, 이 비평은 중국통이라 불리는 여러분이 얼마간 감수해야 할 지점이 있다고 생각합니다. 또한 현재의 중국을 옛날의 중국과 별개의 것이라 생각한 결과, 옛날의 중국은 존경할 만한 중국이었지만 지금의 중국은 완전히 별개의 것이고, 아주 경멸스런 나라라는 생각도 나오고 있습니다. 경멸스런 점이 있느냐 없느냐 그것은 별개의 문제라 치고, 그러한 생각이 있다보니, 경멸스런 점만을 보고 기뻐하는, 그다지 훌륭하지 못한 태도가 나옵니다. 기타 이런저런 폐해가 발생하고 있다고 생각하는데, 그러한 폐해가 발생하는 근원적인 원인은 옛날의 중국과 지금의 중국을 무리하게 떼어내어 생각하기 때문이고, 더욱 근본을 파고들면 중국 문화를 일본 문화와 완전히 공통된 것이라 속단하고, 편의적으로 중국의 환영幻影을 그리고 있는 지점에 원인이 있다고 생각합니다.

그렇다면 그런 문제에 대해 어떤 대책을 강구해야 할까요. 저는 지금의 중국에 올바른 일본학이 필요한 것과 마찬가지로, 일본에도 중국을 있는 모습 그대로 그 전체를 파악하는 올바른 중국학이 필요하다고 생각합니다. 그러한 올바른 중국학이 사회의 중국관의 중심을 이루고 나서야, 일본인의 중국관이 올바른 길로 나아갈 수 있으리라 생각합니다. 옛날 한학漢學 선생들의 치우친 견해 또는 중국통이라 불리는 이들의 치우친 견해에서 나온 중국관을 한 번 싹 쓸어내고, 지금부터 자세를 바꾸어 새로운 학문을 세울 필요가 있습니다. 여태까지 일본인이 가졌던 중국관은 실은 환영에 불과합니다. 여태까지 중국인이 가졌던 일본관이 환영이었던 것과 마찬가지로, 여태까지 일본인이 가졌던 중국관도 환영입니다. 양쪽 다 상대를 자기 편의대로 해석했습니다. 물론 각자의 동기는 달라서, 중국인은 경멸의 감정으로 인해 자기들 편한 대로 일본은 중국의 직역이라 생각했습니다. 일본인은 도리어 친애의 감정으로 자기들 편한 대로 중국은 대체로 일본과 문화가 같다고 생각했습니다. 서로 동기는 다릅니다만, 환영이라는 점에서는 같습니다. 이러한 환영이 생긴 이유는 배를 타고 2주는 가야 할 만큼 바다가 서로의 사이를 가로막고 있어, 상대의 현실에 어두웠기 때문이고, 옛날에는 문제 될 것이 없었을 것입니다. 그러나 오늘날에는 2주 걸리던 것이 이틀로 줄었습니다. 비행기를 타면 하루면 갑니다. 그런데도 여전히 그러한 환영을 품고 있다면 당연히 서로 갈등이 생길 것입니다. 그러한 환영을 타파해야 합니다. 중국인도 타파해야 하고, 일본인도 타파해야 합니다. 그런데 그러려면 올바른 중국학이 성립되어야 합니다.

올바른 중국학을 세우는 일은 그저 우리의 중국관을 시정하고, 중국에 대한 방책을 바로잡는 데서 그치지 않습니다. 일본 문화의 장래에도 적지 않은 이익을 가져다주리라 생각합니다. 왜냐하면, 우리는 과거에 중국에서 이런저런 것을 수입했고, 수입할 만한 것은 다 수입했다고 생각하실지도 모르겠습니다만, 중국에는 앞으로도 우리 문화에 필요한 것이 아직도 많이 남아 있다고 생각합니다. 예를 들면 앞서 말씀드린 것처럼, 중국에서는 그다지 철학이 꽃피지 않았습니다. 형이상학이 꽃피지 않았습니다. 그에 반해 일본에서는 형이상학이 꽃을 피웠습니다. 그것만을 본다면 일본이 좋아 보이지만, 거꾸로 일본에서는 너무 지나치게 형이상학이 유행하는 폐해도 있으리라 생각합니다. 지금의 일본인은 사물과 사태를 있는 그대로의 형태로 보는, 사물과 사태를 숙시熟視하는 태도를 꽤 소홀히 하고 있지 않나 생각합니다. 하나의 사물과 사태를 곰곰이 살펴보지 않고 금세 결론을 내리려 한다, 금세 법칙을 세우려 한다는 것입니다. 루쉰의 비웃음을 산 중국통들만 그런 게 아닙니다. 일반적으로 일본인은 법칙을 세우는 데 열심인 나머지, 법칙의 바탕이 되는 하나하나의 사물과 사태, 그것을 곰곰이 관찰하는 태

요시카와 고지로의 중국 강의

도에 냉담하지 않나 생각합니다. 이러한 점에 대해서는 저는 중국인이 신중하다고 봅니다. 너무 신중한 결점은 있습니다. 그러나 그 신중함에는 우리 일본인이 배울 만한 점이 있습니다. 특히 중국인은 언어에 대해 신중하고, 앞서 말씀드린 대로, 중국의 언어는 표현하는 데 기교가 필요합니다. 그러므로 중국인은 언어를 매우 존중합니다. 제 언어에 세심하게 주의를 기울일 뿐만 아니라, 남이 하는 말도 잘 음미하면서 듣습니다. 그런데 일본인, 특히 요즈음 일본인은 남의 말을 들을 때, 그 말을 있는 그대로 가만히 들어보고 의미가 무엇인지를 그다지 완미玩味하려 하지 않는다고 생각합니다. 저는 연구실 안에 틀어박혀 있는 사람이지만, 학계에서 벌어지는 논쟁을 보고 있으면, 왠지 반박하는 사람은 상대가 한 말의 의미를 분명하게 들어 이해하지 못한 채, 그저 반박만 일삼는 그런 현상이 아주 많습니다. 또한 정치가의 언설 속에서도 제가 잘 알지는 못합니다만, 그런 경우가 있지 않은가, 그리하여 시간과 감정의 낭비가 생기지 않느냐 그런 생각을 합니다. 그러한 점에서 중국인의 태도에서 시사를 얻을 점이 있다고 봅니다. 또한 그러한 비근한 문제 말고도, 자연과학 방면은 잠시 제쳐두더라도, 문화과학 방면에서는 중국의 언어과학은 현재 세계 언어과학 수준에서 보더라도 꽤 발달한 축에 듭니다. 언어를 존중하고 음미하기 때문에 그러리라 생각하는데, 중국의 언어과학 방법을 자세히 고찰하는 작업은 널리 언어과학의 발전에 도움이 되리라 믿습니다. 또한 역사학의 방법에서도, 중국인의 역사학 방법에는 일본이 배울 만한 것이 많이 있다고 봅니다. 더구나 과거의 일본인이 냉담하게 취급했던 것 속에 배울 만한 것이 있다고 저는 느낍니다.

이제까지 이런저런 말씀을 드렸습니다만, 요컨대 저는 일본과 중국 두 나라 사이에 진정한 우정이 생기려면, 서로가 상대방을 본격적으로 이해하는 작업을 우선 그 첫 걸음으로 삼아야 한다고 생각합니다. 이제까지 했던 것처럼 서로를 제 편한 대로 해석하는 어설픈 태도를 버려야 합니다. 본격적으로 상대를 안다는 것은 상대가 자신과 같은 지점을 알고, 또한 상대가 자신과 다른 지점을 아는 것입니다. 친애의 정은 같은 지점을 아는 데서도 생길 것입니다. 그러나 같은 지점만을 보고, 막연히 친애의 정을 느끼는 데서 그친다면 진정한 우정은 생기지 않습니다. 우정이라는 것에는 존경이 필요하고, 존경이라는 것은 상대의 다른 지점을 알아야 비로소 완전히 성립된다고 생각합니다. 그런데 그러기 위해서는 각자의 사회에 그러한 학문이 필요하고, 그 학문을 성립시키기 위해서는 학자들이 노력을 해야겠습니다만, 학문에는 학문을 할 만한 환경이 필요합니다. 학문은 사회의 이성의 중심입니다만, 그와 동시에 학문의 환경은 사회입니다. 학자의 노력만으로는 그러한 학문을 육성할 수 없습니다. 사회 또한 그것에 관심을 기울여야 합니다. 중국에 대해서는 잠시 제쳐두기로 하고, 일본 사회에 대해 말씀드리자면, '중국은 일본과 비슷하니까 상식으로 대응할 수 있다'는 그러한 안이한 감정을 얼른 청산해야 합니다. 또한 '중국 따위 일본에 그다지 필요하지 않다, 필요하다면 언제라도 잠깐 공부하면 알 수 있다'는 감정을 청산하지 않는다면, 우리 같은 학자들만의 노력으로 할 수 있는 일은 없을 것입니다. 그 책임의 절반은 사회에 있다, 즉 여러분에게 있다는 사실을 다소라도 이해해주신다면, 오늘 제가 드린 말씀도 헛되지는 않으리라 생각합니다.

_ 1941년(쇼와 16) 4월 15일 오사카 아사히신문사 '신체제국민강좌新體制國民講座'에서 구술, 그해 6월 필록筆錄, 나중에 1944년(쇼와 19) 8월 이와나미쇼텐이 발행한 『중국인의 고전과 그 생활』에 수록. 1964년(쇼와 39) 개판改版.

3장

중국의
고대 존중 사상

1.

중국인은 늘, 현재의 생활보다 과거의 생활을 가치 있는 것이라 여겨왔다.

이것은 문헌과 더불어 아주 오래된 사상이라 아니할 수 없는데, 『시詩』를 보면, 장관의 덕을 칭찬하며 '옛 가르침을 따른다古訓是式'고 했고(「대아大雅·증민蒸民」), 부인의 슬픔을 읊으며 '내 옛사람을 생각하니, 참으로 내 마음에 맞는다我思古人, 實獲我心'고 했다(「패풍邶風·녹의綠衣」). '옛 가르침古訓'은 곧 가치 있는 가르침이고, '옛사람古人'은 지금 사람보다 가치 있는 사람이다.

또한 『서書』를 펼치면 제일 먼저 보이는 '왈약계고曰若稽古' 네 글자는, 어떻게 뜻을 새겨야 하는지 확정된 해석을 얻기 어렵지만, 가치 있는 생활은 고대에 있다는 사상을 반영하는 것은 틀림없다. 정현鄭玄은 '계고稽古'를 '동천同天'이라 해석했는데, 과연 그것이 『서』

의 뜻인지는 본래부터 의심스럽고, 또한 그 해석에 대한 상세한 설명은 전해지지 않기 때문에 정현이 그렇게 해석한 뜻이 어디에 있는지 자세히 살피기 어렵지만, '고古'라는 개념을 '천天(지극한 이치가 있는 곳)'과 결부시킨 것은 고대 존중 사상을 반영하는 것이기에 매우 흥미롭다고 말할 수 있겠다. 또한 허신이 『설문說文』에서 『시』 '모전毛傳'의 설을 끌어들여, '고古, 고야故也'라고 새긴 것에 대해, 청나라 단옥재段玉裁가 '고故'는 '소이연所以然(사물의 원리)'이고, '소이연'은 전부 고대에 구비되어 있다按故者凡事之所以然, 而所以然皆備於古, 故曰古故也고 주를 달았는데, 이 주가 허신의 본뜻을 얻었는지 여부는 다른 문제겠지만, 중국인의 사상을 훌륭하게 드러낸 것이라 하겠다. 또한 애당초 중국인이 '경經'을 존숭한 것도 주로 고대 존중 사상에서 나온 태도라 하겠는데, '경'을 존중한 이유는 '불후의 책不刊之書'이고(두예杜預, 「춘추좌씨전서春秋左氏傳序」) 지극히 높은 도리이기 때문이겠지만, 그것이 지극히 높은 도리인 이유는 역시 오래된 책이기 때문이고, 그렇기 때문에 '후대의 상법常法'이 될 수 있는 것이다.(『상서정의尙書正義』) 그리고 '경'을 존중했던 선진先秦의 유가는 고대 존중 사상을 실천한 이들이고, '선왕先王의 정치로 당세當世의 백성을 다스리려 한' 이들이었는데,(『한비자』, 「오두五蠹」) '유가 사상'이 또한 유가가 받드는 '경'이 그러한 비난을 극복하고 지배적 세력이 되었다는 사실은 중국인의 고대 존중 사상이 얼마나 강력한지를 말해준다 하겠다.

요시카와 고지로의 중국 강의

이러한 고대 존중 사상, 바꾸어 말하면 가치 기준을 시간에 두는 사상인데, 이 사상이 중국인에게 이렇게 힘을 발휘한 이유는, 그것이 중국 민족의 선천적인 성벽인 '감각에 대한 존중'과 결부되어 있기 때문이라고 생각한다. 중국 민족의 의식에서는 이성의 힘은 늘 미약하고 감각이야말로 가장 확실한 것이었다. 따라서 생활의 법칙은 이성에 의해 창조되기보다, 과거에 감각感覺된 사실 속에서 찾아야 한다. 온종일 '생각하는 것思'이 '배움學'에 미치지 못한다고(『논어』) '전언왕행前言往行'을 축적하는 것이 '군자'의 임무라고 여겼다.(『역易』) 생활의 법칙을 이렇게 과거의 사실 가운데서 찾다보니, 그러한 사실을 낳은 시대의 생활이 현재의 생활보다 윤리적이었다고 보는 사상이 발생하기가 매우 쉬웠다고 말할 수 있다.

그와 더불어, 이러한 사상에 동반되는 반면反面으로, 현재의 생활 즉 가장 새로운 시간에 속하는 생활은 자칫하면 부정되기 십상이었다. "나는 선왕先王의 음악을 좋아하는 것이 아니다. 그저 세속의 음악을 좋아할 뿐寡人非能好先王之樂也, 直好世俗之樂耳"이라는 양 혜왕의 말은 '세속'의 음악 즉 현재의 음악을 좋아한다는 사실을 부끄러워하는 것이고(『맹자』), 순자가 관상을 보는 것을 평하여 "세속에 인기가 높지만, 옛사람에게는 없던 것世俗稱之, 古之人無有也"이라 한 말은 '세속'을 좋아한다는 이유로 경멸한 것이다.(『순자』 「비상非相」) 즉 '선왕' '옛사람'이 윤리적이고, 현재의 생활은 비윤리적이라 본 것이다.

또한 가치 기준을 이렇게 시간에 두다보니, 더 오래된 생활이야말로 더 윤리적이라는 인식이 발생하기 쉬웠다. 노자의 '도 뒤에 덕, 덕 뒤에 인, 인 뒤에 의, 의 뒤에 예失道而後德, 失德而後仁, 失仁而後義, 失義而後禮'라는 사고방식이 바로 그것이다. 또한 요즘 학계의 정설이 된 '가상설加上說[28]이라는 것도 이러한 사상의 소산으로, 우禹보다 더 뛰어난 도리를 제시할 셈으로 우 이전에 순舜을, 순보다 더 뛰어난 도리를 제시할 셈으로 순 이전에 요堯를 가정하여 생각해낸 것은 정말 그럴 법한 일이라 생각한다. 그리고 그 결과 "삼황은 걷고, 오제는 성큼성큼 걷고, 삼왕은 달리고, 오패는 질주한다三皇步, 五帝趨, 三王馳, 五伯驚"는 인식이 성립했다.(『백호통』에 인용된 『효경위구명결孝經緯鉤命決』)

바꾸어 말하면, 인간의 생활은 차츰차츰 올바른 형태를 잃어간다는 사상이다. '강하江河는 날로 내려가고江河日下(양쯔강과 황허강 모두 날마다 동쪽 방향으로 내려간다)' '순풍淳風은 이미 옅어졌다'는 말은 최초의 출전이 어딘지 알지 못하지만, 출전을 금방 찾기 어려울 만큼 중국인이 습관적으로 사용하는 말이다. 또한 송유宋儒의 설에 따르면, 맹자가 죽은 뒤 이 세상에 '천리天理'는 멸하고, '인욕人欲'만 성행했다고 한다. 고대 존중 사상은 반드시 일면에서 이러한 감정이 뒤따르기 마련이다.

---

28 에도 중기의 사상사가思想史家 도미나가 나카모토(1715~1746)가 주장한 설로, 나중에 생긴 학설은 반드시 먼저 생긴 학설보다 더 오래된 시대로 거슬러 올라가 기원을 찾는다는 것이다.

요시카와 고지로의 중국 강의

또한 인간의 생활이 이렇게 차츰차츰 그 형태가 무너지고 있다는 사실을 인식하면, 인간은 무너진 현재의 생활을 고대의 올바른 생활로 되돌리는 것을 임무로 삼게 된다. '선왕의 정치로 당세의 백성을 다스'려야 한다고 생각한다. 현재의 '양신良臣'은 옛날의 '민적民賊'이고, '지금의 생활을 따르면서 지금의 풍속을 바꾸지 않는다면, 가령 천하를 얻었다 하더라도 하루도 버티지 못하는由今之道, 無變今之俗, 雖與之天下, 不能一朝居也' 것이며,(『맹자』) '지금 사람과 살면서, 옛사람과 합치今人與居, 古人與稽'되어야 한다.(『예기』「유행儒行」) 유가만 그러했던 것이 아니라 도가도 그러하여, '사람을 따르는 것'은 '속俗과 어울리는 것'이고, '하늘을 따르는 것'은 '도와 노니는 것循天者與道游者也, 隨人者與俗交者也'(『회남자』「원도原道」)이라 했다. 왜냐하면 '지인至人이 논하는 것을 저 멀리 보고, 도덕의 뜻을 깊이 더듬어보면서 세속의 행위를 본다면, 매우 이상하기上觀至人之論, 深原道德之意, 以下考世俗之行, 內足羞也' 때문이다.(『회남자』「정신精神」) '도'나 '도덕'이라는 말 자체는 고대의 생활을 의미하지 않는다. 그러나 말할 것도 없이, 노자에 따르면 '천지에 앞서 생긴' 것이 '도'다. 특히 『회남자』 여러 편은 '도'나 '도덕'을 최고最古의 생활 원리라 여기고, 그것으로 돌아가려는 사상을 강조한다고 느껴진다. 또한 고대사상만 그러했던 것은 아니다. 송유는 '천리'가 멸하고 '인욕'이 횡행하는 세상을 '천리'의 세상으로 되돌려야 한다고 주장했다. 또한 한유韓愈 같은 이가 주창主唱한 '고문古文'은 '팔대八代의 쇠함을 일으켜', 육경진한六經秦漢

의 문장으로 돌아가자는 것이었다. 되돌아가야 할 고향을 될 수 있는 한 오래된 생활에서 찾은 것은 '강하江河는 날로 내려간다'는 사고가 존재하는 이상 당연한 추세였고, 도가의 주장은 그러한 추세를 가장 단적으로 보여준 것이며, 한유가 「원도原道」라는 글에서 유가의 도는 가장 오래된 도라고 주장한 것도 바로 이러한 사상에서 나왔다고 볼 수 있고, 주자는 '육경'은 '삼대三代 이전의 책'이므로, '천리'라고 말했다.(『주자어류』 11) 삼대 이전의 책'은 곧 가장 오래된 책이라는 말이다.

이렇게 중국에서는 고대 존중 사상, 또한 거기에서 생긴 복고사상이 지배적이었다. 다만 순자의 사상, 한비자의 사상, 『춘추공양전春秋公羊傳』의 사상 등은 예외라고 하는 이들이 있다. 그러나 한비자나 『공양전』은 잠시 제쳐두더라도, 순자의 사상은 역시 이러한 고대 존중 사상의 한 변형이 아닌가 생각한다.

순자는 참으로 '후왕後王'을 존중했다. 그리하여 도를 '삼대보다 더 전에 찾는 것은 황당한 짓이고, 법이 후왕에 어긋나는 것은 올바르지 않은 것道過三代, 謂之蕩, 法二後王, 謂之不雅'이라 여겼고(「유효儒效」 또는 「왕제王制」), '후왕을 버리고 상고上古를 말하는 것은 비유하자면 제 군주를 버리고 남의 군주를 섬기는 것과 같다事後王而道上古, 譬之是猶舍己之君, 而事人之君也'는 극단적인 말까지 했다.(「비상非相」) '후왕'은 양경楊倞의 주에 따르면 '근시近時의 왕'이고, 청나라 유자들은 주나라 문왕·무왕이라 여긴 이가 많다.(유대공劉臺拱, 왕염손王念孫)

요시카와 고지로의 중국 강의

양쪽 다 현재에 가까운 왕이라 보는 점에서는 차이가 없다.

그러나 한편으로 순자는 역시 '선왕'을 존중하고 있다. '선왕이 남긴 옛말을 듣지 않으면, 학문의 위대함을 알 수 없다不聞先王之遺言, 不知學文之大也'고 보았다.(「권학勸學」) 그러면 왜 '후왕'을 존중했는가. '선왕'의 시대는 이미 인식의 범위를 넘어선 것이어서, '문文'은 이미 없어졌고, '절족節族'(음악의 절주節奏라는 뜻일까)은 끊어졌다. '성왕들의 행적을 보려 한다면, 분명하고 선명한 것이 좋은데, 후왕이야말로 그것欲觀先王之跡, 則於其粲然者矣, 後王是也'이라고 말한다.(「비상」)

순자의 사상 역시 고대의 생활을 인간이 돌아갈 고향으로 여기는 사상에 바탕을 두고 있는데, 게다가 그러한 사상이 중국인의 성벽을 만족시켜주지 못하는 다른 면을 수정했다고 생각한다. 고대를 존중하고, 그것으로 돌아가려 하는 사상은 본래 감각을 존중하는 중국인의 성벽에 바탕을 둔 것이지만, 동시에 이 사상은 다른 면에서는 이 성벽에 어긋난다. 고대의 생활은 직접적인 감각 바깥에 있는 것이고, 가장 확실하게 감각되는 것은 현재의 생활일 수밖에 없다. 순자는 이 모순을 해결하고자 '후왕'을 내세웠고, '후왕'은 '선왕'이라는 옛 생활을 반영하는 어떤 것으로, 즉 '선왕'에 도달하는 매개로서 존중했다고 생각된다. 바꾸어 말하면, 현재의 생활 속에도 고대의 생활에 도달할 만한 실마리가 있다는 점을 지적한 것에 불과하다. '천 년을 보고 싶다면, 금일今日을 헤아려보라欲觀千歲, 則數今日' '윗세상을 알고 싶으면, 주나라의 도를 자세히 살펴보라

欲知上世, 則審周道'가까움을 통해 먼 것을 알라以近知遠'가 그것을 보여주는 사례일 것이다.(인용문 출처는 모두 「비상」) '후왕'을 존중하는 것은 후왕에 반영된 '선왕'을 존중하는 것이고, '선왕이 남긴 옛말'이 있던 곳을 존중하는 것이다. 현재의 생활에 반영된 고대를 존중하는 것이지, 현재의 생활을 전면적으로 긍정하는 것은 아니다. 현재의 생활 가운데 고대의 생활을 반영하지 않는 것은 역시 부정된다. 관상을 보는 것은 '옛사람'에게는 없었기 때문에 부정되어야 하는 것이다.

물론 후왕을 선왕에 대한 매개로 인정하려면, 인간의 생활이 차츰차츰 형태가 무너져가고 있다고 보는 태도는 약해질 수밖에 없다. 그래서 순자는, '고금古今의 도度는 한 가지古今一度也'인데, 그것을 '사정이 다르다古今異情'고 주장하는 것은 '망인妄人'의 설이라 보았다. 그리고 그 이유를 '유불패類不悖, 수구동리雖久同理'라고 말했다.(「비상」) 이 말은 아마도 '똑같이 인류의 생활이니, 시간이 지났더라도 도리는 한 가지'라는 의미일 것이다. 보통 고대 존중 사상에서는 '지금의 생활은 비윤리적이지만, 옛날에는 윤리적이었다'라고, 고금을 상반된 관계로 파악하는 데 비해, 순자는 연속된 관계로 파악했다. 이것은 보통의 고대 존중 사상과 크게 다른 지점이다.

그러나 고금을 이렇게 연속된 관계로 파악하는 것도 실은 모든 고대 존중 사상이 반드시 가질 법한 반면反面이라 생각한다. 고대 존중 사상은 우선 고금을 상반된다고 보는 의식 위에 성립되기는 한다. 그러나 그것이 실천적인 사상으로 성립하기 위해서는 고금 사이에 무언가 연속된 관계를 인정해야 한다. 그렇지 않다면, 현재의 생활을 고대로 되돌릴 가능성이 없기 때문이다. 맹자가 양혜왕에게 '아닙니다. 지금 음악도 옛 음악과 마찬가지今之樂猶古之樂也'라고 대답하고, 또 '사람은 모두 요순이 될 수 있다人皆可以爲堯舜'고 말한 것은 그 때문이었다. 또한 '인욕'의 세상을 '천리'의 세상으로 되돌리려 한 송유가 '천리를 갖추지 않은 사람은 없다'고 말한 것도 그 때문이다. 순자가 '고금의 도는 한 가지古今一度也'라 생각한 것은 이렇게 연속된 것이라 보는 관점을 극도로 연장하여 이용한 것이라 생각한다. 순자에게도 우선 '선왕'(이라는 먼 과거의 생활)을 존중하는 사상이 있었고, 그러면서 그것에 뒤따르는 난점을 의식한 결과, 그러한 인식을 넘어선 시간에 속하는 생활에 되돌아가지 못한다 하더라도, 눈앞에 있는 '후왕'이야말로 '선왕'으로 돌아갈 실마리임을 지적한 그의 생각은 고대 존중 사상의 한 변형이 아닐까라고 나는 생각한다. 이러한 사상이 일어난 것은 아마도 '삼대 전에서 도를 찾아' 순자에게 '황당蕩'하다고 평을 들은 복고사상이 당시에 성행했었기 때문일 것이다. 그리고 그러한 의미에서는 '선성과 후성, 도는 하나先聖後聖, 其揆一也'라 말하고, '인류가 시작된 이래 공자에게 미칠 만한 이는 없었다自生民以來, 未有盛於孔子也'라고 말한 맹자도 일종의 '후왕' 사상이 아니었을까.

지금까지 서술한 것처럼, 중국에서는 고대를 존중하고 현대를 부

정하는 사상이 유력했고, 특히 한漢 이래로는 유가 사상이 '일존一
尊'이 되었기 때문에, 중국인의 사고방식이 이 방향 한 곳으로 정해
져 있었던 것처럼 보인다. 그러나 실은 반드시 그렇지는 않았다. 중
국인의 사고가 이 방향 한 곳으로 정해진 것은 송나라 이후의 일
이었고, 요즘 역사가들이 중국의 근세라 부르는 시대, 즉 남북조를
중심으로 하여 위로는 후한後漢부터 아래로는 당나라 초까지 걸친
시대에서는, 이러한 사상은 오히려 약화된 것으로 보인다. 물론 전
혀 없는 것은 아니었다. '강하江河는 날로 내려가고' '순풍淳風은 이
미 옅어졌다'는 말은 바로 이 시대에 애용된 말이었다. 그러나 그러
한 감정을 품으면서도, 현재의 생활을 고대의 생활로 되돌리려는
의식은 거의 찾아볼 수 없다. 그리고 그 결과, 이전의 중국에서는
없었던 이런저런 새로운 생활이 생겨났고, 더구나 그것을 그대로
용인하고 존중했다. 그러한 새로운 생활은 고대의 생활과는 다르다
는 점을 의식하면서 더구나 그것을 존중했던 것이다.

예를 들면 문학이 그러하다. 오로지 문자의 아름다움을 찾는 생
활은 위진魏晉 시대 이후에 와서야 발생했다. 고대에는 문자는 주로
사실을 기록하기 위해 존재했었는데, 위진 시대 이후 문학이 융성
한 현상은 고대에 없었던 새로운 생활이다. 게다가 문장의 체재는
이른바 '사륙문四六文'으로, 『상서』 『좌전』 등의 문체와 매우 달랐다.
또한 '시'나 '부賦' 따위 두세 가지 형식을 제외한, 다른 많은 문학
형식은 후한 시대 이후에 발생했다. 그러나 이들 새로운 생활은 그

요시카와 고지로의 중국 강의

대로 용인되고 존중받았다. 이러한 태도를 보여주는 것으로는 양梁나라 소명태자昭明太子가 지은 『문선文選』의 「서序」를 들 수 있다.

『문선』의 「서」는 우선 현재의 문장의 기원이 고대에 있음을 지적하고, 그 관계는 마치 '추륜椎輪'(나무로 만든 수레)이 '대로大輅'(옥으로 만든 수레)의 기원이고, '증빙增氷'(두터운 얼음)이 '적수積水'에서 생긴 것과 같다고 했다. 그러나 '대로'에서는 더 이상 '추륜'의 모습을 찾아볼 수 없고, '적수'에서는 '증빙'의 차가움이 있을 리 없다. 다시말해 고대의 문장과 현재의 문장은 전혀 풍취가 다르다. 왜냐하면수레는 '그것에 맞게 장식을 더했고踵其事而增華', 얼음은 '본래 모습을 바꾸어 딱딱함을 더해가기變其本而加厲' 때문이다. 문장 또한 '때에 따라 새롭게 바뀌었고', 세월이 흘러감에 따라 이렇게 새롭게 바뀐 결과, 옛날 '시'에는 '풍·부·비·흥·아·송風賦比興雅頌'[29]이라는 '육의六義'밖에 없었던 데 비해, '지금의 작자作者는 옛날古昔과 달리' '부'라는 이름으로 장가長歌가 독립하여 도회都會·유렵遊獵·풍운초목風雲草木·어충금어魚蟲禽魚 따위 다양한 대상을 노래했고, 또한 초나라 굴원이 시조인 '소騷'가 있다. '시'는 본래 '뜻이 향하는 바'였는데, 한漢나라 중엽부터 다양한 변화가 일어나 여러 가지 체體가 발생했다. 그 외에 '송頌' '잠箴' '논論' '명銘' '뇌誄' '찬讚' '조고교령詔誥

---

29 일반적으로, 풍은 각국의 민요, 부는 사실에 대한 직서법, 비는 비유법, 흥은 다른 사물을 빌려 흥기시키는 연상법, 아는 왕도王都의 노래, 송은 묘당에서 제사지낼때 사용하는 악장이라 본다. 또한 풍·아·송은 시가의 세 가지 체제이고, 부·비·흥은 시가의 세 가지 예술적 표현 수법이라 본다.

敎令 '표주전기表奏牋記' '서서부격書誓符檄' '조제비애弔祭悲哀'에 대한 글, 손님에게 대답한 것을 가리키는 것, '삼언팔자三言八字'의 말, '편篇' '사辭' '인引' '서序' '비碑' '갈碣' '지誌' '장狀'이 발생하여 눈과 귀를 즐겁게 했다. 문학의 풍취는 여기서 완비되었다. 그것을 가려뽑아 『문선』을 지었다는 게 소명태자가 지은 서문의 요지다.

이 서문이 현재의 문장의 기원을 고대에서 찾는 점은 역시 고대 존중 사상의 지배 아래에 있다고 볼 수 있으며, 특히 '부' '시' '송'의 기원을 『시경』에서 찾은 점은 현재의 생활을 고대의 생활과 연관 지음으로써 현재의 생활을 인정하려는 태도이고, 그 점에 국한하면 순자의 태도와 일치한다. 그러나 소명태자는 결코 순자처럼 '고금의 도는 한 가지古今一度也'라고 말하지는 않는다. 문장은 '때에 따라 새롭게 바뀌'는 것이고, '지금의 작자作者는 옛날古昔과 다른 것이다. 또한 '대로'에서는 더 이상 '추륜'의 모습을 찾아볼 수 없고, '적수'에는 '증빙'의 차가움이 없다. 고금古今을 상반되는 형태로 파악하고 있는 것이다. 더구나 문장의 풍취는 다양한 체가 각각 '눈과 귀를 즐겁게 하'는 금일에 이르러서 비로소 완비되었다고 했다. 이것은 현재의 생활을 매우 존중하는 사상이라 아니할 수 없다.

다만 여기서 주의해야 할 점은 과연 '현재의 생활을 존중하지만, 인간의 생활은 때와 더불어 진보한다'고까지 생각하고 있었는지는 의문이고, '때에 따라 새롭게 바뀐' 이유로 든 비유, 즉 '수레는 그것에 맞게 장식을 더했고, 얼음은 본래 모습을 바꾸어 딱딱함을

더해갔다踵其事而增華, 變其本而加厲'는 두 구절은 역시 '강하江河는 날
로 내려간다'는 쪽의 감정을 담은 말이라 생각한다. '화華'라는 말은
'문화, 개화開化'라는 뜻과 더불어, 쓸데없는 장식을 뜻하기도 하기
때문이다. 또한 '변기본이가려變其本而加厲'의 뉘앙스는 더욱 파악하
기 힘들지만, 후대인은 이 구절을 급격한 변혁을 슬퍼하는 경우에
많이 썼다. 소명태자의 원래 의도가 어떠했는지 나로서는 알 길이
없지만, 소명태자에게 급격한 변혁을 슬퍼하는 마음이 전혀 없었다
고 단정하기는 어렵다. 역시 일종의 비관이 담긴 말로 받아들일 수
있겠는데, 그건 그렇다 치고, 이 문장 전체가 현재의 문장을 찬미하
고 있음은 매우 명백하다. 적어도 '대로大輅'를 '추륜椎輪'으로 되돌
리고, '증빙增冰'을 '적수積水'로 되돌리려는 의도는 조금도 찾아볼 수
없다.

문학에서뿐만 아니라, 중세에는 일반적으로 그러한 태도가 뚜렷
하게 드러났음을 알 수 있다. 불교라는 완전히 새로운 생활을 용인
한 것도 그러한 태도를 보여준다. 장형張衡은 「동경부東京賦」에서 '귀
이천목貴耳賤目', 전문傳聞으로 알 수밖에 없는 고대의 생활을 존중하
고 직접 눈으로 볼 수 있는 현재를 천시하는 것은 '말학부수末學膚
受'나 하는 짓(학문이 얕고 겉껍질만을 배우는 태도)이라 했는데(이 말
은 환담桓譚의 「신론新論」에 바탕을 둔 표현인 듯하다), 이것은 줄곧 중
세를 지배한 사상이었다고 생각한다.

현재의 생활을 이렇게 존중한 결과, 옛것을 존중하는 데서도 가

치 기준을 '오래되었다는 것'에 두는 태도는 매우 옅어졌다. 『상서정의』가 '왈약계고曰若稽古'에 대해 붙인 해석은 그것을 보여준다.

『정의』는 약若을 '순順', 계稽를 '고考'라 새기고, '왈약계고제요曰若稽古帝堯' 여섯 자는 '요가 옛 도를 따라 생각한 것을 칭찬했다'고 보는 '공전孔傳'의 뜻을 풀어 다음과 같이 논했다. 인간은 가령 요와 같은 '성인'이라 하더라도, 반드시 옛 도를 '따라야順' 한다. 그러나 그것은 '생각하고考' '따르는順' 것이어야 한다. '생각하고 따른다考順'는 말은 고대의 생활 가운데 현재의 생활에 적합한 것을 선택하여 '따르는順' 것이다. '따를' 만한 '고古'가 내가 사는 때보다 이전이기만 하다면 원근遠近의 제한은 없다. 무턱대고 시간적으로 먼 것을 추모하고, 지금 세상에 살면서 옛것을 행하려 하면, 도리어 화를 부른다. 송宋나라 양공襄公이 도리를 사모한 나머지, 군대는 패하고 자신은 상처를 입은 일, 또한 서徐나라 언왕偃王이 인仁을 행하였으나, 국·가國家가 멸망한 일 따위가 그것으로, 이것은 '생각하지' 않았기 때문에 저지른 잘못이라고 본다.

『상서정의』는 '성인'이라 하더라도 반드시 '고古를 따라야 한다'고 보는 점에서 고대 존중 사상이다. 그러나 고대를 존중하는 이유는 현대를 위해서이고, 현대에 적합한 고대라야 비로소 '따를' 만하다고 보았다. '생각하는' 표준은 현대에 있지 시간의 원근에 있지 않았다. '내가 사는 때보다 이전이기만 하다면 원근遠近의 제한은 없다'는 태도다.

요시카와 고지로의 중국 강의

이것은 매우 이성적인 태도라 하겠다. 왜냐하면, '원근의 제한은 없다'고 했으니, 이제 가치는 시간과 관계되지 않는다. 가치의 기준은 오히려 '물物' 자체에 있다. 이것은 순자의 '후왕' 사상보다 한 걸음 진보한 것이라 할 수 있다. 순자의 '후왕'은 '선왕'이 반영된 새로운 왕, 지금의 왕인데, 지금의 왕이라는 점에서 여전히 시간과 관계된 가치다. 그런데 이제 가치의 기준은 완전히 시간에서 벗어나려 하고 있다. 간신히 '성인이라 하더라도 반드시 고古를 따라야 한다'고 보는 지점에서 걸음을 멈춘 데 불과하다.

2.

그렇다면 근세 복고사상은 왜 중세 중국인의 이러한 태도를 부정하게 되었을까. 중세 사상이 현재의 생활을 존중했다 하더라도, 그 안에는 역시 '강하江河는 날로 내려간다'고 보는 감정이 짙게 흐르고 있었다. 그러므로 현재를 존중했다 하더라도, 그것은 보다 나은 내일의 생활을 건설하기 위해서는 아니었다. 내일의 생활이 더욱 나빠지지 않도록 막기 위해서였다. 즉 현상을 유지하려는 사상이었다. 더구나 '따라야 할 고古에 원근의 제한은 없다'는 태도여서, 현재 생활 속에 보존된 이런저런 잡다한 전통, 즉 현재의 생활 속에 반영된 모든 과거의 생활은 그대로 내일에 물려주어야만 했다. 또한 본래 중세는 귀족의 시대였고, 귀족의 생활은 전승傳承에 힘입어 유지되다보니, 현상을 유지하려는 이러한 태도야말로 그 시대에 적합한 것이었다. 그러나 그 결과 일어난 것은 이종異種의 전통이 병존되는 사태였고, 생활의 혼란이었다. 남북조 말에 일어난 유불儒佛의 혼란은 바로 그것이었다.

이 혼란을 정리하기 위해 일어난 것이 근세의 복고사상이었고, 중세의 혼란스런 생활은 고대로 복귀하는 정신을 잊은 것이라 하여 부인되고, '경經'을 중심으로 삼는 고대의 생활을 인간이 돌아가야 할 고향으로 제시되었다. 중세의 혼란을 겪은 결과, 가치의 기준을 시간에 두는 사상이 다시 강화되었고, '고문古文'과 '송학宋學'은 모두 그러한 복고사상의 산물이었다. 물론 실제 생활에서는 새로운 사상事象이 속속 탄생했다. 예를 들어 문학의 세계에서는 '사詞'가 탄생하고, '곡曲'이 탄생하고, 소설이 탄생했지만, 근세 중국인은 더 이상 소명태자처럼 그것들을 그대로 용인하지 못했다. '사詞'는 '시의 여분'으로, '곡曲'은 다시 '사詞의 여분'으로 존재를 인정한 데 지나지 않았다. 소설은 아예 논외였다. 근세 중국에서 고대의 생활과 합치되지 않는 사상事象은 모두 그늘에 핀 꽃 같은 존재였다. 사회만 그늘에 핀 꽃으로 취급한 것이 아니라, 그러한 사상 쪽에서도 그늘에 핀 꽃의 처지를 달게 받아들였다. 근세의 소설은 건전한 존재가 아니었고 굳이 그 점을 가리려 하지도 않았다. 이런 의미에서 말하자면 근세의 중국은 중세의 중국보다 더욱 답답하고 갑갑한 시대였다.

또한 이렇게 강도 높은 복고사상이 발생하여 고대의 생활을 인간이 돌아가야 할 고향으로 제시하게 된 것은 그러한 제시가 필요하다고 느낄 만큼 중국인의 생활이 고대의 생활에서 괴리되었다고 자각했기 때문이다. 그러한 자각은 한편으로 복고사상을 낳았고, 그와 더불어 한편으로는 '강하江河는 날로 내려간다'는 감정 또한 극도로 강화시켰다. 그 결과 '인욕人欲'의 세상을 '천리天理'의 세상으로 되돌리고, '회광란어기도廻狂瀾於旣倒'[30]라고 줄곧 외치면서도, 한편으로는 '광란을 기도에서 되돌리는' 것은 불가능하리라는 절망감도 품게 되었다. 다음과 같은 주자의 말은 그러한 절망감을 보여준다.

물物은 시간이 흐르면 자연스레 붕괴되는 게야. 진한秦漢 이후에는 '이기二氣'와 '오행五行' 모두 점점 탁해져서 태고의 청명순수淸明純粹함에 미치질 못해. 저 '중성中星'만 해도 요임금 때와 지금을 비교하면 50도나 어긋나 있지 않은가. 진한 이후로는 그저 무너지기만 할 뿐이야. 광무제라는 이가 나와서 조금 바로잡긴 했지만, 그 이후는 또 좋지 않았지. 다시 당 태종이라는 이가 나와서 조금 바로잡긴 했지만, 그 이후는 또 좋지 않았지. 끝내 태고에는 미칠 수가 없는 게야曰, 物久自有弊壞, 秦漢而下, 二氣五行, 自是較昏濁, 不如太古之淸明純粹,

---

30 한유韓愈의 「진학해進学解」에 나오는 구절로, 일본어에서 '완전히 망가진 형세를 다시 본래대로 회복시킨다, 패세敗勢를 만회한다'는 관용구로 쓰인다.

且如中星, 自堯時至今, 已自差五十度了, 秦漢而下, 自是弊壞, 得箇光武起, 整

得略略地, 後又不好了, 又得箇唐太宗來, 整得略略地, 後又不好了, 終不能如太

古.(『주자어류朱子語類』134)

'중성中星'이 50도 어긋났다는 말은, 말할 것도 없이 세차歲差 현상
을 가리키는 것인데, 자연의 추이推移마저도 인간의 운명에 대한 절
망감을 깊게 만들고 있다. 이러한 절망감은 근세의 역사가 진전되
면서 더욱 깊어진 것으로 보이고, 이윽고 서양 문명이 도래하여 고
대로 되돌아갈 수 없는 상태가 현재의 생활 속에 발생하자, 절망은
움직일 수 없는 어떤 것이 되는데, 실은 그러한 절망감은 일찍부터
근세 중국인을 뒤덮고 있었다고 생각한다. 그리고 고대 복귀 사상
이 약화된 중세에서는 도리어 이러한 절망감도 희박했던 것처럼 느
껴진다.

중국 역사에도 '고대, 중세, 근세'라는 시대 구분을 세울 수 있다
는 논의는 요즈음 역사가들이 다투어 말하는 바이고, 나도 그것에
찬성하는 사람인데, '중세의 성격, 근세의 성격'은 반드시 다른 역사
에 보이는 '중세, 근세'와 같지는 않다. 참으로 '강하江河는 날로 내
려간다'는 인식 아래 줄곧 살아온 사람 입장에서 본다면, 고대로
복귀하려는 마음을 잊은 중세는 올바르지 못한 타락한 시대라 할
수 있을 것이다. 그러나 그 중세가 실은 복고사상으로 똘똘 뭉쳤던
근세보다 더 자유롭고, 더 건강했다고 나는 느낀다. 적어도『세설신

　　　　　　　　　　요시카와 고지로의 중국 강의

어』에 나오는 위진魏晉의 명사名士는 『명신언행록名臣言行錄』에 나오는 송宋나라 명신보다는 자유롭고 건강하다고 느낀다.

그리고 고대 존중 사상, 즉 가치 기준을 시간에 두는 사상 속에 원래 이러한 불건강한 시대를 낳을 만한 요소가 내재되어 있는 것이고, 중국의 근세는 바로 그런 시대였다고 나는 생각한다.

_ 1942년(쇼와 17) 4월 『중국학』(小島本田二 박사 회갑기념호)에 게재.

4장

중국의 지식인

1.

이제부터 중국의 현재 정세를 이해하기 위해 미리 알아둘 만한 사정 하나를 적으려 한다. 과거의 중국을 다루는 이야기가 되겠지만, 아주 먼 옛날로 거슬러 올라가지는 않는다. 바로 40년 전, 민국民國 혁명 이전의 중국 사회는 지식인이 독존獨尊의 지위를 누렸다. 지식인과 비지식인의 구별은 매우 분명했고, 더구나 그 구별은 인간의 사회적 신분을 결정짓는 것이었다.

중국인은 인간에게 두 가지 신분이 있다고 의식했다. 하나는 일정한 지식과 교양을 지닌 인간으로, 그들만이 행정관으로 정치에 참여한다. 이런 신분에 있는 이를 '사士'라 불렀다. 그에 비해 일정한 지식과 교양을 지니지 못한 인간은 정치에 참여할 수 없었다. 적어도 정식으로 참여할 수는 없었다. 이런 신분에 있는 이를 '서庶'라 불렀다.

즉 인간에게는 정치에 참여할 수 있는 인간과 그렇지 못한 인간 두 종류가 있었는데, 그 구별은 지식과 교양의 유무를 기준으로 결정되었다. '지식과 교양'은 오늘날 우리가 행정관에게 필요하다고 생각하는 것과 반드시 같지는 않다. 철학과 문학을 중심으로 하는 지식이고 교양이었다.

시험 삼아 역사를 펼쳐보면 된다. 과거 중국의 유명한 정치가는 늘 지식인으로서도 그 시대를 대표했다. 사마광司馬光과 왕안석王安石은 송나라에서, 전자는 보수적인 재상으로, 후자는 개혁적인 재상으로 유명한데, 동시에 사마광은 명저 『자치통감』의 저자로 이름난 대역사가이고, 왕안석은 유학·산문·시의 대가였다. 또한 송나라의 시인·문인으로 이름난 소동파蘇東坡·범석호范石湖는 높은 관직에 있었던 관리였다. 또한 왕수인王守仁(왕양명)은 명나라에서, 증국번曾國藩은 약 100년 전의 청나라에서 각각 정치가 또는 장군으로 활약한 동시에, 전자는 유학의 대가였고, 후자도 당대의 학계·시단·문단의 중심인물이었다. 정치가로서의 지위와 지식인으로서의 지위는 이렇게 나란히 함께 갔다. 정치가로서의 지위를 만드는 첫 번째 조건은 지식인이 되는 것에 있었다. '사士'가 되어야 했다.

그리고 과거 중국에서, 관리가 되는 것은 그저 단순히 권력과 명예를 얻는 것이 아니라, 부를 쌓는 가장 확실한 방법이기도 했다. 즉 모든 의미에서 우위를 점할 수 있는 것이 관리인데, 그것은 오직 지식인이 됨으로써, 다시 말해 '사士'가 되어야만 획득할 수 있었

요시카와 고지로의 중국 강의

다. '사士'는 '사仕'와 어원이 같은 말로 관리라는 뜻이고, 같은 종류의 호칭으로 '사인士人' '사대부士大夫' '사류士類' 같은 말이 있다. 또한 중요한 별칭으로 '독서인讀書人'이라는 말이 있다. 독서인은 책을 읽어서 지식을 축적하는 사람이라는 뜻인데, 과거 중국 사회는 '사'와 '독서인'이 동의어였다는 데 그 특색이 있다. 문화와 도의道義를 담당하는 자가 동시에 정치를 담당하는 자였다. '사'를 일본에서는 '사무라이'라고 새기는데, 중국의 '사'는 사무라이가 아니다. 나중에 서술하겠지만, 무력은 과거 중국 사회가 멸시하는 대상이었다. '사'에게 필요한 능력이 아니었다.

이러한 체제가 성립한 사상적 근거는 문화와 정치의 일치를 주장하고, 현인정치를 주장하는 유가 학설에 있는데, 이 체제가 과거 2000년에 걸쳐 존속했던 것을 보면, 그 사회 전체, 지식인이 아닌 '서庶'를 포함한 사회 전체가 이러한 체제를 용인했었다고 하지 않을 수 없다. 중국 사회에서는 지식에 대한 존경이 다른 어떤 것에 대한 존경보다 더욱 절대적이었던 것이다.

따라서 지식 이외의 능력으로 중국 사회에서 우위를 획득하는 일은 매우 어려웠다.

예컨대 무력武力을 보자. 오직 무력만으로도 어느 정도 우위를 획득할 수는 있다. 전쟁은 특수한 기술이고, 과거의 중국에서도 늘 왕양명이나 증국번 같은 지식인만 삼군三軍을 지휘하지는 않았다. 당唐나라 곽자의郭子儀·이광필李光弼을 비롯하여 지식인이라고는 할 수 없는 무장, 때로는 낫 놓고 기역자도 모르는 군인이 무공武功에 힘입어 고위 관직에 오른 사례가 적지 않다. 그러나 무인은 정치에 대한 발언권이 그리 많지 않았다. 또한 사회가 무관에게 보이는 존경은 문관에게 보이는 그것에 비해 현저하게 냉담했다. 과거 중국 사회에서 무장이 누린 지위는 현재 일본 사회의 대학 선생과 비슷하다. 특수한 기술가로 간주되어 경원敬遠당하고, 냉소를 동반한 존경을 받는 데 불과하다. 무장은 '서庶'가 아니었다. 그러나 '사'도 아니었다.

또한 단순한 재력만으로 우위를 획득하는 일도 어려웠다. 10~11세기 북송北宋 시대 이후, 도시를 중심으로 상업이 발달하여 소금을 팔거나 차를 팔아서 벼락부자가 될 기회가 많이 생겼지만, 벼락부자는 세간의 존경을 받지 못했다. 오히려 비지식인이라 하여 멸시당했다. 벼락부자의 아들 또는 손자가 가정교사에게 지식인이 받는 교육을 받고, 관리가 되고 나서야 비로소 '존경할 만한 사람들' 그룹에 들어갔고, 또한 가문의 부를 공고하게 만들었다. '부자는 망해도 3대를 가는' 게 아니라, 중국에서는 3대가 되면 집을 더욱 부귀하고 영화롭게 만드는 길이 열렸다.

요컨대 과거 중국 사회에서 가장 존경을 받고 우위를 차지한 것은 지식인이었다. '사'이고 '독서인'이었다. 중국인들은 이 신분에 있는 이를 '인간의 정치와 문화와 도의를 모두 책임지는 사람'이라 보았다. 그리고 지식인 이외의 사람(서庶)은 정치·문화·도의를 걸머질 능력이 없고, 따라서 그것을 유지할 책임이 없다고 생각했다. 적어도 적극적인 책임은 없다. 그저 '사'에게 협력하면 그만이었다. 정치와 문화와 도의를 모두 책임지는 사람 '사'는 말하자면 선택받은 자選手들이었다.

그 대신 '사'는 생산에 대한 책임이 없었다. 생산에 대한 모든 책임은 '서'에게 있었다.

2.

지금까지 서술한 내용을 읽다보면, 가까운 과거까지 중국 사회가 비슷한 시기의 일본 사회와 마찬가지로, 매우 봉건적인 형태의 사회였다는 생각이 들 것이다. 그러나 반드시 그렇다고 말할 수 없는 일면이 거기에는 있다. 적어도 일본의 과거와는 다른 중요한 일면이 있다.

그것은 인류의 선수選手 '사'가 될 기회가 만인에게 균등하게 열려 있었다는 점이다. 지식인이자 관리가 될 '사' 신분과, 지식인도 관리도 될 수 없는 '서' 신분은 에도 시대의 무사나 조닌(상인계층)과는 달리 세습되는 것이 아니었다.

이것은 앞에서 언급했지만, 벼락부자의 자손이 '사'가 될 수 있는 점에 이미 드러나 있다. 부모 대까지는 그저 상인계층 내지는 가난한 농사꾼에 속하는 '서'라 하더라도, 그 아이는 능력에 따라 '사'가 될 수 있었다. 거꾸로 '사' 자손이더라도 그 능력을 잃은 자는 '서'로 전락했다. 일본에서처럼 1000년 이상 이어진 명가는 중국에 거의 없다. 명가라 하는 집안도 기껏해야 200~300년의 역사에 불과하다. '사'가 될 기회가 균등하게 주어진 것은 중국 역사에서 매우 이른 시기부터 나타난다. 유학이 중국의 국교國敎가 되고, 따라서 유학 학설의 일부인 '현인정치'의 주장이 실제 정치에서 확정된 것은 기원전 1세기, 한 무제 시대였다. 한 무제는 스스로 학력시험을 행하는 방법을 써서 널리 천하의 인재를 찾아 지식인을 대관大官에 발탁했다. 그 대표적인 이가 재상 공손홍公孫弘인데, 그는 본래 산동山東에서 고만고만한 재산이 있던 돼지 목장을 경영하던 이였다.

물론 무제가 강조한 '지식인 정치가士에 대한 존중' 또는 '사가 될 수 있는 기회의 균등'은 이후 후한後漢부터 삼국三國·육조六朝를 거쳐 당나라에 이르는 1000년 조금 못되는 기간, 요즘 역사가들이 중국의 중세라 부르는 시기를 지나는 동안 반드시 곡절 없이 발전한 것은 아니었다. 그 1000년 사이 '사' 신분은 제한된 가문에 쏠려 있었다고 해야 할 것이다. 즉 세습되기 십상이었다. 일본처럼 오랜 기간에 걸쳐 엄밀하게 세습되지는 않았다. 그러나 '사'와 '서'는 개인의 능력에 따른 구별이라기보다 가문에 따른 구별이기 십상이었다. 그 천년의 말기인 수·당 시대, 즉 7~8세기 무렵에도 상인의 자식은 관리가 될 수 없다는 칙령이 두세 차례 나왔다.

그러나 주의할 점은 그런 시대에도 가문에 대한 존경은 단순히

요시카와 고지로의 중국 강의

가문에 대한 존경이 아니었다는 것이다. 가문을 존중한 이유는 '지식은 특수한 가문에서 더욱 잘 계승된다'고 의식했기 때문이다. 역시 지식에 대한 존경이 전제를 이루고 있었다.

그런데 10세기, 당나라 말기부터 송나라 초에 걸쳐 일어난 오대五代의 대란大亂은, 일본으로 치면 '오닌의 난[31]'만큼이나 대규모였는데, 그때 오래된 가문이 모조리 몰락했고 그 뒤로는 새로이 일어난 상인 계급·지주계급이 정치와 문화와 도의를 담당하는 '사'를 배출하는 기반이 되었다. 이것은 매우 커다란 변혁이었다. 그러므로 요즘의 역사가는 송나라 이후에서 가까이 민국혁명에 이르는 약 1000년을 중국의 근세라 부르는데, 이 가까운 1000년에서는 대개 가문에 관계없이 개인의 능력에 따라 '사'를 뽑았다.

예를 들어 송나라 초기의 재상 여몽정呂蒙正·범중엄范仲淹 같은 이들은 전기傳記에서 어린 시절을 보면 매우 가난한 집 자식이었다. 또한 송나라 지식인의 대표이자 송나라 이후에 지식인의 전형으로 추앙받는 이가 구양수歐陽修와 소동파(소식蘇軾)인데, 두 사람 모두 대단한 집안이 아니라 겨우 시골 향사鄕士 출신이었다.

이러한 정세는 아주 최근까지 그러해서, 약 150년 전 청나라 중엽, 실증적 유학의 거두였고 관리로서는 유력한 지방 장관이었던

---

31   1467년(오닌 1)에 시작되어 11년간 이어진 내란으로, 시작된 해의 연호를 따서 '오닌의 난'이라 부른다. 오닌의 난 이후 쇼군의 정치력이 약해지고 장원제 등의 사회 질서가 무너졌으며, 실력만 있으면 부하가 주군을 무너뜨리고 지배자가 되는 하극상이 난무했다.

완원阮元은 양주揚州 소금도매상의 자식이었고, 약 100년 전 지식인 출신 대관大官으로 앞에서 언급했던 중국번의 부친은 시골의 유지였다.

요컨대, 기회 균등 정신은 가까운 과거에서 매우 활발했다. 그리고 이러한 사태에 응하여 탄생했고, 거꾸로 또 사태를 더욱 밀고 나가게 한 것은 '과거科擧' 제도였다. '과거'는 널리 알려진 대로 고등문관 시험제도인데, 그 수험과목은 유가철학의 이해 및 문학 능력을 중심으로 삼았다. 따라서 그것은 관리후보자의 시험이었을 뿐만 아니라, '사' 지식인을 '서' 가운데서 골라내는 시험이기도 했다. 그 제도가 가장 완비된 명·청 시대에는 3단계로 나뉘었고, 가장 높은 단계의 시험에 급제하여 '진사進士'가 되면 대관이 될 기회를 얻었는데, 최초의 시험에 급제한 '생원生員'도 이미 '사'였다. 문화와 도의와 정치에 대한 발언권을 가진 인간이었다. 이러한 '과거'의 존재는 '사'와 '서'의 구별을 명확하게 했는데, 과거의 문호는 만인에게 개방되어 있었다. 경쟁은 격렬했지만 수험 자격에는 제한이 없었다. 누구나 시험을 볼 수 있었고 급제하면 '사'가 되었다. 그리고 그렇지 못한 이들이 '서'였다.

재미있는 예를 하나 들자면, 쑤저우蘇州에 반潘이라는 집안이 있었다. 이 집안은 대대로 간장을 파는 집이었다. 머리가 좋은 아들이 태어나자 시험공부를 시켜 '사'로 만들었다. 수십 년 전 청나라 말기의 공부상서工部尚書(건설부장관)이자 서지학·금석학의 대가였

요시카와 고지로의 중국 강의

던 반조음潘祖蔭이 그중 한 명이다. 그리고 머리가 좋지 않은 자식은 장사를 시켰다. 이것은 내가 쑤저우에서 들은 이야기다.

이러한 사태는 에도 시대 일본의 그것과는 분명 다르다. 에도 시대 일본처럼 무사의 자식은 늘 무사이고, 농민·상인의 자식은 늘 농민·상인이었던 것은 아니다. 아라이 하쿠세키新井白石[32]나 오규 소라이荻生徂徠[33]가 만약 중국에서 태어났다면, 스스로 막부의 로주老中[34]가 되거나 와카도시요리若年寄[35]가 되어 쇼군의 개인 정치 고문 노릇을 하는 데 그치지는 않았을 것이다. 또한 가모노 마부치賀茂眞淵[36]는 여관 지배인으로, 또한 모토오리 노리나가本居宣長는 포목상의 아들 내지는 마을 의원으로 그 일생을 마치지 않았을 것이라고 나는 생각한다.

또한 유럽의 그것과도 아마 다를 것이다. 우리 시대에서 가까운 시대일수록, 도시를 중심으로 한 상업이 더욱 발전한 것은 유럽이든 중국이든 마찬가지다. 다만 유럽에서는 도시의 상인이 정치적·

32 아라이 하쿠세키(1657~1725)는 에도 중기의 무사·유학자 겸 정치인인데, 가즈사국 구루리번 무사(번사)인 아라이 마사즈미의 아들로 태어났다.

33 오규 소라이(1666~1728)는 일본 에도 중기의 유학자·사상가·문헌학자인데, 에도에서 5대 쇼군 도쿠가와 쓰나요시의 시의侍醫였던 오규 가게아키의 아들로 태어났다.

34 에도 막부에서 쇼군에 직속되어 정무를 총괄하고 다이묘를 감독하던 직책이다.

35 에도 막부에서 로주 다음의 지위로, 주로 하타모토(본영을 지키는 직속 무사)를 통솔했다.

36 가모노 마부치(1697~1769)는 일본 국학國學(고대의 전통과 문화로 되돌아감으로써 진정한 일본 정신을 되찾고자 한 학문)의 대표적인 학자다. 교토 부근의 유명한 가모 진자에서 신관神官을 맡아온 유서 깊은 집안의 한 분가分家에서 태어났다.

문화적으로 귀족과 싸우면서 유럽의 근대 역사가 시작된 것으로 보인다. 그런데 중국에서는 상인 중에서 '사(인류의 선수)'가 나오는 체제가 있어 그러한 역사는 성립되지 않았다. 상인이 모두 '사'가 될 수 있었던 것은 아니다. '사'가 될 수 없는 상인의 수가 더욱 많았다. 그러나 그들은 상인 출신 '사'와 정치적으로 싸우지 않았다. 다만 문화적으로는 한갓 '서'로 남겨진 상인들이 일종의 문화를 이루기도 하여, 송나라 이후 희곡·소설이 발생했다. 그러나 그것들도 강력하게 '사'의 문화와 싸우지는 않은 것처럼 보인다. '사'가 담당한 정치·문화와 싸운 이들은 간헐적으로 봉기를 일으킨 농민들이었다. 즉 지식과 가장 인연이 먼, 완전히 지식의 범위 바깥에 남겨진 농민들이 일으키는 폭동이었다. 중세의 귀족을 몰락시키고, 당나라를 송나라로 뒤바꾸게 한 오대五代의 대란大亂은 그중 가장 규모가 큰 것이다. 송나라 이후 시대에서도 농민 봉기는 종종 일어났고 또한 때로는 몽골·만주 등 번족蕃族 세력과 결탁하여 성공을 거두었다. 성공이라 함은 그 시절의 '사' 세력에게 타격을 준 것을 가리킨다. 그러나 그 뒤 국면을 수습하는 이들은 늘 역시 '사'였다. 농민은 완전히 문자 생활 바깥에 있었다. 쓰기는커녕 읽을 능력조차 없었다. 파괴할 능력은 있었지만 건설할 능력이 없었다. 뒷정리를 하려면 '사'에게 의지할 수밖에 없었다. 봉기가 일어나면 그때까지 잘 나갔던 '사' 개인 혹은 가문은 타도당했다. 그러나 수습하는 역할을 맡으러 나온 '사'도 성질은 똑같다. 루쉰의 소설 『아Q정전』은 저간

요시카와 고지로의 중국 강의

의 관계를 묘사하고 있다. 또한 수필집 『중국과 나』에 수록된 졸고 「중국의 도시와 농촌」에서 이 문제를 언급한 적이 있다.(『전집』 2권 「두 개의 중국」)

3.

그런데 지금까지 서술한 이러한 사태는 과거 중국 지식인이 가지게 될 지식·교양의 내용을 자연스레 규정했다.

우선 첫 번째 필요한 것은 정치와 도의를 담당할 자의 자격을 채울 만한 지식·교양으로, 그 기초가 되는 것은 유가 경전 오경과 부독본副讀本 '사서'였다. 그것들은 정치의 근본이념을 다룬 책일 뿐만 아니라, 인류의 생활 전반에 필요한 규범이라 간주되었다. 따라서 인류의 선수인 '사'는 무엇보다 우선 그것들에 통효通曉해야 했다. 오경의 글자 수는 『역』이 2만4207자, 『서』가 2만5800자, 『시』가 3만9224자, 『주례』가 4만5806자, 『의례』가 5만6624자, 『예기』가 9만9920자, 『춘추좌씨전』이 19만6840자, 『춘추공양전』이 4만4075자, 『춘추곡량전』이 4만1512자이고, '사서'가 약 5만 자인데, '사'라면 그것의 절반 이상, 40만 자 내외는 반드시 암송하고 있어야 했다. 그러지 않으면 적어도 '과거' 시험에 붙을 수 없었다. 일본의 국가시험 수험생이 『육법전서』 대부분을 통째로 암기해야 하는 것과 비슷하다. 또한 오경 '사서'에 대한 역대 주석서 가운데 중요한 내용에도 통효해야 하는 것은 물론이다.

다음으로 역대 정치사에 통효해야 한다. 그것을 위한 책으로는 『사기』『한서』『후한서』를 비롯한 왕조朝代별 역사서(정사正史)가 있고 그 총수는 스물넷에 달하는데, 그 모든 것에 통효하기는 다소 어려워 그것들을 요약한 책으로 사마광의 『자치통감』 등이 있다. 그 『자치통감』조차도 전체 권수는 294권이고, 통독하는 데만도 1년은 걸린다. 그것을 역시 어느 정도 암송할 수 있을 만큼 통효해야 한다.

다음으로는 도의적道義的 정치가로서의 실제를 보여주기 위해 가정을 잘 다스려야 한다. 이른바 '제가·치국·평천하齊家治國平天下'인데, 가정은 인류세계의 축소판이고 인류세계는 가정의 확대판이다. 국가 정치에 대한 수완을 그 작은 모형인 가정에서 보여야만 한다. '집안을 다스리는 데 법도가 있'어야 한다.

이상과 같은 능력 외에 우리 눈에는 정치를 담당하는 이에게 꼭 있어야 할 것처럼 보이지만, 실은 그렇지 않은 것이 있다. 법률, 특히 형법에 대한 지식이다. 그것은 필수가 아닐 뿐만 아니라 오히려 기피당했다. "책을 읽은 것이 만 권이 되나 율律을 읽지 않았다." 법률은 인간의 악의를 전제로 하여 성립되는 것이므로, 인간의 선의를 믿는 유가 입장에서는 경멸해야 할 것이었기 때문이다. 다만 그런 태도가 실제로 정치를 할 때 이런저런 불편을 낳았다고 중국 사람들도 종종 지적하고 있고, '서리胥吏'라는 악덕 변호사가 횡행

하는 사태를 초래하게 되었다.(졸저 『원곡혹한정元曲酷寒亭』「서설」 참조, 『전집』 15권)

4.

그런데 정치 담당자 내지는 도의의 담당자로서 자격을 채우기 위한 이러한 지식만으로는 지식인이 될 수 없었다. 더욱 중요한 것은 문화의 담당자로서의 자격을 채울 만한 문화적 능력, 그것을 반드시 겸비해야 했다. 특히 문화적 능력의 중심으로 간주된 것은 문학의 능력이었다.

문학의 능력은 단순히 수동적으로 문학을 감상하는 것이 아니었다. 제 스스로 문학을 창작하는 능력이었다. 물론 그것은 현재 우리가 그 능력으로 상정하는 것과 반드시 같지는 않다. 오로지 정형적 시와 산문을 짓는 능력이었다. 시는 각운을 밟고, 음수율과 억양율抑揚律을 지닌 정형시였고, 산문도 어휘와 어법에 제약이 있는 수사적이고 의고적擬古的인 미문美文이었다. 지식인은 반드시 그 능력을 갖추고 있어야 했다. 그 능력을 갖춘 이가 '사'이고, 갖추지 못한 이가 '서'였다. 또한 과거 중국 사회가 정통적인 기재記載 언어로 인정한 것은 이런 유의 정형定型이 있는 문학적 언어뿐이었기 때문에, 요컨대 '사'는 기재記載 능력이 있는 자이고, '서'는 그 능력이 없는 자라고 보는 것이 양자를 손쉽게 구별짓는 경계였다.

그 사실을 무엇보다 잘 보여주는 것이 관리 채용 시험 '과거'의 시험과목이었다. 그것은 늘 작문 과목, 작시作詩를 포함한 작문 과목을 중심으로 삼았다. 작시 능력을 기준으로 관리를 선택한다는 것은 놀랄 만한 제도인데, 이 제도는 바로 반세기 전까지 존속되었다. 가까운 과거의 일본은 법과 만능이었지만, 과거의 중국은 문과 만능이었다.

다음으로 문학 능력과 거의 비슷하게 중시한 것이 필적筆跡이었다. '과거' 시험의 당락에도 답안의 필적이 크게 작용했다. 글자를 쓰는 데 서툰 일본인 대다수는 그것만으로도 과거급제할 자격이 없다.

또한 그림을 그리는 능력은 필수는 아니었지만, 송나라 이후에 문인화文人畫가 활발하게 일어난 뒤로는 이 능력 또한 겸비하는 쪽이 더욱 바람직하다고 보았다. 애당초 문인화라는 말 자체가 '지식인의 그림'이라는 뜻이다.

문학·서화를 잘 하려면 그것에 어울리는 유연한 심적 태도가 필요했고, 그 태도가 일상의 행동거지에도 반영되어야 했다. 이른바 '유아풍류儒雅風流', 사물의 이치를 아는 이해력이 좋아야 했다. 딱딱하게 굳은 태도는 '고루'하다 하여 배척당했다.

되풀이하여 말하지만, 지식인 '사'는 이러한 문학자·예술가로서의 능력과 태도를, 정치가·도의가道義家로서의 능력과 태도와 아울러 갖추어야 했다. 하나라도 없어서는 안 되었다. 왕안석·증국번 같은 이들이 두드러진 정치가였고 또 한편으로 학자이자 시인이었다는 사실을 이미 말했다. 사람들은 송나라 주자, 명나라 왕양명을 둘 다 대유라 일컬으며, 도의道義에 대한 능력이 가장 탁월한 사람이라 여겼는데, 그들은 대관大官이자 시문詩文의 대가이기도 했다. 주자가 처음 조정에 추천을 받은 것은 시인으로서였다. 일본 유학이 중국 유학을 조술祖述하면서도 중국의 본래 모습과 다른 지점이다.

한편 또 시인으로 이름난 사람들은 대개 모두 관직 경력이 있었다. 고 가와카미 하지메 박사가 애송하셨던 송나라 육방옹陸放翁은 지방관으로 반생을 보냈고,[37] 청나라 최고의 서정시인이라는 평을 듣는 왕어양王漁洋은 형부상서刑部尚書(법무부장관)를 지냈다. 거꾸로 문학 능력은 있지만 정치 능력을 보여주지 못한 사람은 무언가 인간적으로 결함이 있다고 보는 시선이 존재했다. 임포林逋·진산민眞

---

[37] 가와카미 하지메(1879~1946)는 일본의 경제학자·사회사상가로, 교토대학 교수를 지낸 사람이다. 그는 저서 『육방옹감상陸放翁鑑賞』(하권 42쪽)에서 이런 말을 했다. "나는 마르크스주의자로서 유물론을 취하는 자다. 그러나 나는 마음에 현상現象이 되어 비치는 외물外物을 연구하는 과학 외에, 제 마음을 제 마음으로 인식하는 특수한 학문(임시로 그것을 도학道學이라 부르기로 하자)이 따로 존재한다는 입장을 취하고 있고, 또한 그와 동시에 유교·불교 내지는 기독교 등에는(이런저런 협잡물夾雜物이 뒤섞여 있기는 하지만) 그 핵심에 이러한 도학이 포함되어 있다는 견해를 갖고 있기 때문에, 옛 도인道人에 대해 나는 늘 충분한 경의를 품고 있었다. 시인·지사·도인 세 가지 면을 지닌 육방옹은 친숙해지면 질수록 더욱 친밀함을 느낀다. 관청에서 이른바 '좌익 문헌'을 모조리 압수해간 지금, 나는 육방옹과의 해후에 특히 감사한다."(요시카와 고지로, 「가와카미 하지메 씨 『육방옹감상』 발跋」, 『吉川幸次郎全集』 18권, 317쪽에서 재인용)

山民 같은 '은일隱逸' 시인은 일본에서 존경받는 만큼 중국에서 존경받지 못했다. 가모노 조메이鴨長明[38]·사이교西行[39]·요시다 겐코吉田兼好[40]·마쓰오 바쇼松尾芭蕉 같은 이들은 그다지 명성을 누리지 못했을 가능성이 높을 뿐만 아니라, 완전한 가정생활을 경험하지 못했다는 점에서 비인간적이라고 비난당했을지도 모른다.

다만 당나라만은 예외다. 그 시대에는 이백 또는 두보처럼 오직 시에서만 탁월한 인물을 널리 존경했다. 당나라가 시의 황금시대가 되었던 한 원인일 것이다. 그러나 두보의 명성이 결국 이백의 그것보다 높은 이유는 이백의 정치에 대한 관심이 두보보다 옅기 때문이다.

또한 이백에 대해서도 이 '적선인謫仙人'이 실은 정치에 냉담하지 않았다고 변호하는 이론이 때때로 나오고 있다.

5.

지식인의 지식·교양의 내용을 이러한 형태로 규정했을 뿐만 아

---

38 1155~1216. 승려이자 가인歌人으로, 대표적 저술에 수필 『호조키方丈記』(불교적 무상관을 바탕에 깔고, 화재·지진·기근 등으로 인한 불안한 세간과 자신의 은둔·한거閑居 생활을 간명한 문체로 묘사한 수필)가 있다.
39 1118~1190. 헤이안 시대의 승려이자 『신고킨와카슈新古今和歌集』에 가장 많은 작품이 실린, 평생 달과 벚꽃을 노래한 일본 중세의 대표적 시인이다.
40 1283~1352년경. 승려이자 가인歌人·서예가이며, 일본 수필의 고전으로 손꼽히는 『도연초徒然草』의 작자이기도 하다.

니라, 지식·교양의 방향에도 몇 가지 특색이 있다.

첫 번째는 지식의 유무가 인간의 사회적 신분을 결정하는 척도이다보니, 그 지식은 확실한 척도를 가진 것, 즉 어떤 규격을 가진 것으로 존재해야 했다는 점이다.

가장 큰 규격이 되었던 것은 첫째로 사색과 실천을 오경의 여러 설과 합치시키려 했던 것, 둘째로 언어 표현의 형식은 어떤 정형定型에 합치시키려 했던 것이다.

물론 규격은 늘 일정하여 불변했던 것은 아니다. 시대와 더불어 바뀌었다. '오경'의 해석은 시대에 따라 상당한 변화를 보였고, 송나라 주자의 개혁은 그중 가장 큰 것이었다. 또한 시와 산문의 정형도 시대마다 달라져서, 당나라 두보와 한유의 개혁은 그중 가장 큰 것이었다. 그러나 사색이 늘 오경에 입각한 사색이고, 문학이 늘 어떤 정형에 입각한 문학이었던 점은 언제나 그대로였다.

철학과 문학은 중국에서도 다른 지역에서처럼, 인간 정신이 현현顯現하는 장이고 창조하는 장이었고, 널리 알려진 대로 매우 탁월한 사색과 매우 탁월한 문학을 낳았다. 그러나 그 능력의 유무가 인간의 신분을 가르는 척도이기도 했다면, 철학과 문학은 어떤 정형과 결부되어 있는 편이 편리하다. 그러한 것이 한 이유가 되어, 유가 철학이 한나라 무제 이래로 민국혁명에 이르기까지 2000년에 걸쳐 사상의 왕좌를 차지하고, 또한 정형을 갖춘 시문詩文이 늘 정통문학의 자리를 차지했을 것이다. 그 결과 중국의 사상사·문학사가 더디게 진전한 데에는 논쟁의 여지가 없다.

두 번째로 지식은 지식인이 독점하는 게 좋다고 간주되었다. 지식인은 인류의 선수이고 정치와 문화와 도의를 모두 책임지는 사람이니, 그 이외의 사람은 지식 생활에 참여하지 않더라도 불편한 것은 없고, 사실 또 지식인 이외의 사람은 그런 능력이 없었다. 수만 자에 이르는 한자를 아는 것이 일단 어려웠고, 또 가령 얼마간 한자를 읽을 수 있다 하더라도 규격을 지키는 미문美文만을 정통적인 기재언어라 간주하는 사회에서 기록하고 쓰는 생활에 들어가기란 본래부터 무리였다. 지식을 보지保持하는 것은 지식인의 특권이었다.

세 번째로 지식인은 제 특권을 강화하려 했고 어떤 경우에는 지식의 내용을 특히 비지식인의 생활과 다른 형태로 드러냈다. 특히 송나라 이후 상인 계급에서 '사'가 나오게 되자, '사'는 일반 상인과 자신을 구별짓기 위해 그런 경향을 강화했다. 예를 들면 그 무렵부터 일반 상인의 문화로 희곡·소설이 발생했는데, 지식인은 그것에 반발해서 '허구fiction'의 문학을 문학으로 인정하지 않았다. 또한 희곡·소설은 구어로 쓰였는데, 지식인의 기재언어는 그것에 반발하여 되도록 구어 어휘·어법을 피하게 되었다.

네 번째로, 이상과 같은 흐름의 당연한 결과이겠는데 그 지식은 자칫 번쇄한 것이 되기 쉬웠다. 애초에 지식인 이외 사람들에게 개방할 생각이 없다면 번쇄해도 무방했고, 또한 지식·교양의 외적인 틀이 한정되어 있으면 진보의 방향은 국부적인 조탁雕琢으로 향할 수밖에 없었다. 애당초 수십 만 자에 이르는 '경서'를 통째로 암기하는 데서 출발하는 철학의 형태 자체가 번쇄했는데, 그 해석학은 더욱 번쇄했다. 역사학을 보아도, 비교적 간단한 역사라 할 수 있는 『자치통감』이 이미 꽤 번쇄하여, 그것을 이해하려면 숱한 인명과 지명을 암기해두어야 했다. 또한 문학을 이해하려면 기초적으로 수천에 이르는 한자 하나하나의 형태와 음과 뜻을 모두 알고 있어야 했고, 역대의 문체 각각이 지닌 제약 또한 매우 번쇄하다 하겠다. 그러나 그런 만큼 그 문체 가운데 어떤 것은 세계의 산문 가운데 아마도 가장 정교하고 우아한 축에 들 것이다.

다섯 번째로 지식을 지식인이 독점하는 대신, 지식 생활은 지식인과 지식인이 아닌 자를 구별하는 척도였던 만큼, 지식인이라면 누구라도 참여할 수 있는 형태여야만 했다. 그 결과 특수한 두뇌의 소유자에게만 기대할 수 있을 법한 지식·교양은 한각閑却당하는 경향이 있었다.

과거의 중국 학문이 오로지 '오경' 해석학과 역사학이었던 이유는 누구나 어느 정도 할 수 있었기 때문이고, 서양에서 볼 수 있는 체계적인 철학이나 자연과학이 발달하지 않은 한 원인이 여기에 있다.

문학에서도 오직 일상적인 사상事象을 제재로 삼은 시와 산문 갈래만 있었고, 허구의 문학의 발달이 늦은 이유는 상상력은 모든 사람이 지닌 재능은 아니었기 때문이다. 즉 독자인 동시에 작자일 수 있는 문학, 그것만이 문학이었다.

또한 예술에서도 특수한 재료와 기술이 필요한 건축·조각은 기술자의 일이었고, 예술 즉 인간 정신을 표현하는 장으로 의식되지 않았다. 회화도 처음에는 그러했는데, 송나라 이후에 지식인의 교양이 된 이유는 그 기법이 간소해졌기 때문이다. 역시 감상자인 동시에 제작자일 수 있는 예술, 그것만이 예술이었다.

그리고 이 다섯 번째 경향은 앞에서 네 번째로 거론한 번쇄의 경향을 억제하는 기능으로 종종 작용했다.

하나 더 덧붙이자면, 다섯 번째 경향에는 지식을 지식인이 독점하는 대상이라고 용인하면서도, 그것이 참으로 만인의 것이 되기를 이상으로 여기는 방향성이 내재되어 있다고 생각된다. 지식인의 언어를 기술적인 미문으로 쓰면서도, 또한 그 언어가 대개는 체계적이지 않고 단편적이며, 더구나 늘 시간적·공간적으로 보편적인 타당성을 어느 정도까지 지향한다는 점, 따라서 일본의 에도 시대에 쓰인 어떤 종류의 수필처럼 완전히 호사가好事家풍의 수필이 적은 이유는 바로 이 내재하는 방향과 연관되어 있다고 생각한다.

6.

요컨대 지금까지 말한 이러한 형태의 지식인이 인류의 선수로서 정치와 문화와 도의에 관한 모든 책임을 담당해온 것이 40년 전가지의 중국이었다.

그리고 인류의 선수는 대체로 그 직책을 잘 완수해왔다. 우미·교치優美巧緻하다는 점에서 세계에서 견줄 곳이 없는 아름다운 문화는 그러한 지식인의 소산이었다. 또한 정치가로서의 지식인은 늘 문학·예술의 교양을 간직하고 있었기에 배려하는 마음이 깊이 밴, 온화한 정치가였다. 강렬한 정치가는 비교적 부족하지만 잔혹한 정치가는 더욱 드물었다. 산쇼다유山椒太夫[41] 같은 피도 눈물도 없는 지주地主, 그러한 성격을 지닌 인물을 나는 중국의 패사稗史·소설 속에서 오랫동안 찾아보았지만 아직껏 만난 적이 없다.

그러나 과거의 체제에서 지식과 정치의 지도권이 일부분의 인간에게 쏠려 있었던 점은 의심의 여지가 없다. 나라 바깥의 영향을 받아 그것을 변혁하려는 것이, 1911년 민국혁명 이래로 현재에 이르는 중국의 정세다.

그것이 처음으로 드러난 것은 본래 민국이 성립할 때의 정치혁명이었고, 이어서 1917년(민국 6)의 '문학혁명'이었다. 이른바 '문학혁명'은 문체 개혁을 중심에 놓고, 예전처럼 규격 있는 미문만을 정통적인 기재언어로 인정하는 풍습을 타파하여, 좀 더 평이한 구어문

---

41 욕심 사납고 무도한 부자리고 전해지는 전설상의 인물이다. 예부터 여러 갈래로 문학화되었고, 모리 오가이가 산쇼다유 전설에서 제재를 취해 『산쇼다유』라는 소설을 낸 것도 있다.

장으로 미문을 대체하려는 움직이었다. 그리고 '문학혁명'에 참여한 이들이 반드시 늘 자각한 현상이라고 할 수는 없겠지만, 기재 능력을 가진 이가 일부분의 인간에 국한되고, 따라서 그들만이 지식인으로서의 특권을 가진 옛 체제를 타파하여, 좀 더 많은 사람이 기재 생활에 참여하고 지식 생활에 참여하게 하는 것이 '문학혁명'의 중요한 작용으로 동반되었다.

문학혁명 운동은 문체 개혁에 관한 한 멋지게 성공했다. 그러나 그 뒤로도 구식 지식인은 여전히 꽤 위세를 떨쳤고 또한 구어 문장을 쓰는 이들도 새로운 지식 특권 계급으로 위세를 부리는 경향이 꽤 있었다.

최근에는 다시 철저히 그것을 청산하려 하는 상태다. 그리고 예전에는 정치의식 없이 일시적인 농민 봉기를 일으킨 데 그쳤던 세력이 정치의식을 갖고, 조직을 갖추어 구세력을 대체하려 하고 있다. 예전에는 파괴할 능력만 있고 건설할 능력이 없었던 이들이 스스로 건설 작업을 맡으려 하고 있다. 지향하는 바는 특권적 지식인이 없는 사회, 바꾸어 말하면 모든 사람이 지식인이 될 수 있는 사회일 것이다.

_ 1954년(쇼와 29) 5월 『신초』

5장

사인士人의 심리와 생활: '구체제 중국' 서설

1. 특권의 양태

구체제라는 말은, 18세기 말엽 프랑스 혁명의 용어 앙시앵 레짐 ancien régime의 역어를 금세기 중국 혁명에 적용한 것이다. 신해혁명辛亥革命, 즉 1911년(중국 청나라 연호로는 선통宣統 3년, 일본으로 치면 메이지 44년)에 중국에서 일어난 혁명, 그것을 '신해'라는 이름으로 부르는 이유는 이것이 이미 옛 체제의 하나인데 갑자甲子를 처음으로 삼고 계해癸亥로 끝나며, 60년을 한 사이클로 삼는 기년법紀年法에 따르면, 그해가 신해에 해당되기 때문에 그렇게 부른다. 그해에 청나라 왕조가 퇴위하고 중화민국이 성립됨을 선언한 것을 최초의 정점으로 삼고, 1949년 중화인민공화국 정부가 성립되고 중화민국 정부가 대만으로 물러나 피한 것을 두 번째 정점으로 삼아 진행되고 있는 금세기 중국의 역사가, 그 이전 체제의 변혁을 지향하여 나아가고 옛 체제의 많은 부분이 이미 변혁되고 혹은 변혁되는 과정에 있다는 점, 내지는 직접 변혁의 대상으로 의식되지 않았던 것이 사라져가는 중이라는 점, 1세기 전의 프랑스 혁명과 비슷하다. 또한 19세기 중엽 일본의 메이지 유신이 이전의 정치 체제, 문명 체제를 의식적·무의식적으로 변혁했던 것과 비슷하다.

혁명을 통해 변혁되고 사라져버린 체제, 혁명 이전의 중국 체제, 대체적으로 그러나 구체적으로 말하자면, 19세기까지의 중국 체제, 그것을 서술하는 것이 이 책의 목적이다.

그런데, 그러한 책의 일부분을 이룰 내 논문에는 하나의 중점이 있다. 즉 전세기까지의 중국 체제는 다른 지역의 구체제와 반드시 양상이 같지 않음을 지적한다는 점이다.

일부분의 인간만이 특권을 누린 사회였다는 것은 다른 구체제 사회와 같다. 그것을 불합리하다 여겨 혁명이 일어난 것도 같다. 그러나 특권을 누린 이들의 양태에는 특수한 점이 있었다.

⑴ '사士'라 불리는 인물이 사회에서 우월한 지위를 누리고 특권을 가진 이들이었다. '사인士人' '독서인讀書人' '사대부士大夫'라 부르기도 했다. '독서인'이란 고서古書를 읽는 것을 직업으로 삼는 사람이라는 뜻이다. 막스 베버가 리터라텐Literaten이라 부른 것은 그런 뜻에서였으리라. '사대부'라 부른 이유는 관리가 되는 것이 주된 직업이기 때문이다. 또한 '사대부' 세 글자는 일본 한학漢學에서 '시타이후'라 발음하는 것이 관례이고 '시다유'라 읽는 것은 관례에 어긋난

다. 이 논문에서는 원칙적으로 '사인'이라는 말을 쓰겠다.

(2) '사인'은 인간의 정치와 윤리와 문화를 책임지는 사람이다. 어떤 경우에도 '독서인'이고, 고서를 읽는 일을 책임이라 여긴다. 그 대신 다른 일, 특히 근육노동에 종사할 책임은 없다.

(3) '사인'이 될 자의 자격, 즉 특권을 누릴 자가 될 사람의 자격이 명확하게 규정되어 있었다. (a) 정치와 윤리를 책임지는 이가 될 능력이 있음을 증명하는 요건으로, 유가의 고전, 즉 '사서오경四書五經'의 전문을 암송하고 있을 것. (b) 문화를 책임지는 이가 될 능력이 있음을 증명하는 요건으로, 정형定型을 갖춘 시와 문장을 지을 수 있을 것.

(4) '사인'의 자격을 얻는 것은 (3)에서 말한 능력을 개인이 갖추고 있는지 여부에 따라 결정된다. 가문에 따라 좌우되지 않는다. 적어도 그것을 이념으로 삼았다. 그러므로 다른 구체제에서와 같은 세습귀족 제도는 없었다. 예외적으로 국왕의 지위만은 세습되었다.

(5) 그러나 '사인'의 자격을 얻은 개인의 생활과 심리는 귀족적이었다. 다른 체제에서의 세습 귀족과 마찬가지로 혹은 그 이상으로 귀족적이었다. '사인' 이외의 인간인 농민·노동자(고전의 언어로는 '서庶'라 부르고, 요즈음의 언어로는 라오바이싱老百姓이라 부른다)와 다른 종류의 인간이라고 스스로 의식했다.

(6) 그러나 '사士', 즉 '사인'의 자격은 개인의 능력을 통해 얻는다

는 (4)의 원칙은 늘 작동하여 '서庶'의 자제가 사인이 될 가능성이 늘 있었다. 거꾸로 또 '사인'의 자제가 '서'로 전락하는 일도 있었다.

특권을 누리는 이들의 양태가 이러했던 것은 다른 구체제에서의 그것과 아마도 다를 것이다. '아마도'라고 말하는 이유는 프랑스 혁명 전의 구체제, 즉 특권을 누린 이들이 국왕·귀족·성직자였다는 그 체제에 대해 아는 게 거의 없는 나로서는 비교하기 곤란하기 때문이다. 만약 내가 예상한 만큼 다르지 않다고 서양사가가 말한다면, 양자의 이동異同을 정밀하고 자세히 비교·연구하여, 이전에 알지 못했던 쌍방의 혁명사의 성질까지 천명하는 작업은 장래의 학자가 할 만한 일이 될 것이다. 그러한 작업의 계기를 마련하는 것이 되었으면 해서, 나는 내 논문을 프랑스 혁명사, 러시아 혁명사의 전문가들이 읽기를 희망하는데, 그 이야기는 잠시 제쳐두기로 하자. 메이지 유신 이전, 에도 시대 일본 체제와의 차이를 비교하는 일은 훨씬 쉽다. 특히 (4)특권을 누리는 이들의 신분이 세습되지 않았다는 점에서 비교하기 용이하다.

에도 시대는 천황·쇼군·다이묘 내지는 다이묘의 가로家老라는 이들이 지위와 특권을 세습했을 뿐만 아니라, 무사의 자식은 선천적으로 무사이고, 상인의 자식은 그 재능과 무관하게 반드시 상인이었고, 농민의 자식은 반드시 농민인 체제를 일본 역사 중에서도 특장特長으로 삼은 시대였고, 개인이 능력을 통해 다른 신분으로 진입하는 일은 원칙적으로 어려웠다.

예를 들어 이토 진사이는 17세기 후반 일본인 가운데 가장 능력 있는 개인의 한 명이었다. 그러나 교토 호리카와의 상인으로 생애를 마쳤다. 그의 아들 다섯 중에 어떤 이는 예외적인 조치에 힘입어 번유藩儒가 되어 무사 대우를 받았지만, 이토 진사이는 상인이었다. 또한 18세기 전반의 아라이 하쿠세키·오규 소라이는 무사의 자식이었지만, 하급무사 가문이었기 때문에, 쇼군이나 막부에서 사적인 고문 노릇을 하긴 했지만, 와카도시요리(에도 막부에서 로주 다음의 지위로, 주로 본영을 지키는 직속 무사인 하타모토를 통솔)나 로주(에도 막부에서 쇼군에 직속되어 정무를 총괄하고 다이묘를 감독하던 직책)에 임명되는 일은 없었다. 또한 18세기 후반의 모토오리 노리나가는 고전학자·문학자였을 뿐만 아니라, 『비본秘本 다마쿠시게』가 보여주듯 정치에 대한 견식과 주장도 있었다. 그러나 신분으로 보면 마쓰자카의 포목상의 아들이었고, 마을 의사였다.

그러나 중국의 체제는 그렇지 않았다. 사태를 명료하게 하기 위해, 조금 방자한 상상을 감히 해보기로 한다. 만약 그들이 그들이 살았던 시대의 중국, 즉 청나라의 연호가 강희康熙·옹정雍正·건륭乾隆이었던 시대에 태어났다면, 그들은 반드시 대관이 되었으리라 생각한다. 특히 아라이 하쿠세키와 오규 소라이는 실무에 거부감이 없었던 인물이었으므로, 청나라의 재상(내각대학사 겸 군기처대신)에 임명되는 것도 불가능하지 않았으리라. 또한 모토오리 노리나가도 내각의 각 부처에 해당되는 육부, 즉 이부吏部·호부戶部·예부禮部·병부兵部·형부刑部·공부工部 어딘가의 장관尙書 또는 차관侍郎 자리를 약속받았으리라. 그리고 '하급 무사 자식, 포목점 자식' 따위의 관계는 문제가 되지 않았을 것이다.

신분과 특권을 세습하는 가문이 중국 구체제에 전혀 없었던 것은 아니다. 물론 커다란 예외는 앞에서 말했듯이 국왕, 즉 황제의 가문이었다. 그것은 유사 이래의 제도, 즉 기원전 하夏 왕조, 은殷 왕조 이래의 일이고, 마지막 세습 왕조인 청나라를 신해혁명이 타도하기에 이르러 2000년 이상 이어온 제도가 처음으로 종식되었다. 또한 마지막 청나라 왕조는 국민의 대다수를 차지하는 한인漢人이 아니라, 17세기 중엽 만주에서 본부本部에 침입하여 왕조를 세운 만족이었으므로, 같은 종족인 만주인의 가신을 '기인旗人'이라는 명목 하에 에도 시대의 하타모토(본영을 지키는 직속 무사)처럼 우대하고, 봉록을 세습하게 했고, 관리가 되는 데도 특수한 편의를 제공했던 것은 청나라 왕조의 특수한 사태였다. 그러나 체제 전체로 보면 예외적인 조치이고, 국민 대다수인 한인 사이에서는 지위와 지위에 따르는 특권은 가문이 아니라 개인의 능력에 따라 얻을 수 있는 것이었다. 적어도 명목상으로는 그러했다.

물론 이념적인 명목은 그러했으나, 가문의 힘이 개재할 여지가 없지는 않았다. 부친이 이미 사인인 경우가 자식도 사인이 되기 쉬웠다. 현재의 일본 사회에서, 부친이 대졸인 가정이 자녀들의 대학

입학에 편리한 분위기가 형성되는 현상이 얼마간 있는 것과 비슷한 관계가 거기에 있었다. 특히 부친이 고관일 경우는 자식도 사인으로서 관리가 되는 것이 통례였다. 그러나 자식이 관리로서 차지하는 지위는 그 능력에 따른 것이고, 부친의 지위와는 관계가 없었다. 이념적으로도 그러했고, 실제로도 그러했다. 한인뿐만 아니라, 만주인 기인旗人은 일반적으로 봉록을 세습하는 외에 황제와의 친족관계의 친소親疎에 따라, 또 선조의 무공武功에 따라 가격家格에 차이가 있었던 것으로 보이지만, 관리로 임명함에 있어서는 가격에 얽매이지 않았다. 또한 이념은 황제의 지위에도 미쳐, 황제의 지위가 세습되는 이유는 사인의 총수가 될 능력을 황제가 개인적으로 가지고 있기 때문이라는 설명이 있었다. 특히 청나라 황제는 한인이 아니라 만주인이었으므로, 더욱 이 설명에 충실하려 하여, 한인의 사인이 갖추는 교양을 획득하는 일에 열심이었다.

이렇게 능력 있는 개인을 선택하여 '사인'이라는 특권자로 삼는 사상에 바탕을 두고, 더욱 그러한 체제를 단단하게 만든 것이 '과거'(공무원 시험제도)였다. 그것은 원래 국가가 혹은 황제가 널리 인민 가운데서 관리가 될 만한 사인을 필기시험을 통해 선택하는 제도였는데, 동시에 또 사인으로서의 신분을 사회적으로 확인받는 기회이기도 했다.

시험은 3단계로 나뉜다. 첫 단계 시험은 약 2000여 곳에 이르는 말단의 각 지방청(부府·주州·현縣)에서 치러진다. 각각의 관내管內

에서 '사인'의 자격이 있다고 인정되는 자 혹은 자부하는 자, 그 자격은 앞에서 체제의 특징(3)으로 언급했듯이, '사서오경'을 암송하고 규격 있는 시문을 지을 수 있는 것인데, 그중에서 응모한 이들에 대해 각 지방의 장관(지부知府·지주知州·지현知縣)이 시험관이 되어 예비시험을 행한다. 다시 그 성省 전체의 독학관督學官으로 중앙에서 파견된 고관, 대개 예부시랑(문교부차관급의 고관)인데, 그가 각 지방을 순회하여 재시험을 치러 당락을 결정한다. 급제자를 '생원生員'이라 불렀다. '생원'은 그 지방의 국립학교(나중에 말하겠지만 학교로서는 유명무실했다)의 학생이라는 의미다. 관리 자격을 갖춘 이로서 이미 하나의 신분이었고, 법제적으로도 특권을 가졌다. 예를 들어 죄를 범해도, 오늘날의 일본 국회의원처럼 체포하는 데 절차가 있다. '생원'의 정원은 각 지방의 인구와 문화 수준에 따라 차이가 있었는데, 많은 경우 수십 명, 적어도 몇 명, 경쟁의 배율倍率은 10배를 넘는 지방이 있었을 것이다. 몇 번이고 낙제하고서도, 여전히 시험을 단념하지 않은 노인도 드물지 않았다. 청나라에 반항했던 태평천국太平天國의 지도자 홍수전洪秀全은 '생원' 시험에 몇 번이나 떨어졌고, 그것이 그 뒤의 그의 인생행로를 결정했다고들 한다.

두 번째 단계는 '향시鄕試'다. 3년마다 각 성의 수부首府에 성 안에 있는 각 지방의 '생원'을 모아 치르는 시험으로, 시험관은 중앙에서 파견된 고관이고, 급제자를 '거인擧人'이라 불렀다. 경쟁률은 성에 따라 달랐겠지만, 10대 1 이하로 내려가는 일은 없었다. 급제자 '거인'

은 사인 중에서도 고급에 속하는 이라 의식되었고 상당한 관직에 임용될 수 있었다.

세 번째, 그리고 최고의 단계는 3년마다 치르는 향시의 이듬해 봄, 전국의 '거인' 약 1000명을 수도 베이징에 모아 최우수자를 뽑는 '회시會試', 또 회시의 재시험으로 황제가 시험위원장이 되어 문제를 출제하고 자금성 안에서 행하는 '전시殿試'다. 이 최종 중앙시험의 급제자 300여 명은 황제에게 '진사進士'라는 칭호를 수여받고, 고관으로 임용될 것을 약속받는다. 사인에게는 최고의 명예인데, 최초의 '생원' 시험 수험자 수에서 보면, 몇백 명 중에서 하나만이 그 영예를 누린다.

3단계 시험의 급제자가 확실히 사인이라는 점은 말할 것도 없다. 가령 최초의 생원 시험에 낙제한 이라 하더라도 사인이다. 왜냐하면 사인이 아니면, 즉 고전을 암기하고 시문을 지을 수 없으면 근본적으로 치를 수 없는 시험이기 때문이다. 물론 이런 종류의 체제에 대한 막연한 반항으로, 그 능력을 갖추고 있으면서 일부러 시험을 치르지 않는 사인도 드물게 있었다. 이하라 사이카쿠井原西鶴가 중국에서 태어났다면 그는 그런 축에 들었을지도 모르겠다. 그러나 노리나가 정도의 영재라면, 그가 시험을 치르지 않는 것을 우선 가족이 허락하지 않고, 마을이 용납하지 않았을 것이며 혹은 마쓰자카 현 혹은 이세 지방 전체의 선배 사인이 모처럼 향당鄕黨에서 대관이 나올 기회를 잃는다고 여겨 허용하지 않았을 것이다. 물론 학문에 열중한 노리나가는 그보다 30년 연하인 초순焦循이 바로 그러했던 것처럼, 지방시험의 급제자 '거인'이 되는 것에서 멈추어, 마지막 '진사' 시험은 의식적으로 거부하고 오로지 저술에 몰두했을지도 모른다. 그러나 사인의 영수領袖가 되었을 것이다.

방자한 상상은 그만두고, 중국의 실정을 보기로 하자. 프랑스 혁명이 일어난 1789년은, 일본에서는 시라카와 성주城主 마쓰다이라 사다노부가 쇼군 요시무네의 손자라는 이유로 11대 쇼군 도쿠가와 이에나리(1773~1841)의 로주가 되었던 간세이 원년, 중국에서는 청나라 건륭 54년이다. '건륭'은 그 무렵의 황제였던 만주인(성은 애친각라愛親覺羅, 이름은 홍력弘曆)의 연호다. 다만 루이라든지 샤를이라든지 하는 식으로 제왕의 실명을 부르는 일은 엄중한 금기였고, 그 체제에서의 정식 칭호는 '법천륭운지성선각체천립극부문분무흠명효자신성순황제法天隆運至誠先覺體天立極敷文奮武欽明孝慈神聖純皇帝'다. 또한 사후의 칭호로는 고종高宗이라 부른다. 불경不敬으로 간주되지 않는 약칭으로는 고종순황제高宗純皇帝 또는 연호를 따라 부르는 건륭제의 60년에 걸친 치세治世의 말기에 가까웠는데, 황제의 권력은 루이 14세에 거의 필적했다. 그는 자신의 호오에 따라 중신을 임명·파직했고, 모든 정책은 그의 주장 혹은 결재에 의거했다. 완전한 독재 군주였고 부조父祖 이래 세습된 지위로서 황제의 자리에 있었다.

그런데 독재 군주를 보좌하는 이로 가장 중요한 지위에 있던 것은 내각대학사內閣大學士(황제의 최고비서)에 임명된 이들 가운데, 군기처軍機處(대원수부大元帥府)에 근무하도록 분부를 받은 이였고, 이해에 그 자리에 있던 것은 만주인 아계阿桂·화신和珅, 한인 왕걸王杰이었다. 그 가운데 아계, 시호로는 아문성공阿文成公, 천자를 실명으로 말하는 것만 엄중한 금기였을 뿐만 아니라, 중국에서는 모든 개인을 타인이 실명으로 부르는 것을 실례라 여겨, 자字(별명)나 아호雅號 또는 이러한 고관의 경우에는 사후에 황제가 하사한 시호로 부르는 것이 보통이었는데, 이 인물의 경우는 부친 아극돈阿克敦(아문근공阿文勤公)이 이미 재상이었다는 사실이 그가 차지한 현재의 지위와 관계가 없지 않았다. 그러나 역시 그 자리에 있을 수 있었던 더 큰 이유는 외정外征의 사령관으로 여러 차례 실적을 올렸기 때문인 것으로 보인다. 다음으로 화신은 황제의 총애를 믿고 나쁜 짓을 있는 대로 다 저질렀다고 해서 다음의 가경제嘉慶帝 시대에는 실각한다. 악인이기 때문에, 이 자는 경칭을 생략하고 실명 그대로 화신이라 부르는 인물인데, 그는 본래 기인旗人(하타모토, 에도 막부에서 본영을 지키는 직속 무사) 가운데 하급 가문에서 태어났다. 황제에게 그 재능을 인정받아 그 자리에 올랐다고 한다. 가격家格에 얽매이지 않는 임용은 만주인의 경우에도 예외가 아니었다.

또한 가장 주목해야 할 것은 왕걸(왕문단공王文端公)의 전기다. 그는 한인이고, 그 가문은 본래 산시성陝西省 한성韓城의 평범한 시민이었다. 부친은 저장성 석문石門의 주부主簿라는 말단 관리였는데,

그 부친도 죽었기 때문에 매우 가난하게, 대관의 비서로 생활하고 있었다. 그런데 3단계 문관시험에 차례차례 합격하여 최고 자격 '진사'를 건륭 22년, 33세에 획득했고, 또한 황제가 친림親臨하는 그 시험에서 낸 답안이 황제의 주의를 끈 게 계기가 되어, 65세의 그가 군기처에 있었던 것이다.

또 다른 실례를 보자. 메이지 유신이 일어난 해인 1868년, 청나라에서는 동치同治 7년, 건륭제의 증손(추호追號 목종의황제穆宗毅皇帝)이 다스린 지 7년째의 일이다. 황제는 어렸고 생모 서태후西太后가 실력자였다. 서태후라는 것은 속칭이고 이후 40여 년간, 즉 일본의 메이지 시대 대부분을 실자實子 목종 또는 양자 덕종경황제德宗景皇帝(연호로 부르면 광서제光緒帝)를 명목상의 황제로 삼아, 줄곧 정권을 잡았고, 자희단유강신소예장성수공흠헌숭희황태후慈禧端裕康頤昭豫莊誠壽恭欽獻崇熙皇太后라는 길고 긴 칭호와 그에 상응하는 권력을 쥔 여성인데, 그 속칭 서태후 정부에서 메이지 원년에 재상 자리에 있던 이들은 내각대학사에 몽골인 왜인倭仁, 한인 증국번曾國藩, 협변 대학사協辨大學士에 한인 이홍장李鴻章, 또 군기처에 있던 이들은 황제의 숙부 공친왕恭親王 혁흔奕訢, 만인滿人 문상文祥과 보윤寶鋆, 한인으로는 이홍조李鴻藻였는데, 그 가운데 가장 유명한 이는 말할 것도 없이 증문정공曾文正公(증국번)이다. 그런데 증국번은 본래 후난성湖南省 지주의 아들이었다. 그는 이 시기의 거인巨人으로, 특히 과거 수십 년에 걸쳐 홍수전을 지도자로 삼은 태평천국의 대규모 군사행동, 당시 체제 쪽 용어로는 '난亂', 지금의 중국사가 용어로는 '기의起義'를 진압한 중심인물로 특히 성망이 있었는데, '집안은 대대로 농사꾼'이라고 『청사고淸史稿』 열전 첫머리에 적혀 있다. 그런 이가 30년 전인 1838년(도광 18) 최고시험 '전시'에 그다지 좋지 않은 성적으로 급제하여 '진사'가 된 것이 관료로서 입신立身한 첫걸음이었다. 또한 이홍장(이문충공李文忠公)은 '진사'였던 부친은 미관微官으로 끝났지만, 역시 1847년(도광 27)에 '진사'가 된 것을 계기 삼아, 태평천국을 진압할 때 증국번의 유력한 심복으로 재능을 펴 지금 그 지위에 있는 사람이고, 이윽고 증국번이 죽은 뒤 그 후계자로 청나라 최말기 중신의 필두가 되어, 1898년 이토 히로부미와 시모노세키에서 청일전쟁(중국식으로는 '갑오甲午의 역役')의 강화조약을 맺는다. 최하급 무사의 아들 이토 히로부미가 고관이 되었던 것은 메이지 유신의 결과인 데 비해, 미관微官의 자식이 오직 재능에 힘입어 이토 히로부미와 필적하는 지위에 있는 일이 중국에서는 이전부터 가능했다.

또한 메이지 원년(동치 7년 무진戊辰)은 3년마다 치르는 최고시험 '전시'가 베이징에서 거행된 해다. '전시'의 '일갑일명一甲一名(수석급제자)'은 속칭 '장원壯元'이라 하여 요즈음으로 치면 노벨상을 받은 것에 비견할 만한 영예로운 일이었는데, 이해의 장원을 한 홍균洪均, 우리는 그렇게 부르지만, 당시 사람들은 자字 홍문경洪文卿이라 부른 인물의 전기 등은 고급 사인이 낮은 계층에서 나온 좋은 사례가 될 것이다.

그의 친구 비녑자費念慈가 쓴 「청나라의 고故 광록대부병부좌시랑光祿大夫兵部左侍郞 홍공 묘지명」에 따르면, 홍균은 본래 쑤저우의 가난한 집안 자식으로, 부친은 장사를 시키려 했으나 울면서 거부하며 책을 읽는 일, 즉 '사인'이 될 공부를 하고 싶어했다고 한다. 그리하여 18세에 현縣의 '생원'이 되었고, 26세에 강남江南 향시에 급제하여 '거인'이 되었다. 그 이듬해 중앙시험 '회시'를 치러 낙제했지만, 다시 3년 뒤 멋지게 '장원'의 영예를 얻었고 그때 나이 서른이었다. 이후로는 관료로서 출세가도를 달렸다. 같은 진사 급제자 가운데서도 성적이 우수한 이는 천자의 비서실인 한림원의 구성원이 되고, 우수하지 않은 자는 지방관에 임명되었는데 그는 물론 전자였다. 또한 한림관翰林官, 즉 천자의 문학시종신文學侍從臣이 가장 명예롭게 여기는 직무를 종종 떠맡았다. 베이징 혹은 지방 수도에서 거행된 두 번째 단계의 시험(향시)의 시험위원장 혹은 위원이 되었고, 순천향시順天鄕試(수도에서 거행되는 향시)의 위원 또는 산시성陝西省·산둥성山東省에서 거행된 향시의 시험위원장을 잇달아 맡았다. 이것은 명예로운 일일 뿐만 아니라, 관료로서 또는 문화인으로서 세력을 넓힐 기회이기도 했다. 시험문제를 출제할 때 자기 학문과 문학의 경향을 암시하거나 명시함으로써 수험생을 그 방향으로 향하게 할 수 있다. 또한 시험 급제자와 시험위원장 혹은 위원 사이에는 사제관계가 맺어져서, 평생 스승으로서 존경을 받고 편의를

요시카와 고지로의 중국 강의

제공받는다. 요시다 시게루 씨의 도쿄대학 스승이었던 어느 법학자가 총리대신이 된 뒤의 요시다 씨를 부릴 일이 있으면 언제든 불렀다는 이야기를 들은 적이 있는데, 그러한 관계가 보편적으로 '과거' 시험의 시험관과 급제자 사이에 있었다. 그다지 오래 살지 못했던 홍균은 중앙시험 '회시'에 관계할 기회를 갖지 못했지만, 지방시험 '향시'에서는 많은 문하생을 만들 기회가 40세 전후까지 세 번 있었던 셈이다.

이어서 광서 9년(1883, 메이지 16) 45세에는 거듭 진급하여 예부시랑(문교부차관) 자격으로 장시성江西省 독학관督學官이 되었다. 전에도 말한 것처럼, 성내省內 각 지방 '생원'의 당락을 결정하고 또한 이미 재적在籍한 '생원'의 공부를 감독하는 직책이라, 더욱 많은 후배가 그의 입김이 닿은 인간이 된다. 그러나 이윽고 그는 모친이 돌아가 복상服喪했다. 부모의 죽음을 당한 관리는 27개월의 복상 기간 중 휴직하도록 되어 있었다. 광서 13년(1887, 메이지 20) 상이 끝나자 독일·러시아·오스트리아·네덜란드 네 나라에 공사公使로 파견되었다. 외교관으로 그가 얼마만큼 유능했었는지 나는 자세히 알지 못하지만, 이 임무는 그를 사학史學 명저의 저자로 만들었다.『원사역문증보元史譯文證補』. 13세기, 칭기즈칸成吉思汗을 중심으로 한 몽골 제국 초기의 사실史實에 대해, 이전의 중국 기록이 매우 불비不備했었는데, 콘스탄틴 도손의『몽골사』를 비롯한 기타 서양인의 저술에 의거하여 보충한 것이다. 그는 서양어를 읽을 수 없었지만, 조수가 번역했다. 관리는 '사인'이고, '사인'은 정치와 더불어 문화에 대한 책임을 담당했으므로, 일반적으로 관리가 이러한 학술적 작업에 종사하는 것은 직무를 게을리 하는 일로 간주되지 않았다. 귀국한 뒤에는 총리각국사무아문總理各國事務衙門(외국 교섭 담당 관청)의 요원要員이 되라는 분부를 받았다. 당시 청나라 정부는 외국을 이적夷狄이라 멸시하는 중화사상이 아편전쟁에서 패전한 뒤 부득이 후퇴하여, 대등호혜對等互惠 조약을 여러 나라와 맺지 않을 수 없었다. 그러나 여전히 세계 유일의 문화 지역이라는 자신감은 이 오래된 체제를 지탱하는 중요한 기둥의 하나였는데, 그러한 자신감을 명목적으로 보지保持하기 위해, 외교는 모두 임시조치라는 형태를 취했고, 외교부로 독립해야 할 관청이 이러한 명칭이 되었던 것이다. 또한 그곳의 '사무事務'에 종사하는 관리는 모두 따로 본직을 가진 이가 임시로 출장근무를 하는 형식을 취했다. 앞에서 말한 독일·러시아·오스트리아·네덜란드 네 나라에 '출사出使'한 것, 귀국한 뒤 총리아문에서 근무한 것 모두 출장 근무이고, 홍균의 본직은 병부좌시랑(국방부 차관)이었다. 그는 청일전쟁이 일어나기 한 해 전 광서 19년(메이지 26), 55세에 죽었다. 지금 우리는 이 인물의 이름을 『원사역문증보』의 저자로 기억한다. 또한 나중에 말하겠지만 소설 『얼해화孽海花』가 그와 그의 첩 새금화賽金花의 로맨스를 그렸다는 것을 기억하고 있다. 그러나 생전의 그는 무엇보다 청나라의 대관, 홍대인洪大人이었다. 다만 그 전기의 첫머리는 만약 그가 뜻을 세우지 않았다면, 그래서 부모의 희망대로 '장사를 배웠'다면, 아마도 쑤저우 저자거리의 일개 상인으로 일생을 마쳤으리라는 점을 시사하고 있다.

이제까지 서술한 것은 신해혁명 전의 중국 체제와 메이지 유신 전의 일본 체제의 차이점을 보여주기에 충분할 것이다. 그러나 일본인이 반드시 내가 말한 것과 같은 형태의 인상을 갖고 있지는 않으리라 생각한다. 그리고 에도 시대의 체제를 바탕으로 중국의 구체제를 추측하는 오해가 종종 발생하는 것으로 보인다. 중국사를 전문으로 하는 학자도 이따금 그런 오해에서 완전히 자유롭지 않을지도 모른다.

2. 특권을 누리는 이의 자격 요건으로서의 언어 능력

또한 사인이 될 자격이 앞서 이 체제의 특장(3)으로 요약했던 두 가지 점, (a)고전 암송, (b)작문·작시 능력에 있다는 사실은 더더욱 대개의 일본인 학자가 익숙하고 절실하게 이해하고 있지 않다고 생각한다. 아래에서 그것에 대해 다소 주의를 기울여 말하고자 한다.

내가 결론적으로 하고 싶은 말을 미리 해두자면, (a) (b) 두 가지 중에서도 후자(작문·작시 능력)야말로 사인과 사인이 아닌 자를 구별 짓는 가장 구체적인 기준, 검증하기 용이한 기준으로 작용했다는 점이다. 왜냐하면 전자(고전 암송)는 단순히 보지保持하면 그만이고 일상에 작용하지 않는다. 그에 비해 작문·작시 능력은 일상의 행주좌와行住坐臥에 작용하기 때문이다. 그러나 우선 (a)부터 말해 보자.

암송의 대상이 된 유가 고전은 사서와 오경이다. 사서는 『논어』가 '자왈子曰, 학이시습지學而時習之, 불역열호不亦說乎'(선생께서 말씀하셨다, 배우고 때로 익히면, 얼마나 즐거운가)로 시작하여 1만3700자, 『맹자』 3만4600자, 『대학』 『중용』이 각각 수천 자이니, 합하면 대략 5만 자, 오경은 『역』 2만4207자, 『서』 2만5800자, 『시』 3만9224자, 『예기』 9만9020자, 『춘추좌씨전』 19만6840자, 합하면 대략 39만 자, 거기에 『효경』 1903자를 합하면 대략 45만자인데, 그것을 필수적으로 암송해야 했다. 그 외에 『주례』 4만5800자, 『의례』 5만6624자, 『춘추공양전』 4만4075자, 『춘추곡량전』 4만1512자, 『이아』 1만809자는 혹은 암송하지 않았고 선택하여 암송했다.

'사서오경' 45만 자를 암송하려면 본래 엄청나게 노력해야 했다. 자식을 '사인'으로 만들려는 부모는 암송훈련을 5세 전후에서 시작하여 15세 전후에 끝내게 했다. 그리고 평생 그것을 보지해야 했으므로 더욱 엄청나게 노력해야 했다. 그렇지만 그것은 반드시 일상생활 도처에서 작용하지 않았다. 물론 유가 고전을 암송하는 본래의 전제는 고전 사상에 따라 살기 위해서다. 사실 또 유가고전사상은 사인의 사상을 줄곧 크게 지배했다. 우선 역사사상, 동시에 윤리사상의 기초로서, 인류의 이상적 사회는 태고, 특히 요순시

요시카와 고지로의 중국 강의

대에 있고, 인류가 생활의 모범으로 삼아야 할 것이 거기에 있다고 여기는 사상. 요순 이후의 시대는 모두 그것보다 열등한 시대인데, 그러나 요순시대로 복귀하는 것이야말로 인류의 이상으로 삼아야 한다고 여기는 사상. 복귀의 가능성이 있는 것은 오직 중국뿐이고, 외이外夷는 그 가능성이 없다고 여기는 사상. 인류 사회는 반드시 계층에 따른 질서를 가져야 한다고 여기는 사상. 그러므로 가정윤리로는 부모에 대한 봉사를 첫 번째로 삼아야 한다고 여기는 사상. 또한 사회 체제로서는 다름 아닌 우리 사인의 지배야말로 질서의 원천이라 여기는 사상. 존중해야 할 것은 인간 자체이고, 신의 존재를 생각하는 것은 미신이라 단정해도 좋다고 여기는 사상. 모두 유가 경전의 사상이기 때문에, 사인의 보편적 사상이 되었고, 일상생활의 근거에 그 사상이 관류하고 있었다. 그러나 그 근거가 되는 유가 경전은 다른 많은 종교의 경전처럼 매일 독송되는 것은 아니었다. 다만 암송을 끝낸 것으로서 보지하면 되었다. 만약 드물게 매일 독송하는 이가 있다면, 누구나 알고 있는 책을 야단스레 입에 올리는 '우유迂儒(어리석은 유자)'라는 비웃음을 샀을 것이다.

또한 일상생활의 세부에 이르면, 경전이 기록한 고대의 상태는 현대의 현실과 너무도 거리가 있고 동떨어져 있다. '공반불택수共飯不澤水'(함께 밥을 먹을 때는 손에 침을 묻히지 말라)라고 『예기』에 적혀 있는 것은 같은 그릇에서 밥을 손으로 집어 먹는 고대의 식습관 때문에 생긴 규정이어서, 각자 밥그릇에 밥을 담는 후세에는 관계가 없고, 쓸 데가 없었다. 그저 단순히 고대생활에 대한 지식을 간직하는 것으로서 암송해두면 되었다. 또한 본래 『예기』의 그러한 조목처럼 실제적인 규정은 유가 경전에 드물었다. 불교나 회교의 계율이 살생을 금하고, 돼지고기 먹는 것을 금하는 것과 같은 문자는 드물고, 대개는 해석의 폭을 허용하는 추상적인 언어였다.(이 책의 1장 「중국인의 고전과 그 생활」 참조) 대관이 현실 사건을 처치하는 것에 대해 주상奏上할 경우에, 경전의 언어를 처치 방법의 전제로 삼아 '만병통치약'처럼 인용하는 일이 드물지 않았다. 그러나 가정교육에서, 만약 '신체발부는 부모에게 받았으니, 감히 훼손하지 않는 것이 효의 시작身體髮膚, 受之父母, 不敢毀傷, 孝之始也'이라는 말을 인용하여 자식을 훈계하는 부모가 있다면, 사람들은 그이를 '우유迂儒' '도학선생道學先生'이라 냉소하고, 오히려 그 사람의 교양이 얕다고 여길 것이다. 대체로 이 체제 안의 '사인'은 에도 시대 유자처럼 고지식하고 딱딱하게 유가 경전을 들고 나와 내적 생활을 옭아매는 짓은 하지 않았다. 에도에서 유학은 열의를 갖고 학습한 일종의 신사상이었던 데 비해, 중국 구체제에서 유가 경전은 아주 보편적이고 흔한, 사인이라면 누구나 암송하여 보지했던 '공기 같은 존재'였다.

이러한 (a)의 능력에 비해 (b)의 능력, 즉 작시·작문 능력, 특히 규격 있는 문체로 문장을 쓰는 능력은 사인의 일상에 끊임없이 작용했다.

규격 있는 문체란 무엇인가. 그것은 문어문文語文(요즈음 중국어로
는 '문언文言'이라 부른다)으로, 어휘와 어법에 규격이 있고 또한 그
리듬이 아름다워야 하는 것을 중요하게 여기는 문체다. 그리고 또
한 구어와 완전히 괴리된 형태여야 했다. 일본의 문체 가운데서 굳
이 비교 대상을 찾자면 소로분候文[42]이 있겠는데, 오히려 다소 엉뚱
한 비교이긴 하겠지만, 일본의 예술 가운데 '노'(무로마치 시대에 집대
성된 일본 고유의 가면 가극)가 일거수일투족 모두 일상의 자연스러
움을 제거한 것과 닮아 있다. 그 문체도 일상·자연 언어인 구어의
자취를 남김없이 제거하려 한 문체였다.

사태의 기원은 먼 옛날, 이 나라의 언어생활이 그 시작부터 기록
방법으로 표음문자라기보다는 표의문자인 한자를 채용한 것과 시
기를 같이 했으리라. 즉 기록언어와 구두언어는 처음부터 별개의
것으로 발생했으리라 나는 생각하는데, 그것에 대해서는 『한문 이
야기』(지쿠마쇼보)를 참고하기 바란다.(전집 2권 56쪽) 『논어』의 언어
는 이미 구어가 아니라 '문언'이었을 것이다. 또한 당송唐宋 이후 한
유·유종원·구양수·소동파 등이 그 문체를 '고문古文'이라는 이름
으로 정비한 뒤로는, 모든 기록은 이 문체에 따르는 것이 그 뒤 천
년에 걸친 통념이었다. 예외적으로 선승禪僧 혹은 유자儒者의 대화기

---

42 서간에 많이 쓰인 문어체 문장의 일종으로, 문장 말미에 '소로候'라는 정중한 어
투를 사용해서 '소로분'이라 부른다. 에도 시대에는 공용문公用文에도 쓰였고, 메이지
시대 이후 학교에서 가르쳤지만, 현재는 거의 쓰이지 않는 문장이다.

록, 소설의 어느 부분, 재판기록의 어느 부분이 구어였지만, 그것들은 정식 문헌 내지 기록이라 의식되지 않았다. 예외가 아닌 기록은 모두 '문언' 문체에 따라야 했다. 그리고 이 문체로 쓰는 능력이 사인의 일상에 부단히 작용하여, 사인을 '사인 아닌 이들'과 구별 짓는 가장 구체적인 척도였다.

예를 들어 편지다. 지금 나는 이 원고가 자꾸 늦어져서 안절부절못하고 있다. 그것에 대해 편집자에게 편지를 쓴다고 하자.

미안하다. 원고 작성은 아직이다. 자네에게만 미안한 게 아니다. 벌써 원고를 제출하신 다른 분들에게도 미안하다. 그러나 나는 이제까지 사람들이 멀거니 놓쳤던 것을 조금 지적하고 싶다. 그래서 빨리 진도를 빼지 못한다. 해량을 빈다.

그런 내용의 편지를 쓴다 할 때, 중국의 구어 그대로라면 이렇게 될 것이다.

對不起, 我的稿子還沒寫完, 不但對你不起, 他們幾位, 早已繳卷完了, 也對他們不起. 不過, 我要寫出幾點從前的人們不大留意過的事情, 所以麽, 寫的不能勾快, 請你不要怪我罷. 1967. 10. 24. 幸.

그러나 구체제 사인의 서간이라면, 이렇게 써서는 안 된다. 또한 이렇게 구어 그대로 적을 기술도 당시에는 갖추어져 있지 않았다. 서간은 다음과 같은 '문언'체 문장이 되었을 것이다.

복문유미살청僕文猶末殺靑, 죄심죄심罪甚, 제군성지심조諸君成之甚早, 복독함호僕獨舎毫, 역위지국촉불안亦爲之局促不安, 연전인지혹망연자然前人之或惘然者, 비의료욕발명鄙意聊欲發明, 시이부득불지是以不得不遲, 제기원량諸祈原諒, 불선不宣, 제고지로돈수弟羔次郞頓首, 정미구월초십일丁未九月初十日.

(내 글은 여전히 아직 끝나지 않았으니, 허물이 많다. 다른 분들은 매우 일찍 끝냈는데 나만 미적거리고 있으니 또한 그 때문에 몸과 마음이 편치 않다. 그러나 이전 사람들이 더러 막연하게 남겨둔 것을 내 나름대로 얼마간 밝히고자 하다보니 부득이 늦어졌다. 모두 양해해주기를 바란다. 쓸 말이 많으나 다 쓰지 못한다. 아우 고지로 돈수, 정미 9월 초10일)

사적인 편지만이 아니다. 관리가 황제에게 보낸 서간(상주문上奏文)도 이 문체로 써야함은 물론이거니와, 사인의 기록언어는 모두 이 문체로 써야 했다.

그리고 또 이 문체로 산문문학을 지을 수 있는 사람이라는 것, 그것이 사인의 자격이었다. '산문문학'을 지금 우리가 쓰는 개념으로 생각하면 안 된다. 우리는 산문문학의 중심적 갈래를 '소설'이라 생각하기 쉽지만, 구체제 중국에서는 소설 따위 허구 문학은 문학이 아니었다.(지쿠마쇼보, 『중국시사中國詩史』 서설 참조. 전집 1권 '하나의 중국문학사') 문학의 제재가 된 것은 늘 '허구가 아닌 역사 사실' 혹은 일상·신변의 사실이었다. 그것들에 대한 서술 혹은 그것들을 둘러싼 논의·감상을 이 문체로 승화시켜 쓰는 것이 산문문학이었다. 그리고 그것을 쓸 수 있다는 것이 역시 사인의 자격이었다. 특히 묘에 묻는 묘지명, 묘 위에 세우는 비 등 고인故人의 전기를 문장으로 써달라는 의뢰를 받으면 우인友人·지기知己는 거절할 수 없었다.

청나라 말의 사례로, 정계의 거인이기는 했지만 문학 전문가는 아니었던 이홍장, 그러므로 이런 종류의 문학과는 인연이 없을 것이라 오인되기 십상인 그의 작품을 보기로 하자. 그의 스승이고 그 후계자임을 자임했던 증국번의 전기, 증국번의 묘도墓道에 세운 '광록대부증태부무영전대학사량강총독일등의용후증문정공신도비명光祿大夫贈太傅武英殿大學士兩江總督一等毅勇侯曾文正公神道碑銘'의 시작 부분이다.

성청수명이백재聖清受命二百載, 유상왈증공有相曰曾公, 시이유업始以儒業, 사선종황제事宣宗皇帝, 입한림入翰林, 칠천이위예부시랑七遷而爲禮部侍郎, 문종어극文宗御極, 정색직간正色直諫, 다대신지풍多大臣之風, 함풍이년咸豐二年, 이오우귀상향而母憂歸湘鄉, 수기향병토적遂起鄉兵討賊……

요시카와 고지로의 중국 강의

이하 약 2000자에 걸쳐, 증국번이 '적賊' 즉 태평천국 평정을 위해 얼마나 힘을 쏟았는지를 말하는 긴 문장의 시작인데, 첫머리부터 매우 리듬이 당당한 언어다.

'성청聖淸 명을 받아 200년'은 '우리 신성한 청나라가 천명을 받아 개국하고 나서 200년', 그러한 의미인데, 그 음성을 지금 대륙의 로마자로 표기하면, shèng qīng shòu mìng èr bóq zăi, 7음절이 '성청聖淸'과 '수명受命'이라는 거창한 의미와 함께 장중한 억양의 리듬을 처음에 빚어낸다. 다음으로 '상相이 있어 증공이라 했다', 증曾 각하라 하는 대신이 나왔다, 누구라도 다 아는 그 사람을 시치미를 뚝 떼고 모르는 것처럼 말하는 지점에 이 구의 문학성이 있다. 또한 you xiàng yūēq zēng gōng, 이번에는 5음절, 그리고 첫 세 글자는 you xiàng yūēq 굴절屈折된 음성이고, 끝 두 글자는 zēng gōng 음성도 지치미를 뚝 뗀 듯한 음성인 것이 문학성을 더욱 강화한다. 이하 '처음 유업儒業으로써, 선종황제를 섬겨 한림에 들어갔다. 일곱 번 옮겨 예부시랑이 되었다. 문종의 극極에 어御함에, 정색하고 직간하여 대신의 풍風이 많았다. 함풍 2년, 모친상을 당해 상향에 돌아가 마침내 향병을 일으켜 적을 토벌했다', 일일이 리듬을 설명하지 않겠지만 당당한 문체이고, 그것이 이하 2000자에 걸쳐 줄곧 이어지며 펼쳐진다.

물론 이홍장 같은 대관에게는 막료幕僚가 많이 있다. 이 문장도 완전히 그의 붓끝에서 나온 것은 아니리라. 그러나 적어도 이러한 문장을 지을 수 있는 능력을 갖추고 있다는 형태를 취하는 것이 그 지위에 있는 자로서 필요했다는 점, 마치 오늘날 일본의 대학 총장이 외국어 능력을 적어도 형식적으로는 갖추고 있어야 하는 것과 마찬가지다.

문장을 짓는 능력 또한 그것을 통한 생활과 마찬가지로 시를 짓는 것 또한 사인에게 일상적인 일이었다. 구체제 중국의 시는 모두 정형定型이 있다. '정형'은 일본의 와카·하이쿠가 음수율만 있는 것처럼 간단하지 않다. 1행 5자(즉 오언五言), 1행 7자(즉 칠언七言)라는 음수율을 갖추는 동시에 각운을 밟는 것이 우선 꼭 필요했다. 또한 '율시律詩'라 부르는 가장 정형적인 시형에서는 1행 안의 억양율抑揚律(meter), 즉 평측平仄을 규정대로 배치했고, 또한 2연 이상은 반드시 대구를 이루어야 했다. 그러한 시를 지을 수 있는 능력이 산문을 짓는 능력과 더불어 사인의 자격에 필수였고, 가령 잘 하지 못하더라도 반드시 갖추고 있어야 했다. 그것 또한 일상생활에 종종 작용했다. 예를 들어 이 원고를 쓰고 있는 나에게 구체제 '사인'이 방문했다 치자. 나는 이 원고 집필을 화제 삼아 말할 것이다. 저는 원래 외국인인 주제에, 구체제 중국의 학문 내지 교양을 그대로 해볼 요량으로 공부해왔습니다. 그것을 둘러싼 사정을 장점과 결점 모두 현대 일본인치고는 얼마간 알고 있습니다. 『장자』에 '시골 뜨기가 한단邯鄲의 걸음걸이 배우려 하다, 기어서 돌아왔다'는 이야

요시카와 고지로의 중국 강의

기가 있습니다만, 우선 다른 사람들은 아주 절실하게 느끼지 못하는 것을 지금 쓰려 하고 있는데, 글이 길어져서 힘이 떨어지고 있습니다. 아 참, 오언절구를 하나 지었습니다. 가르침을 청하겠습니다. 하고 다음의 시를 보여줄지도 모르겠다. 오언절구이므로 대구를 쓰지 않아도 되지만, 평측과 압운만은 정돈되어 있다.

구학륜망후舊學淪亡後　구학舊學이 멸망한 뒤에
한단학보유邯鄲學步悠　한단에서 걸음걸이 배움이 멀구나
촌심지득실寸心知得失　촌심의 득실이야 안다지만
잉어미능휴剩語未能休　군소리 아직 그만둘 수 없다오[43]

'촌심寸心 득실得失을 안다' 했지만, 실제로는 완전히 그렇지도 않습니다만, 좋은 표현을 찾지 못해서 두보의 시구를 그대로 빌려 썼습니다. 객은 웃으며 말할 것이다. 아니, 당신과 같은 보수가保守家는 중국에도 이제 없습니다. 당신은 경서는 어느 경서나 희미하게 기억하고 있는 것 같은데, 그 부분을 다시 한 번 제대로 공부해서 암송한다면, '과거'에 합격할 수도 있습니다. 그러면, 당신은 1904년생이라 하니, 마침 그 때는 광서 30년, 마지막 '과거'가 거행된 해입니다. 모처럼 시를 지어 보여주셨으니, 당신의 작품에 차운次韻해볼까

---

43 한시 번역은 저자의 훈독訓讀을 바탕으로 직역했다. 이하동以下同.

요. 그렇게 말하고, 내 시가 운각韻脚에 쓴 '유悠' 자 '휴休' 자를 크로스워드의 키워드처럼 사용하여, 다음과 같은 한 수를 내게 줄지도 모른다.

애재수주객哀哉守株客　슬프다 그루터기에서 토끼 기다리는 객이여
세변자유유世變自悠悠　세상의 변화는 절로 아득하고 아득하구나
연군초도일憐君初度日　딱하도다 그대가 처음 급제한 날에
여창전정휴臚唱殿庭休　합격 알리는 소리 궁전 뜰에서 그쳐버렸네

나는 말할 것이다. 오언절구 따위에 차운해주시니, 몸 둘 바를 모르겠습니다. 언젠가 칠언율시라도 지어 대구를 지어서 가르침을 청하겠습니다.

가상의 대화에 등장하는 시작詩作은 물론 아주 기본적인 수준을 보인 것이다. 청나라 말의 좀 더 복잡한 실제 작품의 예로, 다시 이홍장의 칠언율시를 보이기로 한다. '병진丙辰 여름, 명광진明光鎭의 객점旅店에서 벽에 써서 붙이다'라는 제목의 연작 가운데 하나다. 함풍 6년, 태평천국과 한창 싸우던 때의 작품이고 이것은 자작自作이 분명하다.

사년우마질풍진四年牛馬走風塵　4년이나 마소처럼 풍진세상을 달리더니
호겁망망잉차신浩劫茫茫滕此身　속세의 재앙이 아득히 이 몸에 남았

도다

배주자요흉뢰괴酒藉澆胸磊塊　　한 잔 술 빌려 가슴의 응어리를 씻고

침과시방담륜균枕戈始放膽輪囷　　창을 베개 삼아 비로소 간담의 꼬임
　　　　　　　　　　　　　　　　을 푸네

수탄단협성하사愁彈短鋏成何事　　근심스레 단검을 튕겨보나 무슨 일을
　　　　　　　　　　　　　　　　이루었나

역만광란정유인力挽狂瀾定有人　　힘써 미친 물결을 당겨본들 딱히 아
　　　　　　　　　　　　　　　　는 사람 있을까

녹빈점조모절락綠鬢漸凋旄節落　　검은 머리 점점 사라지고 모절도 떨
　　　　　　　　　　　　　　　　어지니

관하사의독상신關河徙倚獨傷神　　변방에 옮겨 의지하여 홀로 마음만
　　　　　　　　　　　　　　　　상하네

　이홍장의 이 시는 꽤 유명한 듯, 주공창朱孔彰의 「이문충공별전李
文忠公別傳」에도 대서특필되어 있다. 그리고 칠언율시의 정형대로, ○
로 표시한 곳은 평성의 글자, ●로 표시한 곳은 측성의 글자가 정형
대로 배치되었고, ◎로 표시한 글자가 각운이고, 또한 중간의 '배주'
와 '침과'가 있는 연, '수탄'과 '역만'이 있는 연이 대구를 이루고 있
음은 말할 것도 없다.

3. '과거'를 통한 언어 능력의 인증

이러한 작시·작문 능력, 그중에서도 특히 중심이 되는 것은 작문 인데, 요컨대 특수한 언어를 구사할 수 있는 능력이 사인을 사인답 게 만드는 자격이었다는 사실을 두드러지게 반영하는 것은 '과거' 시험의 시험과목이다.

그것은 송나라 이래, 전통적으로 (1)경의經義, (2)논책論策, (3)시부 詩賦 세 가지였는데 모두 언어 능력을 중심으로 삼는 방향이다. 우 선 (1)경의는 '경서 해석'이라는 뜻이고, 사서 및 오경 중에서 임의 로 한두 구를 출제하고 그 해석을 쓰게 했다. 예를 들어 '사서'에 관한 문제라면, '학이시습지學而時習之' 한 구절을 출제하고, 그것에 대한 해석을 송나라 주자의 해석에 의거하여 쓰게 한다. 답안 문 체는 물론 문어체(문어文語)인데, 이 답안의 경우는 더욱 특별한 규 격이 있어, 전문을 8단으로 나누고 또한 그중의 몇 단은 대구로 표 현해야 한다. 그래서 '팔고문八股文'이라 불렀던 특수한 문장인데, 내 용보다 문장의 교졸巧拙이 채점을 좌우하는 경향이 현저했다. (2)논 책은 정치 혹은 정치사政治史에 관한 문제이고 이것은 행정관이 갖 춰야 할 견식과 능력을 시험하는 것이 주된 의도였는데, 이 경우 도 내용과 더불어 문장 표현을 중시했으므로 작문시험 요소가 다 분했다. (3)시부는 가장 명료하게 '특수한 언어를 제작하는 능력'을 시험하는 것이다. 그 가운데 시는 고서에 나오는 한 구절을 과제로

주었고 또한 각운을 지정하여 오언팔운五言八韻의 '율시', 즉 1행 5자, 16행, 행 가운데 평측을 정돈하고, 그중 12행은 대구여야 하는 시를 짓게 했다. 상연류商衍鎏의 『청대과거고시술록淸代科擧考試述錄』에 보이는 예를 보자. 당나라 이백의 「자야오가子夜吳歌」에 나오는 한 구절, '만호도의성萬戶擣衣聲'을 과제로 주고, 또한 '성聲'shēng 자를 대표로 하는 일군의 글자, 즉 ēng 혹은 éng를 미음으로 하는 글자를 각운으로 쓰라고 지정한 문제인데, 그것에 대한 답안은 다음과 같다.

동서심불변東西深不辨 동서는 깊어서 분간하지 못하는데
공외단문성空外但聞聲 하늘 밖에 다만 소리가 들려오네
공도삼경월共擣三更月 함께 삼경의 달빛에 다듬이질하는데
수지만호정誰知萬戶情 누가 변방 무관의 마음을 알겠는가
한의신한출寒衣新澣出 겨울옷은 새로 빨아다 내놓았고
밀선구봉성密綫舊縫成 촘촘한 실로 예전에 꿰매두었네
원근경추조遠近驚秋早 여기저기 가을이 일찍 들어 놀라고
광음입야쟁光陰入夜爭 세월은 밤 들어 다투는구나
역미변용진力微抃用盡 미약한 힘 기꺼이 다 쓸 것이며
신고설분명辛苦說分明 괴로운 고생 분명히 말하리라
양의생쌍저涼意生雙杵 서늘한 기운은 다듬이 방망이에 나오고
번음만일성繁音滿一城 시끄러운 소리는 온 성에 가득하도다

심규금일기深閨今日寄 깊은 규방에서 오늘 짐을 부치는데

절새기인정絶塞幾人征 외딴 변방에 몇 사람이 군역을 갔나

노포빈문첩露布頻聞捷 첩서로 자주 승전 소식을 들으니

요가보鐃歌報   개가凱歌로 태평에 보답하리라

태평太平

마지막 '태평太平' 두 자가 한 칸 나와 있는 것('대두擡頭'라 한다)[44]은 시험장에서 지은 시에서는 성천자聖天子의 치세治世를 기리는 것이 또 하나의 필요조건이기 때문인데, 그것은 그렇다 치고 전후 8운 즉 8연 16행 가운데, 중간의 6운 12행이 각각 모두 같은 문법적 조건인 글자를 같은 위치에 '공-서, 도-지, 삼경-만호, 월-정' 하는 식으로 배치하는 것이 대구 기술이다. 이 기술은 사인이 되려는 이가 경서를 암송하고 또 팔고문을 작문하는 방법과 함께 4~5세 무렵의 어린 시절부터 익히고 연습했고, 그것은 가정교사 내지는 부친에게서 초보적인 두 자 대구부터 시작되었다. '청산靑山'이라고 어른이 말하면, 어린아이는 '녹수綠水'라고 대답해야 하는 것이다. '비운飛雲'이라 말하면, '영우零雨'라고 대답해야 했다. 만약 '청산靑山'에 대해 '녹파綠派'라 답하고, '비운飛雲'에 대해 '표풍飄風'이라 대답하면 낙제다. 평측의 인토네이션이 짝을 이루지 못하기 때문이다. 다음

---

44 일본어 텍스트는 세로쓰기를 하기 때문에 원문대로 번역하면 '한 칸 올라와 있는 것'이라 해야 맞겠지만, 한국어판본은 가로쓰기를 하므로 이렇게 옮겼다.

요시카와 고지로의 중국 강의

으로는 3자 대구, 4자 대구로 나아가고 이윽고 앞에 든 예처럼 '율시' 즉 정형시를 짓는 기술을 머리가 좋은 아이라면 10살 전후에 완성하여, '과거'에 응할 준비를 갖추는 것이다. 물론 이런 시험장에서 지은 시는 '시첩시試帖詩'라 해서 가장 매너리즘에 빠진 초보적인 것이라 간주되었고, 정격正格의 시로 간주되지 않았다. 고급 사인이 되기 위해서는 더욱 내용이 있는 혹은 더욱 세련된 시를 지어야 했지만, 하여튼 '과거'에 응시하려면 최저한도의 시작 능력으로, 이러한 오언팔운의 '시첩시'를 지을 만한 소양을 갖추어야 했다. 사정은 (1)경의經義에 대한 답안 '팔고문'에서도 마찬가지여서 시험장에 국한된 문체이고, '시문時文' '제의制義' 따위 멸시의 감정을 띤 별명으로 불렸고, 산문의 정격正格은 아니었다. 청나라 사인은 2류, 3류의 사람들까지 대개 자기의 시와 산문 작품을 문집으로 편집하여 출판했는데, 거기에는 보통 '팔고문'과 '시첩시'를 수록하지 않았다. 그러나 '과거'에 응시하기 위해서는, 즉 사인의 자격을 인정받으려면 그것들을 지을 능력이 '특수한 언어를 지을 수 있는 인물이 기본적으로 갖출 자격'으로 필요했다. 또한 시부詩賦 가운데 '부'라는 것은 더욱 복잡한 형식을 갖춘 긴 운문인데, 청대淸代에는 보통의 '과거' 시험과목에는 들어가지 않았다, 라고 앞에서 언급한 상商씨의 『고시술록』은 말한다. 다만 최고 자격인 '진사'를 획득하고, 그중에서도 성적이 우수하여 천자의 비서실인 한림원에 배정된 자에게는 그 뒤에도 언어 능력의 정도를 수시로 점검하기 위해 '한첨翰

詹의 대고大考'가 시행되었다. 그때는 '부'를 지어야 했다. 일류 사인이라 간주된 이는 부를 짓는 능력을 연마해두는 것이 역시 필수였다.

또한 이러한 언어 능력 시험은 언어의 교졸巧拙뿐만 아니라, 표기하는 문자를 쓰는 방식의 교졸, 즉 중국어로는 서법(일본어로는 서도)의 교졸도 평가 대상이었다. 서체는 해서 중에서도 특히 근엄한 필체여야 했다. 그것은 '전각체殿閣體', 즉 '시험장 서체'라 불렸는데, 고급스런 서체라 여겨지지는 않았지만 역시 사인이 꼭 갖추어야 할 기능이었다.

이렇게, 짧게 말해서 문사文事에 대한 능력을 세세히 점검했던 데 비해, 무사武事에 대한 능력은 (2)책론策論 가운데, 그것도 매우 드물게 정책에서의 그것을 물었던 것을 제외하면 묻는 일이 없었다는 사실에 주의해야 한다. 그 점에서도 에도의 사무라이가 문무겸전文武兼全인 것과 달랐다. 중국의 전통 사상으로서, 본래 군사軍事는 경멸해야 할 것이던 데다, 청나라에서 군사는 정복자인 만주족만의 일이어서, 피정복자인 한인에게는 되도록 관여하지 않게 하는 것이 청나라 말년, 태평천국과 싸우기 위해 증국번·이홍장 등이 한인의 사인과 그 휘하의 한인 군대를 부득이 기용하기 전까지의 체제였다. 군관軍官을 뽑기 위한 '무과거武科擧'라는 것도 따로 있었지만 그 급제자는 세간의 존경을 받지 못했다.

무사武事와 더불어 또 하나 문제 삼지 않았던 분야는 법률 지식이었다. 법률도 '무武'와 마찬가지로 경멸의 대상이었고, '책 만 권을 읽었으나 율律을 읽지 않았다'는 송나라 소동파의 호방한 말이 줄 곧 통용되었다. '과거'는 행정관을 뽑기 위한 시험이었지만 청나라 형법 '대청률大淸律'은 행정관인 사인과 거리가 멀었고, 오히려 나중 에 서술할 '서리胥吏'에게 속한 사안이었다.

'과거'의 수험자 내지는 사인 일반이 유가 경전 외에 읽어두어야 할 책은 따로 있었다. 우선 역사서다. 최소한 『사기』『한서』『자치통 감』은 읽어야 했고, 암송하기를 요구받지는 않았지만, 그 책들에 등 장하는 '중요한 사건과 인명'(그 수는 천 단위에 달하는데)을 제 주머 니 속의 물건 주무르듯 할 수 있어야 했다. (2)의 책론은 그렇지 않 으면 쓸 수 없었다. 또한 작시·작문의 기초로서 모범이 될 만한 고 대의 작품을 읽어야 했고, 그중 어떤 작품들은 암송해두는 게 편 리했다. 또 여기에서 한 마디 덧붙이자면 『노자』『장자』『순자』『한 비자』 등 이른바 '제자백가의 서'는 에도의 한학이 그것들을 중시 했던 것과는 달리 필독서는 아니었다.

4. 비특권자의 소외

특수한 언어 능력을 가진 이가 '사인'이라는 이름으로 특권자가 되는 체제, 다만 안전판으로서 특권이 세습되지 않는 체제, 그것은 혁명 직전의 청나라에서만 고정된 체제였던 것이 아니다. 그 역사 를 자세히 다룰 자리는 아니지만, 적어도 이 체제의 고정은 북송

(11세기)에서 시작되었다고 보아도 좋다. 빈핍貧乏한 지방 사무관의
자식이었던 구양수, 쓰촨四川의 포목점집 자식이었던 소동파 두 사
람 모두 주로 '문사文事의 능력'에 힘입어 11세기 중국의 고관(재상)
이 되었다.(나의 『송시개설宋詩槪說』, 이와나미쇼텐, 『전집』 13권) '문사의
능력'으로 고관이 될 수 있는 체제는, 북송 시대에 정해진 3단계 3
과목의 '과거' 제도와 서로 표리를 이루면서 죽 계승되어, 혁명 직
전의 19세기, 청나라 말년까지 존속했다 해도 좋다.

그리고 이 체제는 우수한 '사인의 철학'과 '사인의 문학'을 줄곧
생산했다.(필자의 『송시개설』 또는 『원명시개설元明詩槪說』, 『전집』 15권
참조) 적어도 그 시의 주도周到한 전통은 세계 문학의 장관壯觀일 것
이다. 그것들은 이 체제가 낳고 뒤를 보아준 것들이었다. 고 하라
가쓰로[45]의 논문 「공원貢院의 봄」은 '과거' 제도에 대한 비난만 왕성
했던 금세기 초에 그 제도가 문명을 지탱해온 장점이 있음을 돌아
본 글이다.

그러나 지금 이 논문에서는 이 체제가 국민의 소수만을 특권자
로 만들었고, 국민 대다수를 특권 바깥에 두는 결과를 낳아왔다
는 사실을 말하지 않을 수 없다. 왜냐하면, 국민 다수를 차지하는
농민·노동자, 그 대다수는 문맹이었다. 근본적으로 문자생활 바깥
에 있었기 때문이다. 혹은 문맹까지는 아니더라도, 초보적인 문자

---

45 1871~1924, 일본의 역사학자.

생활만 가능했기 때문이다. 개인의 노력으로 지위를 얻을 수 있다는 이론과는 달리, 그러한 이들이 사인 자격을 획득한 생활에 들어가 특권자가 되는 것은 특별한 노력이 없는 한 어려운 일이었기 때문이다.

과거 중국인의 얼마 정도가 문맹이었을까. 정확한 통계는 없다. 물론 확실한 것은 여성의 거의 전부가 문맹이었다는 사실이다. 농민·노동자의 딸만 그러한 것이 아니었다. 사인의 딸도 사인의 아들이 반드시 문자를 알고 있는 것과 달리 모르는 경우가 많았다. 마치 전전戰前의 일본 여자대학 졸업생처럼, 문자를 아는 여성은 사인의 딸들 중에서도 특별한 인텔리 여성이었다.

문자를 아는 남성은 몇 퍼센트였을까. 농민은 모두 문자를 알지 못했다고 말하는 것은 속단이다. 8세기의 두보는 기주夔州(쓰촨성 동쪽의 깡촌) 농민의 교양을 '소아小兒의 학문은 그저 『논어』'라 말했다. 그 교양이 『논어』를 읽는 데 그쳤음을 가엾게 여겼다는 사실과 더불어, 『논어』만은 읽을 수 있었다. 『논어』에 보이는 한자의 자수는 1512자인데, 적어도 그것만은 8세기의 그렇게까지 부유하지 않은 지역의 농민 내지는 노동자의 지식에 들어가 있었다는 사실을 보여준다. 『논어』는 유가의 경전 가운데 가장 간이簡易한 것이고, 초보적인 식자의 교과서 노릇을 했다. 그러한 상태가 이후 각지의 농촌에서도 보편적이었을 것이라고 나는 생각한다.(나의 『논어』 서설序說, 아사히신문사, 『전집』 4권)

또한 도시에서 생활하는 이들, 소상공업小商工業의 주인 또는 도제徒弟는 좀 더 많은 한자를 알고 있었음이 분명하다. 상용되는 한자의 수는 과거의 중국에서도 3000자 정도였는데, 그것을 모르면 장부나 통신通信을 쓸 수 없기 때문이다. 상공업에 종사하는 이들뿐만 아니라 심지어 도시의 남자 절반가량은 문자를 알았을 거라고 예상할 수 있다.

그러나 문자를 얼마간 아는 것만으로는 결코 사인의 생활에 들어갈 수 없다. 『논어』의 1512자를 아는 것만으로, 또한 실용문자 3000자를 아는 것만으로 오경을 읽을 수는 없다. 『사기』『한서』『자치통감』 또한 읽을 수 없다. 이백·두보의 시, 한유·소동파의 문장을 비롯해 『초사楚辭』나 『문선』을 읽을 수는 없다. 또한 글자를 안다고 해서 책을 읽을 수 있는 것은 아니라는 사실, 즉 단어를 아는 것만으로는 문장을 읽을 수 없다는 관계는 중국어에도 유력하게 존재한다.

그러한 수동적인 독서 능력만이 아니라, 능동적으로 규격 있는 문장을 짓고 규격 있는 시를 짓는 능력은 더욱 곤란하다. 문맹인 인간만 완전히 그 능력 바깥에 있는 것이 아니다. 상공업자는 상용문商用文을 쓸 수 있다. 그러나 그 문체는 정격正格에 속하는 것이 아니므로 '사인'이 아니었다.

혹은 또 일종의 문자생활을 직업으로 하면서도, 그 문장이 정격의 문체가 아니라는 이유로, 도리어 사인들이 경멸하고 증오한 직업도 있었다. '서리'라 부르는 직업이다. 즉 중앙 지방 관청의 하급 사무를 맡은 이들이다. 그들은 경서와 시문詩文의 능력과는 무관하고, 사인이 아니다. 또한 그 직무는 정부의 임명에 의한 것이 아니라, 그저 관습으로서 존재하는 것이었다. 그들의 성명은 정부의 직원목록인 『진신전서縉紳全書』에 실리지 않았다.

그런데 『진신전서』에 성명이 실린 사인관료는 시와 문장과 '경세제민經世濟民의 논의'에 대해서 잘 알았으나, 행정의 말단사무는 잘 알지 못했다. 또한 '책 만 권을 읽었으나 율律을 읽지 않았다'는 식으로 법률을 알지 못했다. 그들 사인의 맹점을 보좌하고 혹은 대행하는 이들이 서리였다. 관습으로 존재하는 '음蔭의 존재'였지만 실제 행정은 그들이 없으면 작동되지 않았다.

지방 행정의 말단인 현縣은 일본의 군郡에 해당되는데, 그 관청에서는 특히 그러했다. 현의 장관으로 중앙에서 파견되는 것은 지현知縣이고, '과거'에 급제한 사인이다. 그러나 관청에서 그를 둘러싼 이들은 많은 서리의 무리다. 더구나 지현은 반드시 타지방 출신이다. 왜냐하면 그 성省 출신의 사인은 그 성의 지방관으로 임용하지 않도록 엄격하게 규정되어 있었기 때문이다. 방언의 차이가 심한 지방이라면 그 지역 인민의 말조차 알아들을 수 없다. 그에 비해 서리는 본토박이다. 또한 사인의 신분이 세습되지 않는 데 비해 서리는 대개 선조대대로 세습된다는 점도 얄궂은 대조라 하겠다.

물론 상의할 만한 사인이 지현 주변에 전혀 없는 것은 아니다. 그 지방의 학교 교관 등이 있다. 또한 앞에서 언급한 것처럼 '과거'의 첫 단계는 지현이 시험관이 되어 시행되는데, 거기에 급제한 '생원'들이 있다. 그러나 그들은 국립학교 학생이라는 특권을 내세워 때때로 횡포를 부렸다. 혹은 또 선배 사인으로, 중앙이나 다른 지방에서 관리를 지냈던 이가 은퇴하여 향리鄉里에 있다. '향신鄉紳'이라 불리는, 그 지역의 '얼굴 노릇'을 하는 이들이다. 루쉰의 소설 『이혼 離婚』이 그 일단을 보여주듯, 농민 사이에 일어난 사소한 다툼을 합의하고 해결하는 조정자 역할을 하거나, 지역 공공사업의 주선자 역할을 한다. 지현의 상담자가 되기보다, 토호열신土豪劣紳으로서 지현에게 몽니를 부릴 확률이 높을지도 모르겠다. 지현은 결국 서리가 필요해진다.

서리가 특히 능력을 발휘하는 것은 재판이다. 형사사건 및 '향신'의 중재로 해결하지 못하는 민사 사건이 현의 관청에 제기될 때가 있다. 행정과 사법이 아직 분화되지 않은 체제에서, 재판은 지현이 맡은 직무의 중요한 부분이겠지만, 그는 책 만 권을 읽었으나 법률을 알지 못한다. 그에 반해 서리는 조상대대로 물려받은 능력이 있는 법률 전문가다. 판결 책임은 사인인 지현에게 있었지만 조서 작성은 서리의 몫이었다. 더러 판결에도 입을 내밀었다. 재판과 관련된 뇌물이 있을 경우 서리가 그것을 받아, 제 상전을 건너뛰고 지현에게 전달했다. 지현이 '청관淸官'이라 받기를 꺼려하면, 이런저런 유혹 수단을 고안하여 억지로 받을 수밖에 없게 만들기도 했을 것이

요시카와 고지로의 중국 강의

다. 기타 이런저런 악행을 일삼는 인간으로, 사인이 증오하는 대상이 서리였다. 실제로는 그 도움을 빌지 않으면 행정이 돌아가지 않음에도, '만악의 근원'으로 증오를 받았다. 인간 일반은 사인과 사인 아닌 이를 불문하고, 이 나라의 중요한 철학설 '성악설性惡說'에 따라, 본래는 '선인'이라고 생각하는 가운데, 서리만은 선천적으로 악인이라 간주되어, 서리를 어떻게 처리해야 할 것인가 하는 문제를, 사인을 위한 '관잠서官箴書(즉 관리복무 지침서)'에는 '향신'을 대처하는 지침과 함께, 송대 이후 줄곧 기록하고 있다. 이 사안에 대해서는 나의 옛 책 『원곡혹한정元曲酷寒亭』 '서설'에 서리의 생활을 묘사하는 연극에 대한 설명이 있으니 참조하기 바란다.(『전집』 15권)

그런데 사인이 이렇게 서리를 증오하는 데는, 재판조서를 중심으로 해서, 서리는 역시 일종의 문자생활을 직업으로 삼은 인물이고, 더구나 그가 쓰는 문장이 사인에게 익숙한 정격의 '문언文言'이 아니라, '등인봉차等因奉此(시달하신 지시를 잘 양지하였습니다)' 따위 특수용어를 자주 쓰는 괴상한 언어라고 의식한 지점, 즉 서툴게나마 글자를 안다고 해서, 함부로 문장윤리의 존엄을 계속 침범하는 존재라고 의식한 점이 경멸이라기보다 증오의 원인으로 유력하게 작용하고 있다고 하겠다.

서리 이야기가 너무 길어진 감이 있으니 이쯤에서 끝내기로 하고, 이렇게 사인은 특수한 언어 능력이라는 의식을 중심에 두고, 자기만을 특권자로 의식했고, 그 능력을 갖지 못한 이들을 특권 바깥

에 두었다. 능력에 따라 특권 바깥에 놓인 이들을 고전적인 언어로
는 '서庶'라 불렀다. 그것은 '사士'에 대립되는 말이다. 또한 요즈음의
언어로는 'lǎobǎixìng老百姓'이라 부른다. 그리고 수동적·능동적인
언어 능력을 중심에 두고, 정치·윤리 문화를 담당하는 이가 '사'이
고, 나머지 다른 일에 종사하는 이가 '서'라 여겼다. 체제가 확고하
게 고정된 것은 11세기 송나라에서 시작되지만, 기원전의 유가 고
전 『맹자』에 보이는 다음과 같은 말은 이 체제의 타당성에 자신감
을 주었을 것이다.

> 대인大人의 일이 있고, 소인小人의 일이 있다. (…) 그러므로 (옛말에)
> 이르기를, 어떤 이는 마음을 수고롭게 하며, 어떤 이는 힘을 수고롭
> 게 한다. 마음을 수고롭게 하는 이는 사람을 다스리고, 힘을 수고롭
> 게 하는 이는 남에게 다스려진다. 남에게 다스려지는 이는 남을 먹
> 이고, 사람을 다스리는 이는 남에게 먹여진다. 천하의 어디에서든 통
> 하는 도리다.
> 有大人之事, 有小人之事. (…) 故曰, 或勞心, 或勞力. 勞心者治人, 勞力者治於
> 人. 治於人者食人, 治人者食於人. 天下之通義也.

'사'는 '마음을 수고롭게 하고' 두뇌 노동을 하기 때문에 '사람을
다스리고' '남에게 먹여진다'. 식량을 공급받는다. '서'는 '힘을 수고
롭게 하고', 근육 노동을 하고, '남을 먹이고' '남에게 다스려진다'.

혹은 『주례周禮』「고공기考工記」에 나오는 다음과 같은 말도 자신감을 강화해주었을 것이다.

앉아서 도를 논하는 이, 그것을 일러 왕공王公이라 한다. 일어나 그것을 행하는 이, 그것을 일러 사대부라 한다. 곡曲을 살피고 세勢를 면面하여 오재五材를 정돈하여 백성의 기器를 변辨하는 이, 그것을 일러 백공百工이라 한다. 사방의 진이珍異를 통通하여 그것을 자資한다, 그것을 일러 상려商旅라 한다. 힘을 써서 지재地財를 늘린다, 그것을 일러 농부라 한다. 실과 마를 치治하여 그것을 성成한다, 그것을 일러 부공婦公이라 한다.

坐而論道謂之王公. 作而行之謂之士大夫. 審曲面執以飭五材以辨民器謂之百工. 通四方之珍異以資之謂之商旅. 飭力以長地財謂之農夫. 治絲麻以成之謂之婦功.

다만 특별히 주의해야 할 것은, 더러 에도 시대에 그랬다고 전해지는 것처럼 '농민은 산 것도 아니고, 죽은 것도 아닌(상태의 합치점을 찾아 세금을 걷으라)'는 그러한 사상은 여기에 없었다. '서庶(老百姓)'도 적어도 윤리에 대해서는 능력을 가진 존재라 간주되었다. 『맹자』에는 또 따로 '사람은 선의善意의 동물이고, 사람은 모두 요순이 될 수 있다人皆可以爲堯舜'는 성선설性善說의 규정이 있다. 그 규정은, 서리는 그렇다 쳐도 널리 농민에게도 미치는 것이었다. 그리고 농민의 선의와 선의에 입각한 근로勤勞에 감사하는 것은 두보를 비롯하여 백거이(백낙천), 소식(소동파) 같은 이들이 종종 그 방향의 시를 지은 이래, 이 나라 문학의 전통이기도 했다. 나는 그 사실을 옛 체제 속에서 주목해야 할 것의 하나로서 존중한다. 또한 본래, 되풀이하여 말한 것처럼, 사인의 신분은 세습되지 않았다. '서庶(농민)' 가운데서 '사'가 될 만한 영재가 출현할 만한 기회는 늘 존재하고 있었다. 혹은 '서'는 '사'의 기반이라고도 의식될 수 있었다. 그렇게 의식되었을 경우, 사인은 자기를 '사'와 '서'를 포함한 전 국민, 중국이 곧 세계국가라고 인식한 구 중국에서는 전 인류라는 말과 동의어이겠는데, 우리 사인은 '서'를 포함한 전 인류 가운데 뽑힌 이로서 정치와 문화와 윤리에 종사한다고 규정했을 것이다. 그러나 뽑힌 이는 어디까지나 뽑힌 이이고, 뽑히지 않은 인간과는 별종의 인간이라는 것도 사실이었다.

그리고 이렇게 인류 가운데 뽑힌 이인 '사인' 자격을 얻기 위한 교육, 즉 경서의 암송, 팔고문 등의 작문법, 작시법 교육을 공적 기관이 아니라 원칙적으로 가정교육에 맡겼던 사정은 특권으로 가는 길을 더욱 좁게 만들었다.

공적인 학교도 명목적으로는 있었다. 우선 베이징에는 중앙대학에 해당하는 국자감國子監이 있었고, 지방 각 부·주·현府州縣에는 빠짐없이 부학府學·주학州學·현학縣學이 국립학교로서 존재했다. 앞서 이미 언급했듯이 '과거'시험 과정 최초의 자격 '생원'은 본래 이들 부학·현학·주학의 학생이라는 의미였다. 또한 각각의 학교 교관도 임명되어 있었다. 부학에는 교수敎授, 현학에는 교유敎諭, 주학에는 훈도訓導라는 이름으로, 이 직분만은 다른 종류의 지방관은 그 성 사람을 임명하지 않는 것과 달리 예외적으로 같은 성의, 그러나 다른 부·현 사람을 임명하는 것이 통례였다.

그러나 모든 것은 공문空文에 가까웠다. 교관은 강의를 하지 않았다. 사인 가운데 행정관으로 출세할 가망이 없는 이가 얼마 되지 않는 봉급과 남아도는 시간을 즐기는 자리였다. 학생인 '생원'은 1일과 15일에, 학교의 제신祭神인 공자의 위패 앞에 예배하는 것이 일이었다.(일본 이곳저곳에 있는 공자묘처럼 공자상에 제사하는 것은 송나라 신유학 이래, 불교적 우상 숭배라 하여 기피했고 제사는 위패에 올렸다) 그 외의 날에 문은 닫혀 있었고 가령 농민들은 들여다보는 것도 허용되지 않았다. 다만 예외적으로 활기를 보이는 것은, 앞에 홍균洪鈞의 전기 대목에서 언급했듯이 그 성의 독학관督學官으로 베이징에서 파견된 고관이 그 지방에 순회하여 와서 '생원' 자격 확인 시험을 행하는 날이었다.

현縣 등에 있었던 학교가 우리의 학교 개념과 달랐을 뿐만 아니다. 애당초 그 학생(생원)이 되기 위한 준비 교육, 즉 '사서오경'의 암송과 작시·작문 방법을 가르치는 것은 오로지 가정에서 이루어져야 했다. 교육은 4~5세에 시작된다. 교사는 부친일 경우도 있었지만, 대개는 입주 가정교사를 초빙한다. 그만한 재력이 있는 가정이 아니면 불가능하다. 소금 투기나 뭔가로 벼락부자가 된 사내, 그 사내 자신은 아직 사인 그룹에 들어가기 어려웠지만 그 아들을 위해 초빙하는 가정교사에게는 특히 높은 월급을 지불했다.

요컨대 지적인 축적이 있는 집안, 경제적 축적이 있는 집안 자식이 아니면 결국 사인이 될 수 없었던 것이다. '과거'의 문호는 이론적으로는 만인에게 열려 있었다. 그러나 평범한 농민의 자식이 과거에 합격하는 것은 실제로는 무척 어려운 일이었다. 특히 혁명 직전 시기, 청나라 말년은 가장 그러했던 것으로 보인다.

체제의 가장 초기 북송(10~11세기)에서는 아주 빈궁한 계층 출신 인물이 더러 '과거'에 급제하여 대관이 되었다. 내가 『송시개설』 제1장 제1절에서 언급한 여몽정呂蒙正 같은 이가 그러한 예이고, 구양수도 그런 사례에 가깝다 하겠다. 또한 청나라 바로 앞 왕조 명대明代, 적어도 그 중엽 이전은 그 사례가 드물지 않아서, 16세기 전반의 문학에서 지도적인 자리에 있었던 이몽양李夢陽이 극히 낮은 계층 출신이라는 점을 예전에 쓴 논문 「이몽양의 한 측면」에서 지적한 바 있다.(『전집』 15권) 또한 『원명시개설』 제5장 제4절에서 언급한 이동양李東陽, 제6장 제4절에서 언급한 이반룡李攀龍 모두 거의 같은 경우이고, 직간하는 신하로 유명한 양계성楊繼盛은 하북河北 농가의 자식이었는데, 여덟 살 때 '나는 소를 키울 수 있다, 책을 읽지 못할 리가 없다'고 말하며 형을 설득하여, 집안일을 도우면서 22세에 생원, 25세에 거인, 31세에 진사가 되었다.

나는 '과거' 제도에서 '출제 또한 답안'으로 요구하는 것이 아직

번잡하지 않았던 데 사태의 원인이 있었다고 생각한다. 특히 '명明'이라는 시대는 그 왕조를 연 초대 황제 주원장朱元璋이 농민 출신인 것과 어울리게, 문명이 일반적으로 간소簡素했고, '과거'의 제도 혹은 상태도 그것을 반영하여 간이簡易했다. 명나라 바로 앞의 송대보다도 오히려 간이했고, 양계성 같은 이가 진사가 되는 일도 불가능하지 않았다.

그러나 청나라 문명은 달랐다. 정복자인 만주 조정이 한인을 군사軍事에서 차단한 것은 한 원인이었을 것이고, 한인의 정치 참여에 제한을 둔 것도 또 한 가지 원인이었을 것이다. 그것과 함께, 역사의 한 필연으로서, 이 나라의 문명이 학문을 위한 학문, 문학을 위한 문학을 찾은 시기에 놓여 있었다는 점이 더욱 큰 원인이었으리라 나는 예상하는데, 과거의 학문과 문학 가운데, 가장 정치精緻한, 그런 만큼 번쇄한 것을 조술祖述하는 경향이 왕조 초기부터 있었고, 그러한 경향은 말기(19세기, 도광道光을 연호로 쓰는 시기 이후)에 특히 심했다.

우선 그 시풍을 보면, 그 이전 사람들이 어떤 의미에서 늘 조술했던 당시를 소박한 시라고 해서 기피하고, 좀 더 이지적인 송시를 조술했다. 일본 문학사를 빗대어 말하자면 『고킨와카슈』[46]를 조술

---

46 914년경에 완성된, 전20권으로 된 최초의 칙찬와카집(천황의 칙명에 따라 공적으로 편찬된 와카집)으로, 이후 나온 가집歌集이 그 편찬 양식을 기준으로 삼았고, 그 가풍은 한동안 후세 가인의 중요한 규범이 되었다.

하는 것은 매너리즘이라 여기고, 『신고킨와카슈』[47]를 조술하여 새로운 이미지와 새로운 발상을 찾으려 한 것이었다. 더구나 얼핏 새롭게 보이는 것이 과거 문학에 보이는 용어의 사례 혹은 사실과 실은 연관되었다. 전문 술어로 말하자면 '전고典故'를 가짐으로써 작자의 박학을 암시했다. 암시였으므로 명료하게 연관되지 않고 은미하게 연관되는 것을 더욱 좋게 쳤다. 그러한 주지적인 시풍을 새로운 시라 여겨 존중했다. 그것을 처음으로 제창한 이는 아편전쟁이 벌어진 도광 시대 또한 태평천국이 왕성하게 일어난 함풍咸豐 시대, 군기대신軍機大臣(즉 재상)으로 정부에 있었던 기준조祁寯藻라고들 한다. 이어서 역시 정계와 문단 양쪽에서 기준조 이상의 거인으로 활약했던 증국번이 그것을 계승·확대함에 이르러, 마침내 일반적 시풍이 되었다. 시험 삼아 증국번의 '만여漫興(우연한 기회에)'라는 제목의 칠언율시를 보자.

금일금시오재자今日今時吾在兹　오늘 지금 나는 여기에 있는데
아형아제당상사我兄我弟儻相思　내 형 내 아우도 혹여 서로 그리워할까
미관랭사지상석微官冷似支牀石　미관말직의 한산함은 침상에 괸 돌과
　　　　　　　　　　　　　　　비슷하고

47　1205년경에 완성된 『고킨와카슈』 이후 잇달아 나왔던 일련의 칙찬와카집 시리즈의 마지막 작품집. 『고킨와카슈』 이후에 나온 칙찬와카집에 수록되었던 작품을 배제, 주로 당대 가인들 작품 중심으로 편찬되었다.

거국정여실유아去國情如失乳兒　나라를 떠나는 정은 젖을 잃은 아이
　　　　　　　　　　　　　와 같구나
견관부운혼욕어見慣浮雲渾欲語　눈에 익은 부운은 모두 말하려는 듯
　　　　　　　　　　　　　한데
만성시구미수기漫成詩句未須寄　함부로 이루어진 시구는 아직 부치질
　　　　　　　　　　　　　못했네
경구명주일천곡徑求名酒一千斛　즉시 이름난 술 천 석을 구하여
굉취왕성백부지轟醉王城百不知　왕성에서 크게 취해도 모두 알지 못
　　　　　　　　　　　　　하리라

　그가 아직 태평천국과 싸우기 이전, 베이징의 한림원 관리였을
무렵의 작품인데, 제3구 제4구, 주머니 사정이 형편없는 직책은 침
대의 다리를 괴는 돌과 비슷하고, 고향을 떠나 있는 마음, 그것은
젖 떨어진 아이 같다고 말한 것은 새로운 발상이고, 새로운 이미지
다. 제5구 '오래 알아 익숙한 구름이 나에게 말을 건다'는 것은 더
욱 그러하다. 그러나 '침대를 괴는 돌'이라는 것은 완전히 새로운 이
미지가 아니라, 과거의 문학에 바탕을 둔 것으로 실은 거북이다. 그
것을 알지 못하면 이 시를 완전하게 읽을 수 없다. '젖 떨어진 아이'
도 사정은 마찬가지여서, 역시 바탕이 되는 '전고'가 있을지도 모른
다. 다만 학문이 모자란 나 같은 자는 그것을 알지 못한다.
　그러한 경향은 19세기 후반(연호가 동치, 광서였던 시기)에는 더욱

극단적으로 치달아, 보통 읽히지 않는 책 속에 나오는 숙어나 사실 (이른바 '벽전辟典')이 도처에 등장했다. 나 같은 자가 독해하기 어려울 뿐만 아니라, 당시의 사인들도 그 시파의 베테랑이 아닌 한 독해하기 어려웠을 것이다. 또한 이 파의 베테랑 입장에서 보자면, 앞서 언급한 이홍장의 시 따위는 요컨대 초심자의 작품으로 보였을 것이다. 또한 메이지 시대의 한시인漢詩人은 종종 그 시를 저들에게 보여주었는데, 대개 당시를 조술하는 일본인의 한시를 그들은 유치하다 느꼈을 것이다.

학문의 풍기風氣 또한 마찬가지로 변쇄했다. 다소 시기가 앞선 18세기(청나라 중엽, 건륭·가경 시기)에 꽃핀 '고증학'은 유가 고전의 해석으로서 가장 보편이라 간주되었던 송나라 주자의 주, 또한 '과거'의 '경의經義'의 기준이기도 했던 주자주를 너무 사변적이라 해서 배척했다. 그리고 학문을 위한 학문이라는 청대의 일반적 풍기 가운데, 고증학은 고대 언어학에 대해 몇 가지 법칙을 발견하고, 그것에 입각하여 유가 고전을 다시 읽어, 고전 해석학으로서 가장 정치한 것이었지만, 고증학의 전성기는 이미 지나갔다. 그리고 다시 사변적인 학문을 추구하여 『춘추공양전』이 '미언대의微言大義'가 담긴 책이라 격상되었고, 훗날 혁명의 원리 가운데 하나가 되는 그러한 정세가 빚어지고 있었다. 그러나 그와 함께, 탐욕스런 박학을 추구하여, 금석문·원사元史·변경의 지리 등 이전에 학문이 소홀히 했던 지식을 즐기는 풍기가 있었다. 당시만을 조술하는 것은 시가 아니라 여기는 분위기와 더불어, 적어도 사람들이 반드시 읽는 주자주를 읽는 것만으로는 학문이 아니라 여기는 분위기가 있었다.

다시 한 번 이홍장을 예로 들어보자. 1896년(메이지 29, 광서 22) 늙은 그가 러시아 차르의 대관식 축하사절로 유럽에 갔을 때 올린 상주문의 한 대목이다.

안예기案禮記, 대부칠십유적사방지사大夫七十有適四方之事, 공소즉지원빙이국이언孔疏卽指遠聘異國而言,

『예기』를 살펴봄에, 대부는 70에 사방에 가는 일이 있다. 공소孔疏는 곧 멀리 이국에 빙빙함을 가리켜 말하는 것이라 보았다.

인용된 '공소孔疏'는 당나라 공영달孔穎達의 『예기정의禮記正義』이고, 오래된 주석을 귀하게 여기는 실증학자가 존중하는 책인데, 주자주만을 읽는 보통의 사인은 반드시 읽지는 않는 책이었다. 막료幕僚가 썼느냐 아니냐 여부는 사태의 본질과 관계가 없다. 이 노 정치가에게도 박학의 편린을 과시하여 사람들의 신용을 더하는 일이 필요했다. 그것이 혁명 직전 시대의 풍기였다. 혹은 이윽고 혁명의 원리가 될 『춘추공양전』을 사람들이 존중한 것도 오랫동안 한각閑却당했던 고서를 재발견하는 흥미로움, 그것이 최초의 동기였을지도 모른다.

청나라 말 사인의 그러한 생태, 그것은 모든 사인의 생태가 아니라 고급 사인, 즉 이른바 '명사名士'의 생태인데, 내가 그것을 생생하게 묘사했다고 생각하는 일종의 문헌은 소설 『얼해화』다. '명사'의 한 사람으로 앞서 언급한 홍균洪鈞, 자는 문경(소설 속에 바뀐 이름은 금균金鈞, 자는 문청雯靑), 그를 주인공으로 삼은 소설이고, 소설이므로 '문언'이 아니라 구어문체로 쓰여 있는데, 그 책의 저자 증박曾樸은 아마도 중국에서 최초의 프랑스문학 독자였을 것이고(내가 예전에 쓴 글 「증박씨의 번역론」, 『중국산문론』, 지쿠마쇼보에 실려 있다. 『전집』16권), 또 구체제 중국의 인물이기도 했다. 즉 '거인' 시험의 급제자였을 뿐만 아니라, 주인공 홍균의 친구인 또 다른 명사 왕명란汪鳴鑾(자는 유문柳門, 관료로서는 인사성人事省 차관에 해당되는 이부시랑, 그리고 소설 속에서 바뀐 이름으로는 전단민錢端敏, 자는 당경唐卿)의 사위이기도 했다. 그러한 저자가 쓴 이 소설은 19세기 후반의 학자 관료·시인 관료의 생활 실정을 전한다고 보면 되겠는데, 소설 제11회에서는 공부상서工部尙書 반조음潘祖蔭(소설에 바뀐 이름은 반종음潘宗蔭)이 '공양학公羊學'을 중심에 둔 화제를, 또한 제25회에서는 군기대신 옹동화翁同龢(소설에서는 공평龔平)가 금석문을 중심에 둔 화제를, 각각의 사저 서재에서 많은 문생門生·지기知己와 전개하는 장면이 있다. 국외자는 이해할 수 없는 정치한 화제다. 당시 일본 한학자로서 가장 유능했던 다케조 세이세이, 시마다 고손이 그 자리에 있었다면 과연 회화에 참여할 수 있었을까 없었을까.

또한 이 소설의 중심은 주인공 홍균(소설에서는 금문청)과, 홍균의

두 번째 부인이자 기녀 출신인 새금화賽金花(소설에서는 부채운傳彩雲)
의 로맨스인데, 두 사람이 쑤저우의 화방畫舫(아름답게 장식한 가옥형
家屋形 배) 안에서, '정정定情'하는 장면, 친구들은 사랑의 완성을 축
복하며 각각 축사를 읊었다. 축사는 제1구가 희곡『환혼기還魂記』에
나오는 한 구절, 제2구가 '곡패曲牌'(민간 가요의 제목), 제3구가『시
경』의 한 구절로 하기로 약속되어 있었다. 광차방匡次方(실제로는 주
인공의 친한 벗 왕봉조)이 먼저 외쳤다.

어떤 섬궁蟾宮의 귀객이 문소雯霄에 방傍하여, 집현빈集賢賓, 강가에
소요逍遙한다.

이어서 패효정貝效亭(실제로는 비학증費學曾)이,

흔들흔들 채운彩雲 홀로 되어, 상견환相見歡, 군자만년君子萬年.

이하, 주인공 홍균을 포함한 사람들이 모두 약속한 대로 삼행시
처럼 솜씨 좋게 세 가지를 이어갔다. 현재 일본 학생의 결혼식에서
친구들이 '젊은이여 몸을 단련해두게'를 합창하는 것과는 전혀 이
질적인, 정교한 방식이다. 그리고 이러한 번쇄한 언어유희 능력이
훗날 이런 사람들이 소설 세계에서뿐만 아니라 현실세계에서도 고
관이 되는 것과 무관하지 않았다. 매우 온당치 못한 비유겠지만, 현

재 일본에서 가장 잘나가는 학문은 물리학이라 치고 이야기를 바꾸어본다면, 다음과 같은 결과가 될지도 모른다. 내각대학사內閣大學 士로 군기처에 있는 이는 문양공文襄公 가야 세이지茅誠司,[48] 문청공文 淸公 유카와 히데키湯川秀樹,[49] 문간공文簡公 도모나가 신이치로朝永振一 郎[50]이고, 그들의 서재에서는 매일 문인들과 멋진 방정식과, 이리저 리 궁리한 방법론에 대한 이야기꽃을 피운다. 강의공剛毅公 요시다 시게루吉田茂,[51] 정양공貞襄公 이케다 하야토池田勇人[52]는 법학사法學士 이기는 했지만 이학사理學士가 아닌, '정도正途 출신'이 아니므로, '문 文' 자를 시호에 넣을 수가 없었고, 중신으로서의 지위와 성망이 떨 어진다.

그렇게 지식의 사치를 부리는 가운데, 청나라 말의 '과거' 시험 은 시험문제와 답안 모두 더욱 어려워진 것으로 보인다. 무릇 청나 라 말의 '과거'는 그 학풍을 반영하여, 명나라에 비해 처음부터 어 려웠던 모양이다. 시작詩作을 최초의 단계 '생원' 시험부터 부과하게 된 것은 건륭 이래의 일인 듯하고, 그것이 이미 한 단초를 보이지 만, 청나라 말의 시험에서는 그 무렵의 고급 사인의 화제이긴 했으 나, 예전에는 반드시 일반적인 독서 대상은 아니었던 『춘추공양전』

---

48 1898~1988. 물리학자, 제17대 도쿄대학 총장.
49 1907~1981. 물리학자, 노벨물리학상 수상.
50 1906~1979. 물리학자, 노벨물리학상 수상.
51 1878~1967. 정치가, 제45 · 48 · 49 · 50 · 51대 내각 총리대신.
52 1899~1965. 정치가, 제 58 · 59 · 60대 내각 총리대신.

요시카와 고지로의 중국 강의

등이 책론 문제로 출제되는 일이 있었다고 한다. 아무튼 그러지 않아도 어려웠던 시험에, 최종 단계까지 급제하여 진사가 된 시험위원이 출제하는 것이다보니, 문제는 더욱더 어려워졌다. 그러한 순환이 어느 포화점에 도달해 있었다면, 명대明代의 간이簡易한 '과거'와는 달리 더욱 좁은 문이 되었을 것이다. 더구나 생원·거인·진사 모두 정원은 원래 대로였는데, 수험 인구는 사회가 안정되고 인구가 증가했기 때문에 배율倍率이 더욱 높아졌으리라는 것은 사회사가의 연구를 기다리기로 하자. 사인의 자격은 세습되지 않는다는 이념을 배반하고 '역대 서향書香의 가문' '역대 잠영簪纓의 가문'으로 한정되는 경향이 두드러졌다고 생각된다. 중국번은 '집안은 대대로 농사꾼'이었다 해도 지주의 자식이다. 평범한 장사꾼의 자식이었던 홍균 같은 경우는 특별한 영재였다 해야 할 것이다.

'과거' 역사의 연구는 미야자키 이치사다 박사의 명저를 비롯하여 요즈음 꽤 나와 있다. 그러나 명·청 이래의 '과거' 시험 문제와 답안을 수집한 업적은 아직 나오지 않은 것 같다. 만약 그 작업을 시도하는 사람이 있다면, 그 변천이 사회 구성과 관계되는 지점이 반드시 발견될 것이다. 그리고 청나라 말의 그것은 변천 역사의 극치를 보여줄지도 모른다. 앞 대목에서 말한 배율의 연구와 함께 젊은 학자의 노력을 기대한다.

이렇게 언어생활, 지식 생활, 정신생활이 청나라 말의 극단적인 사례처럼, 과잉된 사치로 치닫는 것과 나란히, 사인의 물질생활도 그 특권에 따라 혹은 과시하는 것으로서, 귀족적이고 사치스런 방향으로 흘러갈 요인이 내재되어 있었다. 본래 이 체제 속에서 가장 간단하고 확실한 치부 방법은 관리가 되는 것이었다. 상업이 송나라 이래로 상당히 발달했음에도, 또한 대지주의 토지 겸병도 꽤 진행되었음에도 불구하고, 다른 치부 방법이 반드시 발달하지는 않았던 이유는 일찍부터 장자상속이 아니라, 재산을 자식들에게 균등하게 분배하여 자본 축적을 곤란하게 만든 게 아닐까 나는 예상하는데, 그러한 정세 가운데 가장 확실한 치부 방법은 '과거'에 급제하여 승관발재升官發財하는 것이었다.

관리가 된 사인의 생활은 매우 귀족적이었다. 베이징 중앙정부 고관의 저택은 왕왕 한 블록 전체를 차지할 만큼 광대했고, 문에는 그 관명官名을 붉은 글자로 적은 등롱燈籠이 걸렸으며, 집사·문지기·마차를 모는 마부·요리사 등 고용인이 수십 명에 이르렀다. 그는 정처 외에 애첩을 한 명 이상, 모두 전족纏足한 이를 두었는데, 애첩과 그 자식들을 섬기는 계집종들의 수도 상당했다. 응접실에는 신분에 어울리는 가구와 골동품이 청아하게 진열되었고, 동료들, '과거'에 급제시킨 문인들, 또한 이른바 '막료'로 양성하고 있는 사인 식객들(정치에 관한 비서, 문학 학술에 관한 비서, 시문을 대작代作하는 자를 포함한다) 등등과 정책을 논하고, 인사人事를 상의하고, 학문·문학을 말하는 장소라는 사실, 앞서 언급한 『얼해화』에 보이는 반조음·옹동화의 서재가 그 한 예다. 프랑스의 살롱처럼 여성이 그 자리에 등장하는 일은 금기였지만 그곳은 일종의 살롱이었다.

베이징의 집(이른바 '경저京邸')뿐만이 아니라, 그의 출신지 고향집도 예전 수험생 시절의 초라함을 일신하여, 어느 새인가 훌륭한 대문이 들어서 있다. 지역 사람들이 향당鄉黨에서 제일 출세한 이를 위해, 주인의 의사와 무관하게 개축해주는 경우도 있었을 것이다. 이윽고 은퇴한 그는 '향신'으로 고향집에서 여유로운 생활을 보낸다. 혹은 지방 정치에 간섭한다. 어디에 있든 간에 그가 도보로 외출하는 일은 없었다.

지방의 최고장관인 각 성의 총독·순무巡撫 또는 그 다음가는 각 성 민정장관民政長官인 포정사布政使, 각 성 사법장관인 안찰사按察使, 독학관督學官인 학정學政은 각각의 관아가 곧 그 관택官宅이었다.

좀 더 하급인 지방관은 지부知府·지현知縣이고, 지현은 진사 급제자 중 성적이 좋지 않은 이가 우선 취임하는 자리인데, 그들의 경우도 부청府廳·현청縣廳이 곧 그 관택이고, 외출할 때는 가마를 탔고, 악대가 딸린 의장병儀仗兵이 앞뒤로 따랐다. 관리가 당연히 갖추어야 할 위엄으로, 국가가 그에게 요구한 제도였다.

물론 관리가 누리는 이러한 사치스런 생활에 들어갈 수 없는 사인 또한 많았다. 아무리 세월이 흘러도 '과거'의 최초 단계인 '생원'에도 급제하지 못하고, 제 마을의 지식인으로 일생을 마치는 자도 있었다. 대관 내지는 지방관의 개인 비서로 생활하는 자도 있었다. 물질생활은 귀족이 아니었다. 그러나 그러한 가난한 사인도 정신적으로는 귀족이었다. 저 자신은 '서庶'가 갖지 못한 능력이 있다. 시를 지을 수 있다. 고문古文을 지을 수 있다. '농사꾼'과는 다른 인간이다. 그렇게 의식하는 점에서는 귀족이었다.

그리고 이 체제가 언어 능력에 따라 인간의 종류를 가른다는 이념을 핵심으로 삼아 성립된 이상, 그 사람이 누리는 지위 또는 존경이 무엇보다 언어 능력과 상즉相卽하는 것은 당연했다. 진사 급제자 중에서도 성적이 우수한 이가 우선 한림원에 들어갔고, 그것을 발판 삼아 고관이 되는 것은 한림원의 직무가 천자의 '문학시종신文學侍從臣'이었기 때문이다. 증국번·이홍장 모두 한림 출신이라는 것이 훗날의 성망聲望과 무관하지 않다. 이홍장이 증국번을 위해서 쓴 「신도비」에도 '입한림入翰林' 세 자가 생략할 수 없는 전기의 한 대목으로 들어가 있다. 그리고 이홍장의 명성이 끝내 증국번에 미치지 못한 것은 증국번이 정치가·군인으로서뿐만 아니라, 학문과 문학에서도 한 세대의 지도자 노릇을 했고 또한 적어도 시인·산문가로서는 그럴 만한 실력을 갖고 있었는데 비해, 이홍장은 그렇지 않았던 데에 한 원인이 있었을 것이다. 그러나 이홍장에 대해서도, 그가 한때는 사람들이 전송傳誦하는 시의 작자였다는 기억은, 가령 그의 외교 정책의 연약함이 비난당하여 '이이 선생은 한간李二先生是漢奸'[53]이라는 풍자가 나돌던 시기에도 이홍장의 일생의 행동 가운데 중요한 부분으로서 남아 있었을 것이다. 또한 혁명의 아버지 쑨원을 처음에는 토비土匪의 두목으로 간주했지만, 이윽고 그 문장의 훌륭함을 알기에 이르러 아연俄然 인식을 고쳤다는 말은 훗날 민국民國의 원로가 된 우쯔후이吳稚暉의 고백이고, 또한 쑨원에 대해 비슷한 고백을 한 다른 이도 있었다고 나는 기억한다. 혹은 또 청일전쟁 중의 일이지만, 일본인 스파이가 마을 농민에게 사로잡혀 경찰에 연행되려 할 때, 보자기 안에서 작시법作詩法 책이 나왔기 때문에 겨우 난을 면했다는 이야기를 가노 나오키 박사에게서 들은 적이 있다. 언어 능력에 대한 존경은 '서' 사이에서도 보편적이었다.

그리고 이 체제 안에 있었던 과거 중국의 역사는 모두 이 체제와 깊이 결부되어 발전했다. 내 전문 분야 문학사에 대해서 말하자면, 일상의 감정을 노래하는 서정시와 실재實在 사실을 서술하고 논하는 비허구적 산문만이 문학의 주류였던 사실은 이 나라의 문학정신이 현실에 밀착되기를 강하게 원했던 데 근본 원인이 있지만 (근저 『중국시사中國詩史』의 첫머리, 「하나의 중국문학사」를 참고하기 바란다. 『전집』 1권) 동시에 그 두 가지가 사인의 자격을 결정짓는 규격으로 광범하게 계승되었던 점도 중대한 원인이었을 것이다. 또한 철학사가 늘 유가 고전의 해석이라는 형태로 발전한 것에 대해서도 같은 말을 할 수 있겠다. 그리고 또한 정치나 경제도 이제까지 말한 형태의 특권자가 운영했다. 운영 실적을 보는 것만으로는 충분

---

53 이홍장은 둘째이므로 '이이 선생', '한간'은 매국노, 그러므로 '이홍장은 매국노'라는 뜻이다.

하지 않을 것이다.

또한 이 체제의 중요한 기둥이었던 중화사상도 언어 능력의 존중과 무관하지 않을 것이다. 이적(즉 외국인)은 유가 경서를 알지 못한다. 또한 시를 짓지 못하고, 문장을 짓지 못한다. 제일 먼저 저런 벌레처럼 생긴 기호, 그들이 알파벳이라 부르는 기호 따위로 문학을 창작할 수 있을 리가 없다. 그것이 청나라 말 사인의 사상이었다고, 쩡푸曾樸는 추억하고 있다.(앞서 언급한 「쩡푸 씨의 번역론」 참조, 『전집』 16권)

일본인에 대해서도 예외가 아니었다. 메이지 이후 일본의 중국 연구자는 수풀처럼 많다. 그이들은 중국에 관한 지식이 풍부하다. 또한 중국인 자신은 도리어 알아차리기 어려운 새로운 지적을 하고 있다. 그러나 구체제 속에 있는 사인의 견지에서 보자면 사인이 아니다. 왜냐하면 가장 중요한 작시·작문 능력이 없다. 또한 그들은 고염무顧炎武·황종희黃宗羲·장지동張之洞·원세개袁世凱라고 누구든 실명으로 부른다. 우리 본국의 사인들처럼 고정림顧亭林이라 부르고, 황리주黃梨洲라 부르고, 장문양張文襄이라 부르고, 원항성袁項城이라 부르는 법을 알지 못한다. 그것 만해도 교양 없는 짓이다. 더러 억지로 과거도 통과하지 못한 주제에 한문을 쓴 것은 서리의 문장을 닮았다. 그러한 비판에서 벗어날 수 있는 이들은 다케조 세이세이, 소에지마 다네오미副島種臣,[54] 나이토 도라지로內藤虎次郎, 가노 나오키狩野直喜, 나가오 우잔長尾雨山[55] 같은 소수의 사람에 불과할

것이다.(나가오 씨의 『중국서화 이야기中國書畫話』, 지쿠마쇼보에 붙인 나의 해설 참조. 『전집』 17권)

5. 여론餘論

금세기의 혁명은 이러한 구체제를 어떻게 변혁했는가. 혹은 변혁하고 있는가. 그것은 이 강좌에서는 다른 필자가 맡고 있다. 내가 예전에 쓴 것으로는 중화인민공화국이 성립된 해에 썼고 나중에 「두 개의 중국」이라는 제목으로 수필집 『유자儒者의 말』(지쿠마쇼보)에 수록된 짧은 문장이 그 문제를 다루었다.(『전집』 2권 415쪽) 옛 체제에 대한 견해는 18년 전에 쓴 그 문장도 이 논문과 같지만, '사'와 '서' 사이의 단층斷層을 도시와 농촌의 모순으로 파악하고, 그것을 무너뜨리려는, 나선형으로 소용돌이치며 확대되는 그 제3단계가 그해의 사태라고 본 뒤 다음과 같이 결론을 맺었다.

"거센 바람이 마른 잎을 감아올리듯 농촌을 석권해 온 중국 공산당은 이제 도시에 들어가려 하고 있다. 도시의 생활은 도시의 생

---

54 1828~1905. 메이지 시대의 정치가, 강경파 정한론자征韓論者. 능서가能書家로도 유명했다.
55 1864~1942. 메이지 시대의 한학자·서예가·화가·전각가篆刻家. 가노 나오키 (1868~1947. 중국학자, 교토제국대학 교수. 호는 군잔)·나이토 도라지로(1866~1934. 동양 사학자, 교토제국대학 교수. 호는 고난)와 더불어 일본의 중국학을 개화·발전시킨 사람으로 거론된다.

활이고, 꽤 뿌리 깊은 것을 갖고 있다. 도시가 중국 공산당에 어떻게 대처할 것인가. 조금 더 시간을 기다려보자.”

또한 10여 년의 시간이 흐르고 문화대혁명은 혁명이 이제까지 밟아온 어느 단계에서보다도, 내가 이 글에서 말한 체제에 정면으로 부딪치고 있는 것처럼 보인다. 한마디 더 덧붙이자면 같은 수필집에 수록된 「지식인에 대한 항의」는 중국의 옛 체제와 닮은 구석이 현대 일본에도 없지 않다고 느껴서 쓴 글이고, 이 논문을 보충하는 부분이 있다.(『전집』 20권)

_ 1967년(쇼와 12) 12월 『강좌중국』 II, 「구체제의 중국」, 지쿠마쇼보

옮긴이 후기

1. 이 책은 『요시카와 고지로 전집 제2권』(지쿠마쇼보, 1968) 가운데 실린 ①「중국인의 고전과 그 생활」, ②「중국인의 일본관과 일본인의 중국관」, ③「중국의 고대 존중 사상」, ④「중국의 지식인」, ⑤「사인의 심리와 생활」 다섯 편의 글을 엮은 것이다. ①과 ②는 일본에서 『중국인의 고전과 생활』이라는 제목으로 묶여 나온 적이 있다(저자의 개판 서문 참조). 한국어 역본은 『중국인의 고전과 그 생활』에서 다룬 주제를 요약하거나 부연했다고 역자가 판단한 ③ ④ ⑤의 글을 추가한 것이고, 그 세 편은 발표 연대순으로 배치했다.

2. ①과 ②(일본에서 출간된 『중국인의 고전과 그 생활』)의 내용이 잘 요약되어 있는 서평이 하나 있어 참고삼아 소개해둔다.

"『중국인의 고전과 그 생활』은 중국인 정신의 불변하는 특질을 지적하고, 그것이 생활에서 특수한 형태를 띠고 나타나는 양상을 설명하며 다음과 같이 말한다.

중국인만큼 생활 규범을 고전에서 찾는 민족은 달리 없다. 이것은 중국인 정신의 특질, 즉 '감각에 대한 신뢰'에 바탕을 두어 생긴 현상이다. 감각에 대한 신뢰는 생활법칙을 '선례先例'에서 찾기 쉽다. 또한 사물의 다양성에 민감해진다. 필연적으로 다양한 선례를 통일하는 것, 선례를 지배하는 선례를 『오경』에서 찾았다. 이리하여 『오경』은 완전한 것, 도리 그 자체로 인식되었고, 그것은 완전한 것이 지상에 있으며 또한 그것이 과거에 있었다는 말이 된다. 다만 『오경』 이외의 책도 선례의 하나이기 때문에 부정되어야 할 어떤 것이 아니라 『오경』을 중심으로 널리 많은 선례를 아는 박학博學이 학자의 첫 번째 조건이 되었다. 지식 계급이든 일반 서민이든 이 이념 바깥으로 벗어나는 일은 없었다.

저자는 이렇게 지적한 뒤, 그러한 생활 태도가 고정되기에 이른 역사적 과정을 서술하고, 『오경』의 내용과 그것을 규범으로 삼은 생활의 종종상種種相을 에피소드를 섞어가며 묘사한다. 또한 그러한 생활 태도의 장점과 단점을 들어, 친구로서 우리가 해야 할 일은 『오경』의 틀을 벗어나 보편적 도리 그 자체로 눈을 열도록 협력하는 것이고, 그러려면 철학 및 자연과학을 진흥하고, 일본 독자의 문화를 제시하여 이질적 문화로서 작용할 필요가 있다고 말한다.

이 책에 수록된 다른 한 편의 글 「중국인의 일본관과 일본인의 중국관」에 대하여. 일본 근대의 발전에 비례하여, 이웃 중국과의 관계는 불행하게도 악화 일로를 걸어왔는데, 도대체 이런 사태에 이른 원인은 무엇인가. 1941년의 시점에서 저자는, 양 국민이 서로 상대를 오해하고 있는 데서 근본 원인을 찾아내고, 이것을 제거하기 위한 대책으로 다음과 같이 서술하고 있다.

중국인은 일본이 아무런 고유문화도 없는 나라이고, 거기에 있는 문화는 모두 '모방 문화'라고 경멸하지만, 이것은 외국의 사상事象에 대해 냉담한 중국인의 전통적 기질에 바탕을 둔 잘못이다. 그 외에 이것을 조장하는 원인으로 교류가 충분하지 않았던 점, 당면한 접촉에만 국한된 속단 등이 있는데 어느 쪽이든 이에 대해서는 일본의 진짜 모습을 알려줄 도리밖에 없다. 그러려면 중국인 사이에 본격적으로 일본을 연구하는 학문이 일어나야 하고, 일본의 식자, 당국자가 앞장서서 일본 고유문화를 공급하려고 애써야 한다.

한편 일본인은, 중국을 '일본과 문화가 같은 나라'라고 오해하고 있다. 그것은 중국 문화를 전부 수입했다는 착각에서 나온 결과인데, 그 오해는 현실의 중국을 역사적으로 이해하는 작업을 방해하고 있다. 일본에서도 올바른 '중국학'을 수립할 필요가 있다."[56]

3. 이 책을 읽는 방법에는 여러 가지가 있을 수 있겠다. 편안하게

---

56 히로쓰네 진세이, 「요시카와 고지로의 『중국인의 고전과 그 생활』」, 宇野精一外編, 現代人のための名著, 講談社, 1968, 233~235쪽.

읽을 수 있는 강연체를 선호한다면 ①과 ②를 읽는 게 좋겠다. 이런저런 부연설명 없이 핵심만 제시하는 스타일을 선호한다면, ①의 내용을 매우 밀도 있고 짧게 쓴, 거의 인용문만으로 채워진 ③을 먼저 읽는 게 나을 수도 있다. ①을 읽었든 ③을 읽었든 거기서 다루는 내용에 대해 좀 더 알고 싶다면, 같은 주제를 지식인에 중점을 두고 쓴 ④를 읽거나, 지식인 중에서도 청나라 지식인(저자의 용어로는 사인士人)으로 시대를 좁혀서 쓴 ⑤를 읽으면 좋지 않을까 싶다. 저자의 지적(혹은 문체의) 성장과 변모 과정에 관심이 있는 독자라면 다섯 편의 글을 발표 연대순(②는 1941년의 강연을 1944년에 발간, ①은 1943년의 강의를 1944에 발간, ③은 1942년 발표, ④는 1954년에 발표, ⑤는 1967년에 발표)으로 읽을 수도 있겠다. 어떤 방식으로 읽든, 역자가 여기에 한 권으로 엮은 글들은 원래 저자가 한 권으로 묶을 것을 염두에 쓰고 쓴 게 아니므로 내용상 이런저런 중복이 있을 수 있다. 같은 이야기를 다른 자리에서 되풀이하는 지점이 있다면 그것이 저자가 중요하게 생각하는 부분이 아닐까. 염치없지만, 그렇게 헤아려 읽어주시기를 바란다.

2021년 2월
조영렬

인명

요시카와 고지로의 중국 강의

초판 인쇄 2021년 2월 22일
초판 발행 2021년 2월 28일

지은이 요시카와 고지로
옮긴이 조영렬
펴낸이 강성민
편집장 이은혜
마케팅 정민호 김도윤 최원석
홍보 김희숙 김상만 함유지 김현지 이소정 이미희 박지원

펴낸곳 ㈜글항아리 | 출판등록 2009년 1월 19일 제406-2009-000002호
주소 10881 경기도 파주시 회동길 210
전자우편 bookpot@hanmail.net
전화번호 031-955-1936(편집부) 031-955-2696(마케팅)

ISBN 978-89-6735-875-4 03100

잘못된 책은 구입하신 서점에서 교환해드립니다.
기타 교환 문의: 031-955-2661, 3580

www.geulhangari.com